prépabac

COURS & ENTRAÎNEMENT

2de

Physique Chimie

Jacques Royer

Nathalie Benguigui

Professeurs agrégés de sciences physiques

Hatier

Maquette de principe : Frédéric Jély
Mise en page : Indologic, Pondichéry (Inde)
Schémas : Indologic, Pondichéry (Inde)

 978-218-99534-7

Mode d'emploi

Votre ouvrage Prépabac

- Conforme au dernier programme de physique-chimie 2de, ce « Prépabac » vous propose un **outil de travail** très complet.
- Sur chaque thème du programme, vous trouverez : un **cours** structuré, des fiches de **méthode**, des **exercices** progressifs et leurs **corrigés** détaillés.
- Toutes ces ressources vous permettent de vous entraîner efficacement et d'aborder en confiance vos contrôles durant l'année.

COURS **MÉTHODE** **EXERCICES** **CORRIGÉS**

Sur le site www.annabac.com

- L'achat de cet ouvrage vous permet de bénéficier d'un **accès GRATUIT**[1] à toutes les **ressources d'annabac.com** : fiches de cours, résumés audio, quiz interactifs, exercices et sujets d'annales corrigés...
- Pour profiter de cette offre, rendez-vous sur **www.annabac.com**, dans la rubrique « Vous avez acheté un ouvrage Hatier ? ».

1 Selon les conditions précisées sur le site.

sommaire

L'UNIVERS

LA SANTÉ

LA PRATIQUE DU SPORT

ANNEXE

L'UNIVERS

INTRODUCTION

Depuis la nuit des temps, l'homme a observé le ciel en cherchant à se situer dans l'Univers. Cette insatiable quête de compréhension l'a progressivement conduit à élaborer des théories scientifiques s'appuyant sur des techniques expérimentales de plus en plus performantes. Ainsi, l'analyse de la lumière émise par les étoiles lui a permis de connaître la composition de la matière stellaire et interstellaire. La loi de la gravitation universelle est née de l'étude du mouvement des planètes du système solaire.

■ Aujourd'hui, l'homme sait que la compréhension de la structure de l'Univers est intimement liée à celle de la matière à l'échelle de l'atome et qu'elle repose sur des lois universelles.

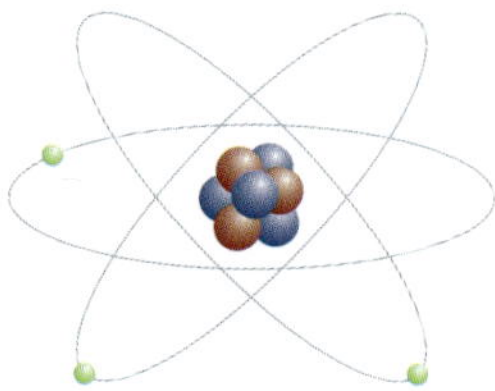

■ Le thème de l'Univers est traité en 6 chapitres :

1. Présentation de l'Univers
2. La lumière des étoiles
3. Un modèle de l'atome
4. Pourquoi les atomes forment-ils des ions ?
5. La classification périodique des éléments chimiques
6. Le système solaire

1 Présentation de l'Univers

Le spectacle de l'Univers est extravagant. Les objets qui nous entourent, des plus petits aux plus grands, ont des dimensions qui dépassent notre imagination. Cependant, au plus profond de l'atome et aux confins de l'Univers, les mondes se ressemblent par leur caractère lacunaire.

I De l'infiniment petit à l'infiniment grand

Nous vivons dans un monde où le mètre est l'unité de longueur adaptée à notre échelle. Mais de l'infiniment petit où règnent les particules élémentaires à l'infiniment grand des galaxies et des amas, les tailles sont tellement différentes que l'échelle des puissances de dix doit être utilisée entre 10^{-15} m et 10^{+26} m.

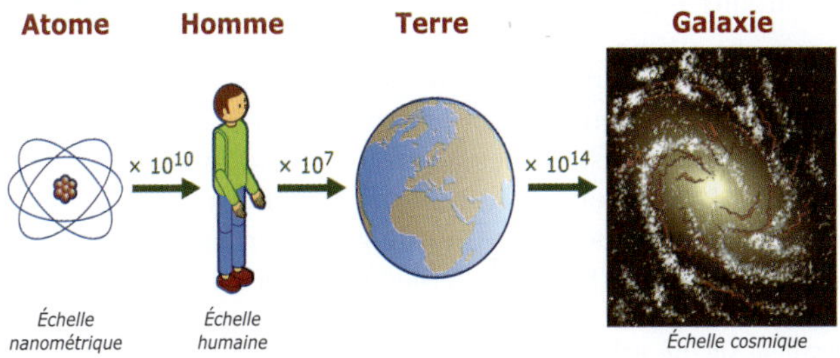

1 Échelle nanométrique

Toute matière est formée d'atomes.

■ **Un atome** est constitué d'un noyau central autour duquel se déplacent des électrons. La taille d'un atome est de l'ordre du dixième de nanomètre (0,1 nm = 1×10^{-10} m).

➲ Le modèle de l'atome est présenté dans le chapitre 3.

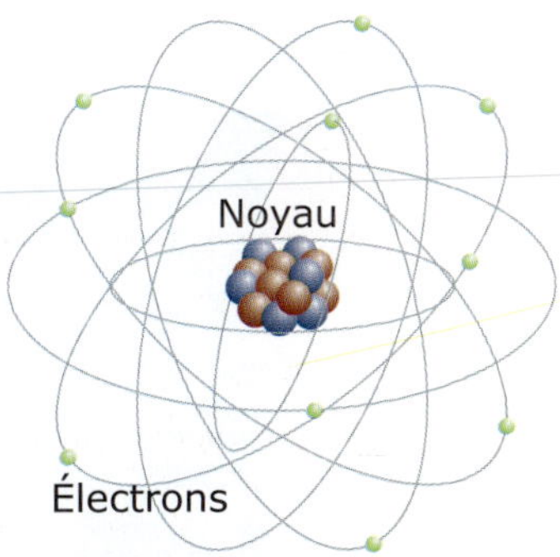

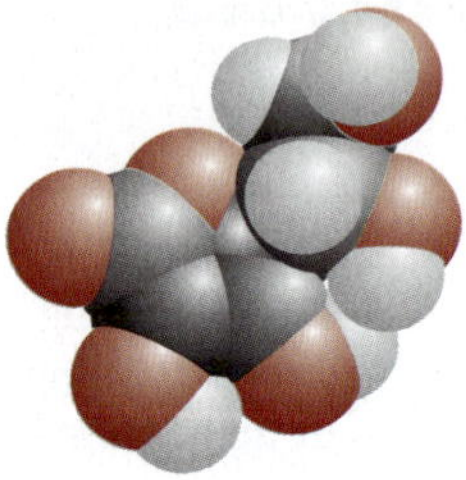

■ **Les molécules** se composent d'assemblages d'atomes. Certaines comptent quelques atomes, d'autres un nombre plus important (macromolécules). Leurs tailles sont de l'ordre du nanomètre.

➲ Les molécules sont présentées dans le chapitre 8.

■ **Les cellules** sont les unités constitutives des organismes vivants. Elles sont formées de molécules et leurs dimensions sont de l'ordre de quelques micromètres (1 µm = 1×10^{-6} m).

2 Échelle cosmique

■ **La Terre** est la plus grande planète tellurique (solide) du système solaire. Elle a une forme sphérique légèrement aplatie aux pôles avec un diamètre voisin de 12 800 km. Elle est entourée d'une enveloppe gazeuse, l'atmosphère, et elle possède un satellite naturel, la Lune, situé à environ 380 500 km.

■ **Le système solaire** est constitué du Soleil et de l'ensemble des astres qui gravitent autour de lui : quatre planètes telluriques (Mercure, Vénus, la Terre et Mars), une ceinture d'astéroïdes (corps rocheux), quatre planètes gazeuses (Jupiter, Saturne, Uranus et Neptune) accompagnées de nombreux satellites, de comètes ainsi que de poussières et de gaz interplanétaires. La plupart des objets en orbite autour du Soleil se déplacent dans un plan nommé écliptique.

➲ Le système solaire est présenté dans le chapitre 6.

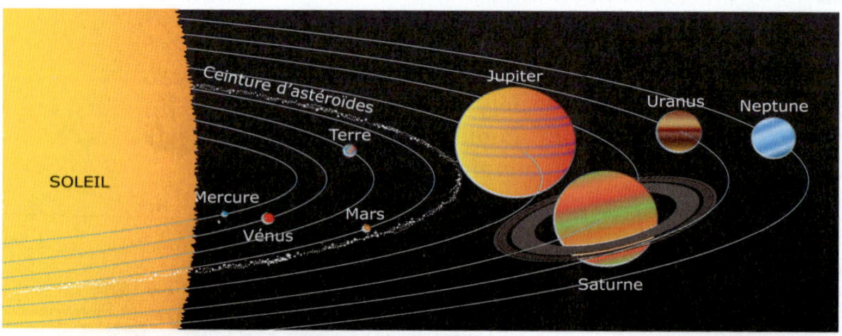

■ **La Galaxie** : le système solaire se trouve dans notre Galaxie nommée « Voie lactée ». Elle contient plusieurs milliards d'étoiles et elle s'étend sur environ 10^{21} m.

D'autres systèmes planétaires extrasolaires ont été découverts dans notre Galaxie, gravitant autour d'étoiles différentes, on connaît aujourd'hui plusieurs centaines d'exoplanètes (planètes extrasolaires).

■ **L'Univers** est peuplé de milliards de galaxies très éloignées les unes des autres mais organisées en amas et superamas. L'une des plus proches est celle d'Andromède située à environ 3×10^{22} m. Les galaxies sont des assemblages d'étoiles, de gaz, de poussières et de matière noire maintenus par la force gravitationnelle (voir chapitre 6).

À ce jour, on ne sait pas si l'Univers est fini ou infini. Nous vivons au centre d'un « Univers observable » qui s'étend sur environ 10^{26} m.

3 Structure lacunaire : beaucoup de vide !

À l'échelle atomique, la majeure partie de l'espace entre les particules est occupée par du vide : le noyau et les électrons du nuage électronique sont éloignés les uns des autres (voir chapitre 3).

À l'échelle astronomique, les astres sont éloignés les uns des autres et l'espace qui les sépare contient très peu de particules.

➲ On dit que le remplissage de l'espace par la matière est lacunaire. Lacunaire vient du latin *lacuna* signifiant trou.

II Propagation de la lumière

■ **Propagation rectiligne**

Dans le vide ou dans un milieu homogène et transparent, la lumière se propage en ligne droite. Son trajet est modélisé par une droite orientée, appelée **rayon lumineux.**

Vitesse de la lumière : une constante universelle

• Jusqu'au XVIIe siècle, on a cru que la vitesse de la lumière était infinie. Après de nombreuses mesures, on sait maintenant que la vitesse de la lumière dans le vide, notée c, est une constante physique. **Sa valeur a été fixée à 299 792 458 $m \cdot s^{-1}$** en 1983 par le Bureau International des Poids et Mesures (cette valeur définissant ainsi le mètre).

➲ Dans le vide ou dans l'air, la valeur à retenir est : $c = 3{,}00 \times 10^8\ m \cdot s^{-1}$.

• Dans les autres milieux transparents, la lumière se propage moins vite.

Milieu	air	eau	verre	diamant
c ($m \cdot s^{-1}$)	$3{,}00 \times 10^8$	$2{,}25 \times 10^8$	$\sim 2 \times 10^8$	$1{,}25 \times 10^8$

L'année lumière : unité de longueur astronomique

Les distances astronomiques étant considérables, on les exprime à l'aide d'une unité plus adaptée : l'année lumière (ou année de lumière, de symbole a.l.). **L'année lumière est la distance parcourue par la lumière dans le vide en une année** : 1 a.l. = $9{,}46 \times 10^{15}$ m.

➲ Attention : l'année lumière est une distance et non une durée.

« Voir loin, c'est voir dans le passé »

La lumière qui parvient des objets très éloignés (étoiles, galaxies) met beaucoup de temps pour arriver jusqu'à nous. Nous les voyons donc tels qu'ils étaient dans le passé.

EXEMPLE Proxima du Centaure, l'étoile la plus proche du système solaire, est à 4,3 a.l. Sa lumière met 4,3 années à nous parvenir en parcourant $4{,}3 \times 9{,}46 \times 10^{15} = 4{,}1 \times 10^{16}$ m. Lorsque nous regardons cette étoile, nous la voyons donc telle qu'elle était il y a 4,3 années.

Utiliser les puissances de 10 pour évaluer des ordres de grandeur

ÉNONCÉ

Le tableau suivant donne la taille de différents objets.

Diamètre d'un atome d'hydrogène	Diamètre d'une cellule	Diamètre de la Terre	Diamètre du Soleil	Diamètre de notre Galaxie
0,11 nm	10 µm	12 800 km	1,4 Gm	10^{21} m

1. Exprimer les différentes longueurs en mètre, en utilisant la notation scientifique.

2. Comparer les tailles du Soleil et de la Terre en calculant le rapport de leurs diamètres.

3. Entre 10^1 et 10^7, on dit qu'il y a un écart de 6 ordres de grandeur (7 – 1 = 6). Quelle différence d'ordres de grandeur existe-t-il entre l'atome d'hydrogène et notre Galaxie ?

À RETENIR

Les valeurs numériques des nombres utilisés de l'échelle atomique à l'échelle cosmique nécessitent l'utilisation des puissances de 10.
En notation scientifique, un nombre s'exprime sous la forme :

$$a \times 10^n \quad \text{avec} \quad 1 \leqslant a < 10 \text{ et } n \text{ nombre entier.}$$

MÉTHODE

• Opération avec les puissances de dix :

$$10^0 = 1 \,;\; 10^a \times 10^b = 10^{a+b} \,;\; \frac{10^a}{10^b} = 10^{a-b}$$

• Attention aux multiples et sous-multiples :

Nom	Symbole	Valeur
picomètre	pm	1 pm = 0,000 000 000 001 m = 10^{-12} m
nanomètre	nm	1 nm = 0,000 000 001 m = 10^{-9} m
micromètre	µm	1 µm = 0,000 001 m = 10^{-6} m
millimètre	mm	1 mm = 0,001 m = 10^{-3} m
centimètre	cm	1 cm = 0,01 m = 10^{-2} m
kilomètre	km	1 km = 1 000 m = 10^{3} m
mégamètre	Mm	1 Mm = 1 000 000 m = 10^{6} m
gigamètre	Gm	1 Gm = 10^{9} m

CORRIGÉ

1. Longueurs exprimées en mètres :

0,11 nm	10 µm	12 800 km	1,4 Gm	10^{21} m
$1{,}1 \times 10^{-10}$ m	1×10^{-5} m	$1{,}28 \times 10^{7}$ m	$1{,}4 \times 10^{9}$ m	1×10^{21} m

2. Comparaison des tailles du Soleil et de la Terre :

$$\frac{\text{diamètre du Soleil}}{\text{diamètre de la Terre}} = \frac{1{,}4 \times 10^{9}}{1{,}28 \times 10^{7}} = 1{,}1 \times 10^{2} \approx 100$$

Le Soleil est environ 100 fois plus gros que la Terre.

3. Différence d'ordres de grandeur entre un atome et notre Galaxie :

$$\frac{\text{diamètre de notre Galaxie}}{\text{diamètre de l'atome}} = \frac{10^{21}}{1{,}1 \times 10^{-10}} = 0{,}9 \times 10^{21+10} = 0{,}9 \times 10^{31} \approx 10^{31}$$

On dit que 31 ordres de grandeur séparent la taille d'un atome et celle de notre Galaxie !

Calculer une distance astronomique

ÉNONCÉ

En 1987, les astronomes ont observé l'explosion d'une étoile, supernova nommée SN1987A, qui s'est produite dans le Grand Nuage de Magellan. Cette galaxie naine proche de la Voie Lactée (notre Galaxie) est éloignée de $1{,}68 \times 10^5$ a.l. de la Terre.

1. Exprimer en mètres la distance entre cette étoile et la Terre.

2. Déterminer en quelle année s'est produit cet évènement cosmique.

MÉTHODE

• Une année lumière représente la distance parcourue par la lumière en un an, elle vaut $9{,}46 \times 10^{15}$ m.

• La lumière se propage avec une vitesse finie : il lui faut du temps pour traverser l'espace du fait des grandes distances.

CORRIGÉ

1. La supernova est dans une galaxie éloignée de $1{,}68 \times 10^5$ a.l. de la Terre et une année lumière correspond à $9{,}46 \times 10^{15}$ m.

La distance est donc $d = 1{,}68 \times 10^5 \times 9{,}46 \times 10^{15} = 1{,}59 \times 10^{21}$ m.

2. Une année lumière étant la distance parcourue par la lumière en une année et $1{,}68 \times 10^5$ a.l. = 168 000 a.l., le phénomène s'est donc produit il y a 168 000 ans, soit environ en 2 000 – 168 000 = – 166 000 (2 000 ≈ 1987).

Vérifier ses connaissances

1 QCM

Dans le questionnaire à choix multiple (QCM) suivant, indiquer, pour chaque proposition, la ou les réponses exactes.

1. Notre système solaire comporte :

a. 7 planètes ; **b.** 8 planètes ; **c.** 9 planètes ; **d.** 10 planètes.

2. La planète la plus proche du Soleil est :

a. Vénus ; **b.** Jupiter ; **c.** Mercure ; **d.** Neptune.

3. La planète du système solaire la plus éloignée du Soleil est :

a. Vénus ; **b.** Jupiter ; **c.** Mercure ; **d.** Neptune.

4. La lumière se propage à la vitesse de :

a. $300\,000\ m \cdot s^{-1}$; **b.** $300\,000\ km \cdot s^{-1}$;

c. $300\,000\ km \cdot h^{-1}$; **d.** $300\,000\,000\ m \cdot s^{-1}$;

e. $3 \times 10^5\ m \cdot s^{-1}$; **f.** $3 \times 10^5\ km \cdot s^{-1}$;

g. $3 \times 10^8\ m \cdot s^{-1}$; **h.** $3 \times 10^8\ km \cdot s^{-1}$.

▸ corrigé p. 21

2 Du plus petit au plus grand

Classer les « objets » suivants du plus petit au plus grand : atome, cellule humaine, molécule, Univers, noyau atomique, galaxie, amas de galaxies, Lune, Soleil, Terre, système solaire.

▸ corrigé p. 21

3 Multiples et sous-multiples du mètre

Il existe de nombreux multiples et sous-multiples du mètre. Le but de cet exercice est de remettre un peu d'ordre dans la liste suivante : kilomètre, hectomètre, millimètre, micromètre, centimètre, mégamètre, gigamètre, nanomètre, picomètre, décamètre, décimètre.

1. Repérer les multiples du mètre dans cette liste, indiquer leur symbole et les classer en ordre croissant.

2. Repérer les sous-multiples du mètre dans cette liste, indiquer leur symbole et les classer par ordre décroissant.

3. Le téramètre (Tm) vaut 10^{12} m et le femtomètre (fm) 10^{-15} m. Compléter la figure ci-après avec les multiples et sous-multiples manquants.

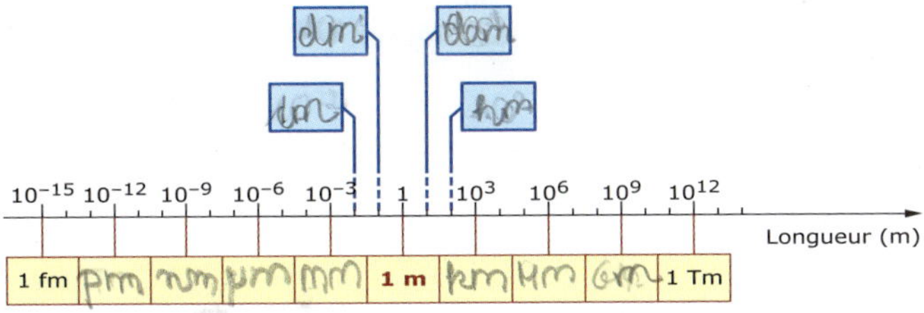

4. En expliquant la méthode employée, indiquer quelle est la plus grande des deux longueurs :

$A = 210$ km ou $B = 0{,}20$ Mm ?

$C = 1\,200$ nm ou $D = 15$ µm ? corrigé p. 21

S'entraîner

4 L'année de lumière (ou année lumière)

1. Définir une année de lumière.

2. Calculer la valeur d'une année de lumière en mètres.

Donnée : célérité de la lumière dans le vide : $c = 3{,}00 \times 10^8\ \text{m·s}^{-1}$. corrigé p. 22

5 La nébuleuse d'Orion

La nébuleuse d'Orion nous apparaît en ce début de XXIe siècle telle qu'elle était à la fin de l'empire romain, il y a 1 500 ans.

1. En expliquant votre raisonnement et en exprimant le résultat en notation scientifique, calculer en unité internationale la distance d qui nous sépare de la nébuleuse d'Orion.

2. Comparer quantitativement la distance entre la Terre et la Nébuleuse d'Orion à la distance Terre-Soleil.

Données

1 a.l. $= 9{,}5 \times 10^{12}$ km ; distance Terre-Soleil : $D = 1{,}5 \times 10^8$ km. corrigé p. 22

6 Système solaire et atome

L'unité astronomique (UA) est la distance moyenne Terre-Soleil : 1 UA = $1{,}496 \times 10^{11}$ m. Cette unité astronomique est utile pour exprimer les distances dans le système solaire.

Planète	Distance moyenne au Soleil (UA)
Mercure	0,387
Vénus	0,723
Terre	1,000
Mars	1,523
Jupiter	5,203
Saturne	9,555
Uranus	19,218
Neptune	30,110

1. Pourquoi est-il précisé dans le tableau que les distances sont des valeurs moyennes ?

2. Calculer, en mètres, la distance moyenne entre Uranus et le Soleil.

3. Quelle est la planète située à environ 228 Gm du Soleil ?

4. Approximativement, le rayon du système solaire est R_{SS} = 6 000 Gm et celui du Soleil R_S = 600 Mm. Calculer la valeur de $\frac{R_{SS}}{R_S}$. Quelle est la signification de ce résultat ?

5. Le rayon R_A d'un atome est de l'ordre de 0,1 nm tandis que le rayon R_N d'un noyau atomique est de l'ordre d'un femtomètre (1 fm = 10^{-15} m).

Calculer l'ordre de grandeur de $\frac{R_A}{R_N}$. Indiquer la signification de ce résultat.

6. Comparer les ordres de grandeur de $\frac{R_{SS}}{R_S}$ et $\frac{R_A}{R_N}$. Commenter.

▸ corrigé p. 22

Problèmes

7 Mesure de la distance Terre-Lune par écho laser

Depuis 1969, les missions Apollo ont déposé sur la Lune cinq réflecteurs. Ceux-ci sont utilisés pour réfléchir les impulsions laser envoyées vers la Lune par des télescopes optiques pour mesurer la distance Terre-Lune. En France, cette mesure est confiée à la station de télémétrie de l'observatoire de la côte d'Azur.

Chaque série de mesures comporte 6 000 tirs d'une durée de 300 ps (1 ps = 10^{-12} s) effectuées à la fréquence de 10 tirs par seconde. La mesure de la durée de parcours d'une impulsion permet de déterminer la distance Terre-Lune.

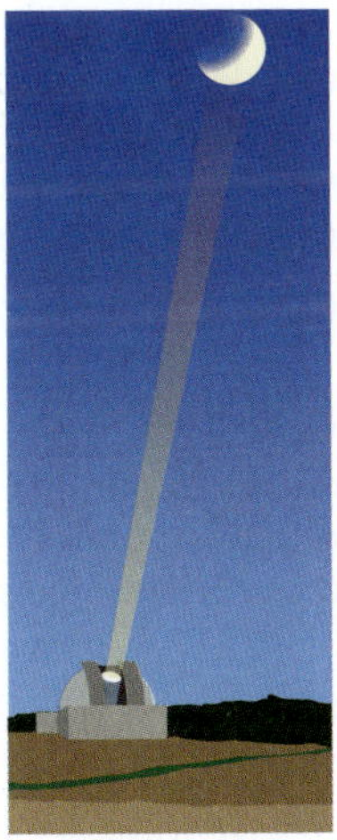

1. Connaissant la fréquence d'émission du laser, quelle est la durée d'une série de mesures ?

2. À quelle vitesse se déplace la lumière laser entre la Terre et la Lune ?

3. Quelle est la relation entre la durée du parcours Δt d'une impulsion et la distance D qui sépare la Terre de la Lune ?

4. Calculer la distance Terre-Lune lorsque la durée de parcours est 2,557 s.

5. En utilisant la définition de l'année lumière, exprimer la distance Terre-Lune en « seconde lumière ».

▸ corrigé p. 23

* 8 De l'astronomique au microscopique

Les milliards d'étoiles de notre galaxie constituent une immense spirale d'environ 10^5 années de lumière de diamètre. Notre système solaire, dont le diamètre est approximativement $1{,}2 \times 10^{10}$ km, se situe à trente mille années de lumière du centre de la galaxie.

1. Déterminer en mètres les ordres de grandeurs des diamètres de notre système solaire et de notre galaxie.

2. Comparer la taille de notre galaxie et celle de notre système solaire.

3. Si notre système solaire avait la taille d'une cellule humaine (c'est-à-dire 10 µm de diamètre), quel serait l'ordre de grandeur de notre galaxie ?

4. À propos de la galaxie d'Andromède, Hubert Reeves écrit dans son ouvrage *Poussières d'étoiles* :

« C'est une belle émotion que vous vivrez lorsque vous la contemplerez pour la première fois. Votre regard porte à deux millions d'années-lumière. En même temps, il plonge dans le passé : la lumière qui entre dans votre œil voyage depuis deux millions d'années. Vous voyez la galaxie telle qu'elle était au moment où les premiers hommes sont apparus sur la Terre. De la galaxie d'Andromède telle qu'elle existe aujourd'hui, nous ne pouvons rien dire. »

a. Expliquer la dernière phrase de ce texte.

b. Si on réduisait la distance entre notre galaxie et la galaxie d'Andromède à la longueur d'un double décimètre, quelles seraient à cette échelle les dimensions respectives de notre Galaxie et de notre système solaire ?

Donnée : 1 a.l. $\approx 10^{16}$ m.

▸ corrigé p. 24

1 1. Notre système solaire comporte 8 planètes (**réponse b**).

➲ En août 2006, l'Union Astronomique Internationale a décidé de reléguer Pluton dans la catégorie des planètes naines. Depuis cette date, on considère que le système solaire ne comporte officiellement que huit « vraies » planètes.

2. La planète la plus proche du Soleil est Mercure (**réponse c**).

3. La planète la plus éloignée du Soleil est Neptune (**réponse d**).

4. La lumière se propage à la vitesse de 300 000 $km \cdot s^{-1}$ (**réponse b**), soit 300 000 000 $m \cdot s^{-1}$ (**réponse d**).

En notation scientifique, cette vitesse correspond à 3×10^5 $km \cdot s^{-1}$ (**réponse f**) ou encore 3×10^8 $m \cdot s^{-1}$ (**réponse g**).

2 Par ordre croissant de dimension, on trouve : le noyau atomique, l'atome, la molécule, la cellule humaine, la Lune, la Terre, le Soleil, le système solaire, la galaxie, l'amas de galaxies, l'Univers.

3 1. Par ordre croissant, les multiples du mètre sont : le décamètre (dam), l'hectomètre (hm), le kilomètre (km), le mégamètre (Mm) et le gigamètre (Gm).

2. Par ordre décroissant, les sous-multiples du mètre sont : le décimètre (dm), le centimètre (cm), le millimètre (mm), le micromètre (µm), le nanomètre (nm) et le picomètre (pm).

3.

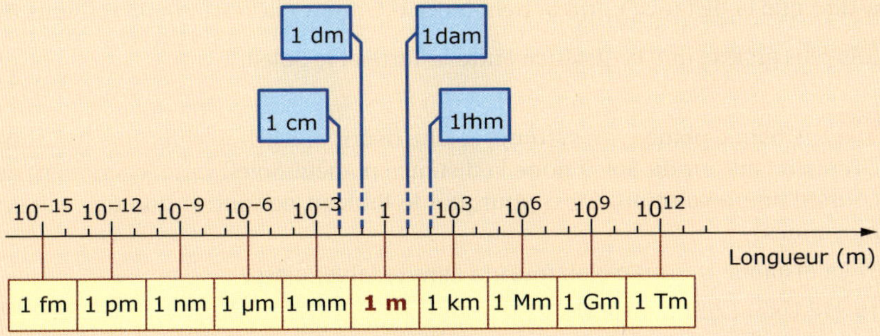

4. Pour classer deux longueurs, il faut les exprimer dans la même unité.

$A = 210$ km et $B = 0{,}20$ Mm = 200 km donc $A > B$.

$C = 1\,200$ nm et $D = 15$ µm = 15 000 nm donc $D > C$.

4 **1.** L'année de lumière est la distance parcourue par la lumière dans le vide en une année.

2. Pour calculer cette valeur, il faut utiliser la définition de la célérité c de la lumière qui, comme toute autre vitesse, est le rapport de la distance d parcourue par la durée Δt du parcours : $c = \dfrac{d}{\Delta t}$.

La distance parcourue par la lumière en un an s'exprime donc : $d = c\Delta t$ avec $c = 3{,}00 \times 10^8\ \text{m·s}^{-1}$ et $\Delta t = 1$ an $= 365 \times 24 \times 3\,600$ s soit finalement :

$1\ \text{a.l.} = 3{,}00 \times 10^8 \times 365 \times 24 \times 3\,600 = 9{,}46 \times 10^{15}$ m.

➲ Il ne faut pas oublier d'exprimer une année en secondes sachant que : 1 an = 365 j ; 1 j = 24 h et 1 h = 3 600 s.

5 **1.** La nébuleuse d'Orion nous apparaît telle qu'elle était il y a 1 500 ans. Autrement dit, elle se trouve à une distance de 1 500 années de lumière.
Une année de lumière équivaut à $9{,}5 \times 10^{12}$ km ou $9{,}5 \times 10^{15}$ m donc la distance nous séparant de la nébuleuse d'Orion est : $d = 1\,500 \times 9{,}5 \times 10^{15} = 1{,}4 \times 10^{19}$ m.

➲ L'unité internationale de longueur est le mètre.

2. La distance Terre-Soleil est $D = 1{,}5 \times 10^8\ \text{km} = 1{,}5 \times 10^8 \times 10^3\ \text{m} = 1{,}5 \times 10^{11}$ m.

Le rapport entre les distance d et D est $\dfrac{d}{D} = \dfrac{1{,}4 \times 10^{19}}{1{,}5 \times 10^{11}} = 9{,}3 \times 10^7 = 93 \times 10^6$: c'est-à-dire que la distance entre la nébuleuse d'Orion et la Terre est 93 millions de fois plus grande que la distance entre la Terre et le Soleil.

6 **1.** Chaque planète du système solaire décrit une orbite elliptique (presque circulaire) autour du Soleil donc la distance planète-Soleil varie légèrement au cours d'une révolution. C'est pourquoi le tableau ne fournit que des valeurs moyennes.

2. La distance Uranus-Soleil fournie dans le tableau est :

$19{,}218\ \text{UA} = 1{,}921\,8 \times 10^1$ UA

soit : $\underbrace{1{,}921\,8}_{\text{5 ch. sign.}} \times 10^1 \times \underbrace{1{,}496}_{\text{4 ch. sign.}} \times 10^{11}\ \text{m} = \underbrace{2{,}875}_{\text{4 ch. sign.}} \times 10^{12}$ m.

Le résultat de la multiplication est exprimé avec quatre chiffres significatifs comme la moins précise des deux grandeurs.

3. $228\ \text{Gm} = 228 \times 10^9 = 2{,}28 \times 10^{11}$ m soit $\dfrac{\overbrace{2{,}28}^{\text{3 ch. sign.}} \times 10^{11}}{\underbrace{1{,}496}_{\text{4 ch. sign.}} \times 10^{11}} = \underbrace{1{,}52}_{\text{3 ch. sign.}}$ UA.

(Le résultat de la division est exprimé avec trois chiffres significatifs comme la moins précise des données). En comparant avec les valeurs du tableau, on constate que la planète située à 228 Gm = 1,52 UA du Soleil est Mars.

4. Pour calculer $\dfrac{R_{SS}}{R_S}$, il faut d'abord exprimer les deux dimensions dans la même unité : $R_{SS} = 6\,000$ Gm et $R_S = 600$ Mm = 0,6 Gm.

On obtient : $\dfrac{R_{SS}}{R_S} = \dfrac{6\,000}{0{,}6} = 10^4$; cela signifie que le système solaire a une dimension environ 10 000 fois supérieure à celle du Soleil.

5. Le rayon atomique R_A est de l'ordre de 0,1 nm = 10^{-10} m et le rayon R_N du noyau est de l'ordre de 1 fm = 10^{-15} m donc : $\dfrac{R_A}{R_N} = \dfrac{10^{-10}}{10^{-15}} = 10^5$.

Le rayon d'un atome est 100 000 fois supérieur à celui de son noyau.

6. On constate que $\dfrac{R_A}{R_N}$ est environ dix fois supérieur à $\dfrac{R_{SS}}{R_S}$. Cela signifie que si l'on augmentait la taille d'un noyau atomique jusqu'à celle du Soleil, le rayon de l'atome serait dix fois supérieur à celui du système solaire.

➲ Ce calcul montre le caractère lacunaire de la matière. Pour plus de détails, se reporter au cours de ce chapitre.

7 **1.** À la fréquence de 10 tirs par seconde, une série de 6 000 tirs dure :

$$\frac{6\,000}{10} = 600\ \text{s} = 10\ \text{min}$$

2. Entre la Terre et la Lune, le faisceau laser traverse l'atmosphère terrestre et l'espace, sa lumière se déplace donc à $c = 3{,}00 \times 10^8\ \text{m·s}^{-1}$.

3. L'impulsion effectue un aller-retour, soit la distance 2 D, pendant la durée Δt à la vitesse de la lumière c.

On a donc : $2\,D = c\Delta t$, soit $D = \dfrac{c\Delta t}{2}$.

4. Avec $c = 3{,}00 \times 10^8\ \text{m·s}^{-1}$ et $\Delta t = 2{,}557$ s, il vient :

$$D = \frac{c\Delta t}{2} = \frac{3{,}00 \times 10^8 \times 2{,}557}{2} = 3{,}835\,5 \times 10^8\ \text{m}.$$

Le résultat doit être écrit en tenant compte de la précision des données : 3,00 possède trois chiffres significatifs et 2,557 en possède quatre.

Le résultat sera donc écrit avec trois chiffres significatifs :

$$D = 3{,}83 \times 10^8 \text{ m} = 3{,}83 \times 10^5 \text{ km} = 383\,000 \text{ km}$$

5. Par analogie, on peut définir la « seconde lumière » comme étant la distance parcourue par la lumière en une seconde. La lumière se propageant de la Terre à la Lune en $\frac{2{,}557}{2} = 1{,}278$ s, on peut donc dire que la distance Terre-Lune est d'environ 1,3 seconde lumière.

8 **1.** Le diamètre du système solaire est :

$1{,}2 \times 10^{10}$ km $= 1{,}2 \times 10^{10} \times 10^3$ m $= 1{,}2 \times 10^{13}$ m, c'est-à-dire 10^{13} m d'ordre de grandeur.

Notre galaxie a un diamètre de 10^5 a.l. Or 1 a.l. $\approx 10^{16}$ m donc son ordre de grandeur est $10^5 \times 10^{16} = 10^{21}$ m.

2. Le calcul du rapport de la dimension de la galaxie par celle du système solaire $\frac{10^{21}}{10^{13}} = 10^8$, montre que notre galaxie est 100 millions de fois plus grande que le système solaire.

3. Si le système solaire mesurait 10 µm $= 10 \times 10^{-6}$ m $= 10^{-5}$ m, notre galaxie (10^8 fois plus grande) mesurerait $10^8 \times 10^{-5} = 10^3$ m $= 1$ km.

➲ Un micromètre est un millionième de mètre : 1 µm $= 10^{-6}$ m.

4. a. La lumière qui est émise aujourd'hui de la galaxie d'Andromède transporte des informations qui ne parviendront sur Terre que dans deux millions d'années. Nous sommes donc incapables de décrire la galaxie d'Andromède telle qu'elle est aujourd'hui mais seulement telle qu'elle était il y a deux millions d'années. Pour autant, cette durée est « ridiculement » petite par rapport à l'âge de l'univers, vieux de 15 milliards d'années.

b. La distance entre notre galaxie et celle d'Andromède est :
2×10^6 a.l. $= 2 \times 10^6 \times 10^{16} = 2 \times 10^{22}$ m.

En réduisant cette distance à 20 cm $= 0{,}2$ m $= 2 \times 10^{-1}$ m, cela signifie que le facteur d'échelle appliqué est $\frac{2 \times 10^{-1}}{2 \times 10^{22}} = 10^{-23}$. À cette même échelle, la taille de notre galaxie serait : $10^{21} \times 10^{-23} = 10^{-2}$ m $= 1$ cm (c'est-à-dire une petite pièce de monnaie) et celle du système solaire : $10^{13} \times 10^{-23} = 10^{-10}$ m $= 10^{-1}$ nm (la taille d'un atome…).

2 La lumière des étoiles

Les étoiles émettent de la lumière qui se propage dans l'espace jusqu'à nous. L'analyse de cette lumière par un système dispersif (prisme) fournit un spectre riche en informations sur la composition et la température à la surface des étoiles.

I Décomposition de la lumière

1 Nature de la lumière blanche

■ En 1666, Newton étudie la dispersion de la lumière du Soleil à l'aide d'un prisme. La figure obtenue est appelée **spectre** de la lumière. Il montre que la lumière blanche est un mélange de toutes les couleurs de l'arc en ciel.

■ La décomposition de la lumière blanche par un prisme montre qu'elle est composée d'une infinité de couleurs, on dit qu'elle est **polychromatique. Chaque couleur est associée à une radiation caractérisée par une longueur d'onde notée λ (lambda) et exprimée en nanomètre (nm).**

■ Le spectre visible de la lumière blanche s'étend du violet ($\lambda_V = 400$ nm) au rouge ($\lambda_R = 800$ nm).

➲ 1 nm = 1×10^{-9} m.

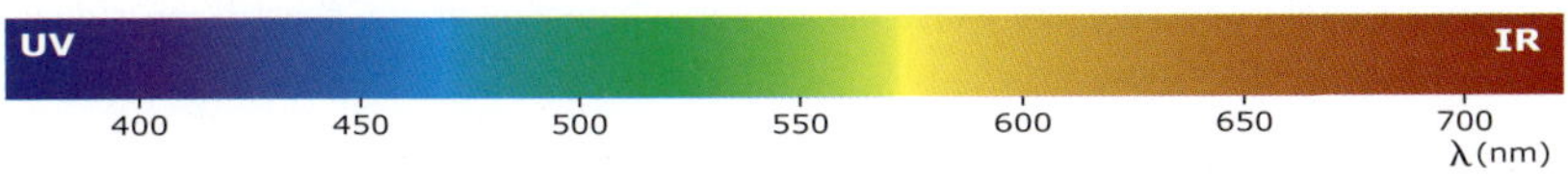

■ **Remarques**

• La lumière visible n'est qu'une partie du spectre des ondes électromagnétiques (voir chapitre 7). Au-delà du rouge ($\lambda > 800$ nm), se trouve le domaine de l'**infrarouge** et en deçà du violet ($\lambda < 400$ nm), le domaine de l'**ultraviolet**.

• La lumière produite par un laser ne contient qu'une seule couleur : on dit qu'elle est **monochromatique**. La lumière rouge d'un laser Hélium-Néon a une longueur d'onde $\lambda = 632$ nm.

2 Les spectres d'émission

Lumière émise par un corps chaud : spectre continu

• L'utilisation d'un prisme permet de décomposer la lumière émise par une source et d'obtenir son spectre.

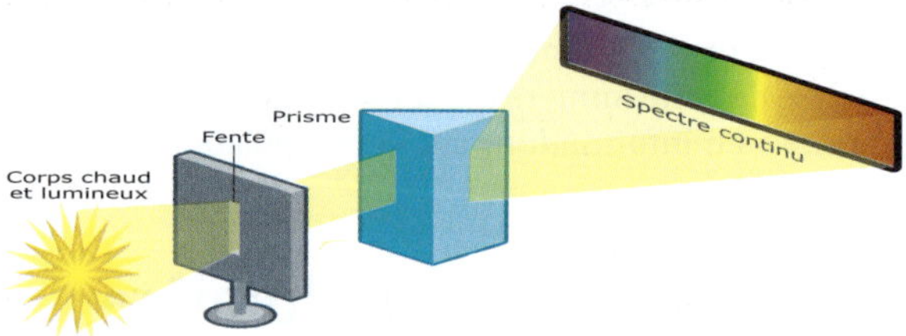

Tout corps chaud, solide, liquide ou gaz (sous haute pression) émet une lumière dont le spectre visible est **continu** : il contient une infinité de couleurs. Ce spectre peut se prolonger au-delà du visible, dans le domaine de l'infrarouge ou de l'ultraviolet.

• **Influence de la température**

Lorsque la température T d'un corps augmente, sa couleur passe du rouge au blanc et le spectre de sa lumière s'enrichit vers le bleu et le violet.

Température T_1	
Température $T_2 > T_1$	

➲ La couleur de la lumière émise par un corps lumineux et son spectre renseignent sur sa température.

Lumière émise par un gaz : spectre de raies

• Un gaz (à basse pression) chauffé ou soumis à une décharge électrique émet une lumière dont le spectre est **discontinu** : il ne contient que certaines couleurs. On parle d'un **spectre de raies d'émission**. Chaque raie correspond à une radiation caractérisée par une longueur d'onde.

• **Influence de la nature du gaz**

Les raies observées dans le spectre sont caractéristiques de l'entité chimique (atome ou ion) présente dans le gaz.

EXEMPLES : spectres de raies de l'hydrogène et du mercure.

Hydrogène	
Mercure	

➲ Dans un spectre de raies, les couleurs présentes, caractérisées par leur longueur d'onde, permettent d'identifier un élément chimique.

3 Les spectres d'absorption

■ Lorsque la lumière blanche traverse certains milieux, certaines couleurs peuvent être absorbées, le spectre obtenu est alors **discontinu**.

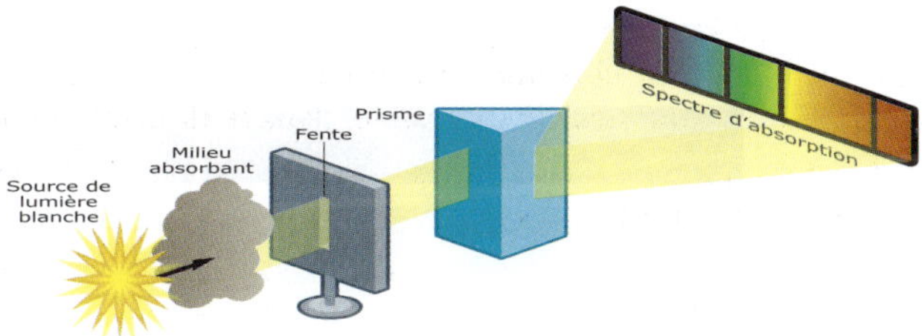

■ Spectre de bandes d'absorption

Le spectre de la lumière qui a traversé une solution colorée présente des **bandes d'absorption** : les parties sombres correspondent aux couleurs absorbées et absentes par rapport au spectre de la lumière blanche.

EXEMPLES : spectres d'absorption d'une solution de chlorophylle et d'une solution de permanganate de potassium.

Spectre de la lumière blanche	
Chlorophylle	
Permanganate de potassium	

La solution de chlorophylle absorbe le violet et le rouge, et nous apparaît verte. La solution de permanganate de potassium absorbe le vert et nous apparaît magenta.

■ **Spectre de raies d'absorption**

Lorsqu'un gaz (à basse pression) est traversé par une lumière blanche, il absorbe certaines radiations : le spectre présente alors des raies noires, c'est un **spectre de raies d'absorption**.

EXEMPLES : spectres d'absorption du sodium et du mercure.

Sodium	
Mercure	

➲ Une entité chimique (atome ou ion) ne peut absorber que les radiations qu'elle est susceptible d'émettre.

EXEMPLE : spectres d'émission et d'absorption du sodium.

Émission	
Absorption	

➲ Les raies noires (couleurs absentes) permettent d'identifier un élément chimique.

II Que nous apprend la lumière des étoiles ?

1 Le spectre d'une étoile

■ Une étoile est une boule de gaz à haute pression dont la partie périphérique, appelée photosphère, est à l'origine d'une émission lumineuse.

Elle est entourée d'une atmosphère, ou chromosphère, composée d'un gaz à faible pression.

Le spectre d'une étoile est un spectre d'émission dont le fond continu comporte des raies d'absorption.

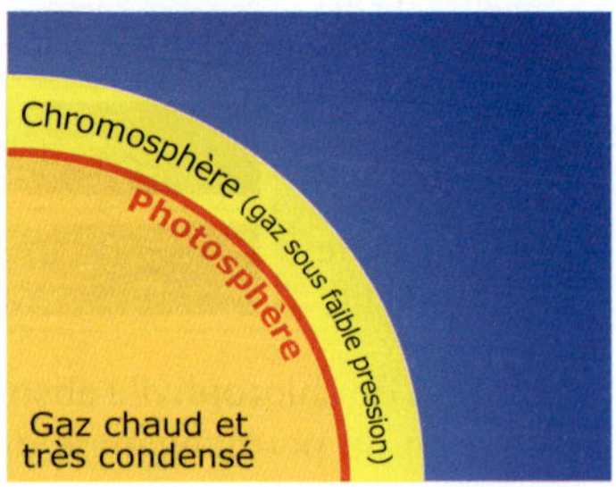

Température de surface

La photosphère est un corps chaud qui émet un rayonnement dont le spectre est continu. La couleur apparente dépend de la température à sa surface.

EXEMPLE : température et couleur apparente de quelques étoiles.

Étoile	Bételgeuse	Soleil	Altaïr	Rigel
Température (°C)	3 000	6 000	9 000	12 000
Couleur apparente	rougeâtre	jaune	blanche	bleue

Composition de l'atmosphère d'une étoile

La lumière produite par la photosphère subit une absorption en traversant la chromosphère. L'analyse des raies d'absorption présentes dans le spectre de l'étoile nous renseigne sur la composition chimique de cette atmosphère.

EXEMPLE : spectre d'une étoile contenant entre autres les éléments hydrogène (H), calcium (Ca), magnésium (Mg), fer (Fe)…

Spectre d'une étoile

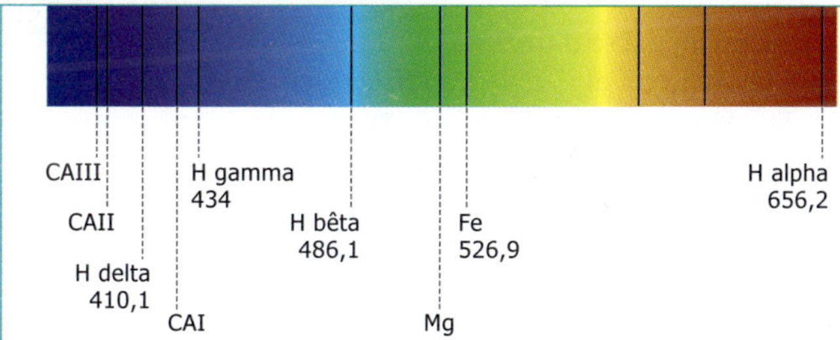

2 Le spectre de notre étoile, le Soleil

En 1814, Fraunhofer, à l'aide de son spectroscope, découvre plusieurs centaines de raies sombres dans le spectre du Soleil. C'est Angström, en 1862, qui reconnaît le principal élément présent dans le Soleil : l'**hydrogène**. En 1868, les astronomes y découvrent un nouvel élément qu'ils nomment **hélium** (du grec *hélios*, soleil). Le Soleil est constitué principalement d'hydrogène et d'hélium.

Élément	Hydrogène	Hélium	Autres : oxygène, carbone…
% en masse	74	5	1

II Pourquoi un prisme décompose-t-il la lumière ?

Un prisme décompose la lumière en **déviant** et en **séparant** les différentes couleurs contenues dans son spectre.

1 La déviation est due à la réfraction

■ La réfraction est le changement de direction subi par un rayon lumineux lorsqu'il change de milieu de propagation.

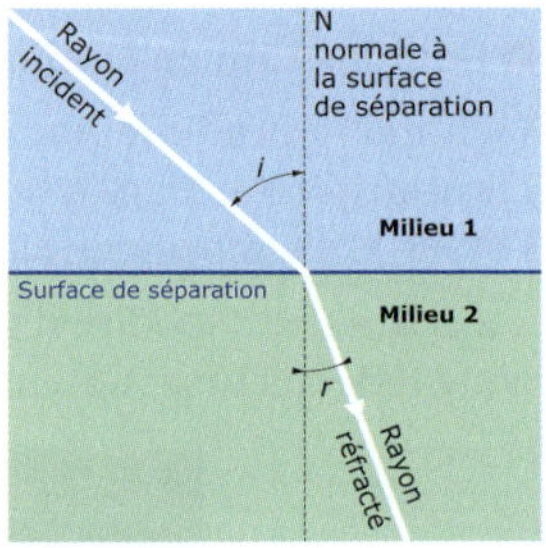

■ **Lois de Descartes pour la réfraction**

• **Première loi**

Les rayons incident et réfracté sont dans le plan d'incidence, perpendiculaire à la surface de séparation.

• **Deuxième loi**

Lorsque le rayon passe d'un milieu 1 à un milieu 2, l'angle d'incidence i et l'angle de réfraction r sont liés par la relation : $n_1 \sin(i) = n_2 \sin(r)$.

n_1 et n_2 sont des nombres sans unité appelés indices de réfraction des milieux 1 et 2.

➲ Attention : les angles i et r doivent être mesurés par rapport à la normale N.

■ L'indice de réfraction est une grandeur caractéristique d'un milieu transparent.

EXEMPLE

	vide	air	eau	verre
Indice	1	1,00	1,33	1,5

2 La séparation est due à la dispersion

■ Un milieu transparent est dispersif lorsque son indice varie avec la longueur d'onde de la radiation qui le traverse.

■ La lumière blanche qui traverse un prisme en verre dispersif est réfractée à l'entrée et à la sortie du prisme. Elle est décomposée car les différentes couleurs ne sont pas déviées de la même manière.

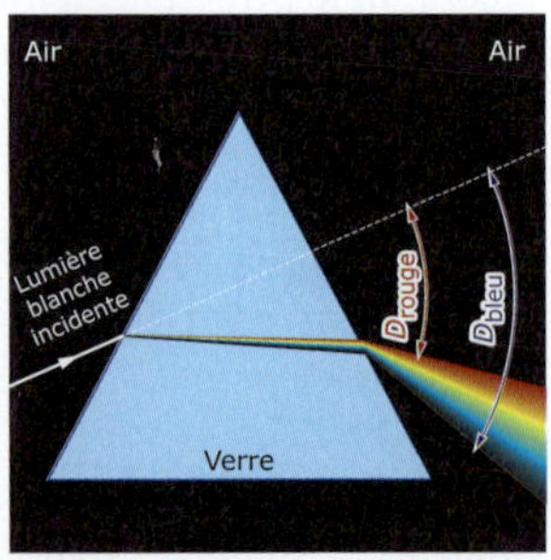

Exploiter le spectre du Soleil

ÉNONCÉ

Le spectre suivant est celui de notre étoile, le Soleil. La figure ci-dessous représente le flux lumineux reçu en fonction de la longueur d'onde λ en nm.

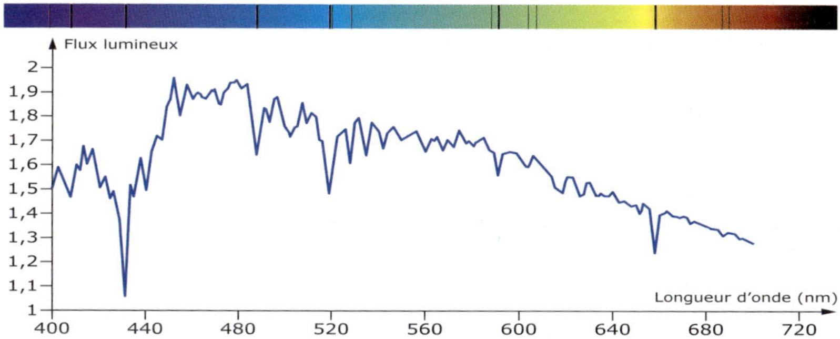

1. Pourquoi le spectre du Soleil comporte-t-il des raies noires ?

2. Les longueurs d'onde caractéristiques des raies visibles du spectre d'émission de l'hydrogène sont : 410 nm, 434 nm, 486 nm et 656 nm.

Cet élément chimique est-il présent dans l'étoile ?

3. Que peut-on déduire de la présence d'autres raies dans le spectre ?

MÉTHODE

Le graphique fourni sous le spectre permet de connaître les longueurs d'onde des raies noires.

CORRIGÉ

1. Le spectre du Soleil comporte des raies noires car c'est un spectre d'absorption. Les éléments chimiques présents dans la chromosphère du Soleil absorbent certaines radiations de la lumière blanche produite par la photosphère.

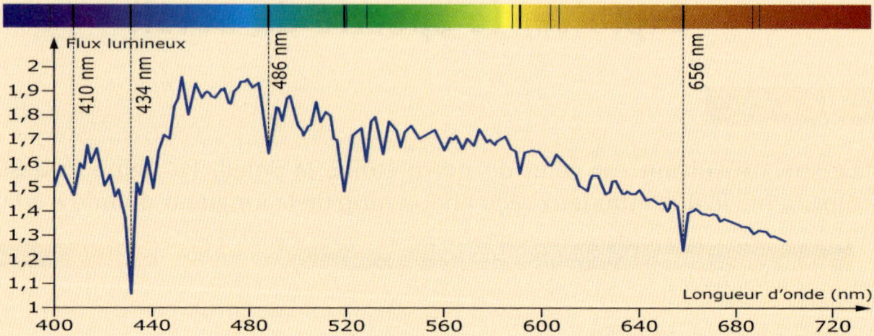

2. On observe des raies noires aux longueurs d'onde caractéristiques de l'hydrogène. Cet élément est donc présent dans le Soleil.

3. Les autres raies traduisent la présence d'éléments responsables de l'absorption d'autres radiations.

Expliquer la dispersion de la lumière par un prisme

ÉNONCÉ

La courbe ci-contre représente les variations de l'indice de réfraction d'un prisme en verre dispersif en fonction de la longueur d'onde λ.

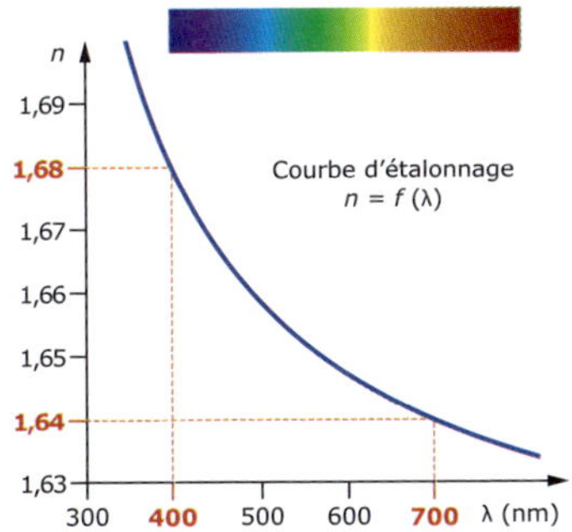

Un rayon lumineux rouge de longueur d'onde 700 nm pénètre de l'air dans le prisme avec un angle d'incidence de 45°.

1. Quelle est la valeur de l'indice du verre lue sur la courbe pour cette longueur d'onde ?

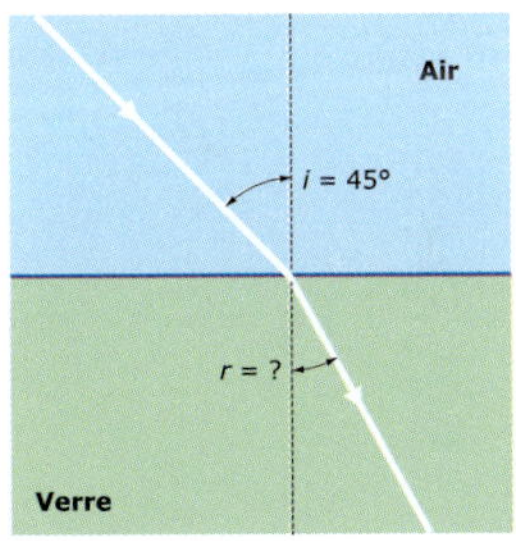

2. Déterminer la valeur de l'angle de réfraction du rayon dans le verre.

Un rayon violet pénètre dans le prisme avec la même incidence.

3. Quelle est la valeur de l'indice du verre pour cette couleur ?

4. Calculer la valeur de l'angle de réfraction du violet.

5. En comparant les deux résultats précédents, expliquer pourquoi ce prisme est dispersif.

MÉTHODE

L'application de la deuxième loi de Descartes permet de déterminer un angle en fonction de l'autre si les indices des milieux sont connus.

➲ Attention : les angles *i* et *r* sont exprimés en degré (°), la calculatrice doit être paramétrée pour effectuer les calculs des sinus avec l'angle en degré.

CORRIGÉ

1. Sur le graphe, pour $\lambda = 700$ nm, on lit $\boldsymbol{n_r = 1{,}64}$.

2. L'application de la deuxième loi de Descartes pour la réfraction permet d'écrire : $n_1 \sin(i) = n_2 \sin(r)$ où l'air est le milieu 1, donc $n_1 = 1{,}00$ et le verre est le milieu 2, avec $n_2 = 1{,}64$.

Si $i = 45°$, alors on peut calculer r : $\sin(r) = \dfrac{n_1 \times \sin(i)}{n_2}$.

Soit $\sin(r) = \dfrac{1{,}00 \times \sin(45°)}{1{,}64} = 0{,}431$ donc $\boldsymbol{r_{(\text{rouge})} = 25{,}5°}$.

3. Pour un rayon violet, $\lambda_V = 400$ nm, l'indice est égal à $\boldsymbol{n_v = 1{,}68}$.

4. L'angle de réfraction est alors $\sin(r) = \dfrac{1{,}00 \times \sin(45°)}{1{,}68} = 0{,}421$ donc

$\boldsymbol{r_{(\text{violet})} = 24{,}9°}$.

5. Ce prisme est dispersif car son indice varie avec la longueur d'onde de la radiation qui le traverse : n décroît lorsque λ augmente. En conséquence, les rayons qui le traversent ne sont pas déviés de la même manière selon leur couleur, ainsi $r_{(\text{violet})} = 24{,}9° < r_{(\text{rouge})} = 25{,}5°$.

Vérifier ses connaissances

1 QCM

Dans le questionnaire à choix multiple (QCM) suivant, indiquer pour chaque proposition, la ou les réponses exactes.

1. La lumière blanche est :

a. multicolore ; **b.** polychromatique ; **c.** monochromatique.

2. La lumière blanche est émise par :

a. le Soleil ; **b.** un laser ; **c.** une lampe à incandescence.

3. Le spectre de la lumière blanche est :

a. continu ; **b.** un spectre de raies ; **c.** un spectre de bandes.

4. Le spectre de la lumière blanche s'étend du :

a. bleu au jaune ; **b.** violet au vert ; **c.** violet au rouge.

5. Une lumière visible a une longueur d'onde comprise entre :

a. 400 nm et 800 nm ; **b.** 400 µm et 800 µm ;

c. 400 mm et 800 mm ; **d.** 0,4 µm et 0,8 µm.

▸ corrigé p. 39

2 La couleur des étoiles

Bételgeuse et Rigel sont les deux étoiles super géantes les plus brillantes de la constellation d'Orion. Rigel est bleue tandis que Bételgeuse est rouge. En expliquant, indiquer quelle information fournit la comparaison des couleurs de Bételgeuse et Rigel.

▸ corrigé p. 39

3 Décomposition de la lumière blanche

Le caractère polychromatique de la lumière blanche a été mis en évidence par Isaac Newton grâce à une expérience de décomposition.

1. Comment se nomme le morceau de verre qui permet cette décomposition de la lumière ?

2. Comment se nomme le phénomène physique à l'origine de cette décomposition ?

3. Citer le phénomène naturel prouvant que l'eau peut décomposer la lumière blanche.

▸ corrigé p. 39

S'entraîner

4 Réfraction

Un faisceau laser passe de l'air dans l'eau comme schématisé ci-contre.

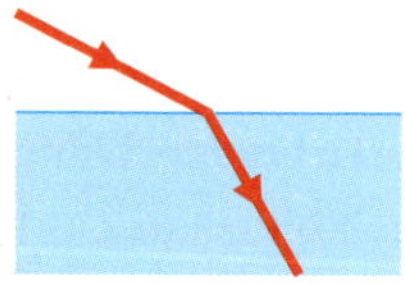

1. On dit que cette lumière est réfractée. Expliquer.

2. Compléter la figure :
– en indiquant le point d'incidence I et en schématisant la normale en I à la surface de séparation entre l'air et l'eau ;
– en repérant le rayon incident, le rayon réfracté, l'angle d'incidence *i* et l'angle de réfraction *r*.

3. Le faisceau laser arrive sous l'angle d'incidence $i = 60°$ à la surface de séparation air-eau. Déterminer l'angle de réfraction *r*.

Données : indice optique de l'air : 1,00 ; indice optique de l'eau : 1,33.

▸ corrigé p. 39

5 Du plus chaud au plus froid

Un métal est porté à incandescence jusqu'à apparaître blanc, puis on le laisse doucement refroidir. Les quatre spectres suivants ont été obtenus en décomposant la lumière émise par ce métal au cours de son refroidissement… mais ils ne sont pas classés !

Spectre I	
Spectre II	
Spectre III	
Spectre IV	

En justifiant, remettre ces quatre spectres dans l'ordre chronologique de leur obtention.

▸ corrigé p. 40

6 Plante verte

Les feuilles d'une plante verte doivent leur couleur principalement à deux pigments : le carotène de couleur orangée et la chlorophylle de couleur verte.
Les spectres d'absorption suivants sont ceux de trois solutions :
– une solution de carotène ;

– une solution de chlorophylle ;
– une solution obtenue par extraction des pigments d'une feuille d'une plante verte.

Spectre I	
Spectre II	
Spectre III	

1. Rechercher la définition du terme « pigment ».

2. En rédigeant un raisonnement argumenté, indiquer le spectre correspondant à chaque solution. ▸ corrigé p. 40

* 7 Message stellaire

À l'aide d'un spectroscope performant, on réalise un cliché du spectre d'une étoile. On dispose également du spectre d'émission de l'argon. Grâce à un axe gradué, on peut comparer ces deux spectres.

L'allure approximative du cliché est la suivante (aucune mesure n'est à effectuer sur ce document) :

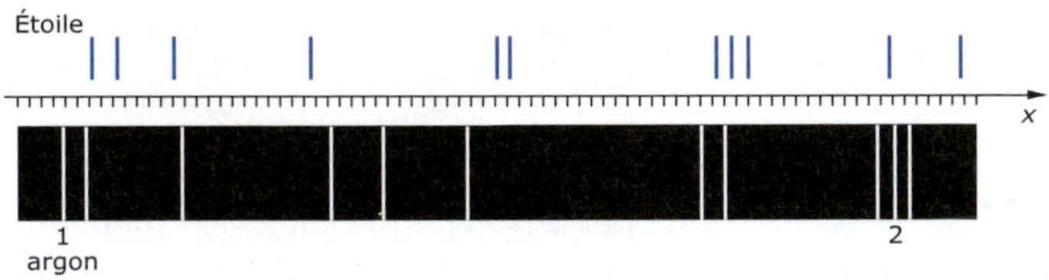

On admettra que la différence de longueur d'onde entre deux raies est proportionnelle à leur différence d'abscisse x sur le cliché.

1. Le spectre de l'étoile est un spectre continu où apparaissent des raies sombres. Quelle est l'origine de ces raies ?

2. Quel est l'intérêt de juxtaposer le spectre de l'argon à celui de l'étoile ?

3. Sur le cliché, on repère facilement deux raies intenses de l'argon :

– la raie 1, correspondant à la longueur d'onde $\lambda_1 = 420$ nm située à l'abscisse $x_1 = 4$ mm ;

– la raie 2 telle que $\lambda_2 = 488$ nm située à l'abscisse $x_2 = 140$ mm.

a. Montrer que l'échelle de correspondance entre longueur d'onde et abscisses x sur le cliché est 0,5 nm pour 1 mm.

b. Une raie d'absorption A de l'étoile se situe à l'abscisse $x_A = 106$ mm. En calculant la différence $x_A - x_1$, puis en utilisant l'échelle établie à la question précédente, en déduire la longueur d'onde λ_A correspondant à cette raie.

4. L'analyse complète du spectre de l'étoile a permis de montrer que son enveloppe externe renferme les éléments hydrogène H, hélium He et magnésium Mg. Expliquer brièvement la méthode permettant de tirer cette conclusion.

5. L'étoile considérée émet une lumière bleutée. En expliquant, comparer la température de surface de cette étoile avec celle de notre Soleil.

▸ corrigé p. 41

Problème

8 Détermination expérimentale d'un indice de réfraction

Le dispositif schématisé ci-dessous est utilisé pour étudier la réfraction d'un faisceau laser lorsqu'il pénètre dans un demi-cylindre en verre.

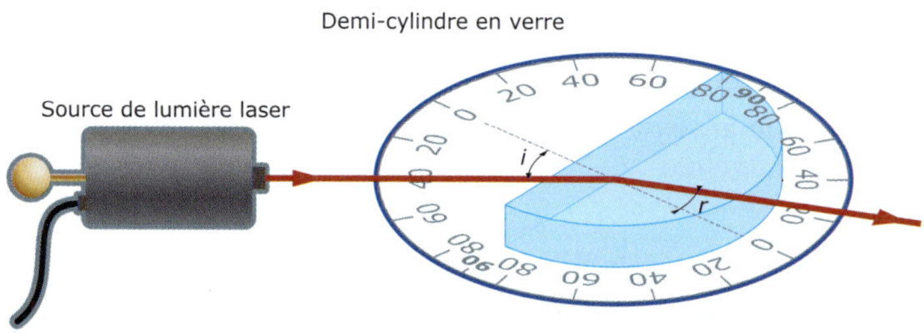

Le support gradué permet de relever les valeurs des angles i et r pour différentes positions de la source.

i (°)	0	10	20	30	40	50	60	70
r (°)	0	7,0	13	20	25	31	35	39

1. Les valeurs des angles i et r sont-elles proportionnelles ?

2. Tracer la courbe représentant $\sin(i)$ en fonction de $\sin(r)$.

3. Comment voit-on que les valeurs $\sin(i)$ et $\sin(r)$ sont proportionnelles ?

4. En déduire la valeur de l'indice de réfraction du verre constituant le demi-cylindre.

▸ corrigé p. 41

1 **1.** La lumière blanche est polychromatique (**réponse b**).

2. La lumière blanche est émise par le Soleil (**réponse a**) ou par une lampe à incandescence (**réponse c**).

3. Le spectre de la lumière blanche est continu (**réponse a**).

4. Le spectre de la lumière blanche s'étend du violet au rouge (**réponse c**).

5. Une lumière visible a une longueur d'onde comprise entre 400 nm et 800 nm (**réponse a**), c'est-à-dire entre 0,4 µm et 0,8 µm (**réponse d**).

➲ 1 µm = 1 000 nm ; 1 nm = 0,001 µm = 10^{-3} µm.
Pour revoir les sous-multiples du mètre, se reporter au chapitre 1.

2 La couleur de la lumière émise par une étoile renseigne sur sa température de surface. Plus la lumière s'enrichit en bleu, plus la température est élevée. Ainsi, la super géante rouge Bételgeuse est moins chaude que la super géante bleue Rigel.

3 **1.** La décomposition de la lumière est réalisée grâce à un prisme.

2. Le phénomène à l'origine de cette décomposition de la lumière est la dispersion. On dit que le verre est un milieu dispersif pour la lumière.

3. L'arc-en-ciel est le résultat de la décomposition de la lumière solaire par des gouttelettes de pluie. L'eau est un milieu dispersif pour la lumière.

4 **1.** La lumière est réfractée au passage de l'air dans l'eau, c'est-à-dire qu'elle est déviée.

2.

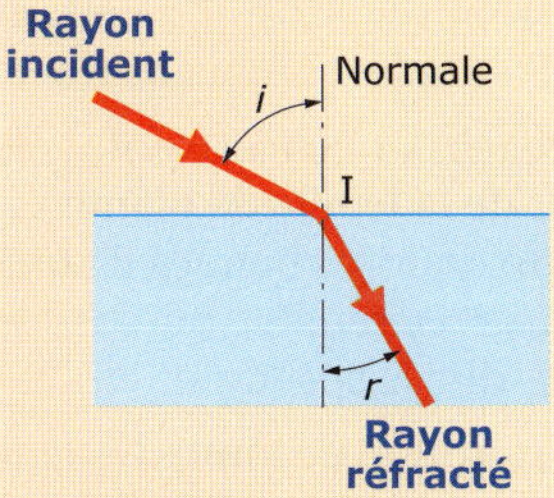

3. La deuxième loi de Descartes $n_1 \sin i = n_2 \sin r$ conduit à $\sin r = \frac{n_1 \sin i}{n_2}$ avec

$i = 60°$ et $n_1 = 1{,}00$ et $n_2 = 1{,}33$ donc $\sin r = \frac{\sin 60°}{1{,}33} = \frac{0{,}866}{1{,}33} = 0{,}651$.

L'angle de réfraction est donc $r = 40{,}6°$.

➲ Avant d'utiliser votre calculatrice, vérifiez que l'unité d'angle prédéfinie est bien le degré !

5 Plus un corps est chaud, plus le spectre de la lumière qu'il émet s'enrichit vers le bleu et le violet. Donc le spectre II, le plus riche en violet, correspond à la plus haute température. Le spectre I ne comporte que du rouge, il correspond donc à la plus faible température. Finalement, du plus chaud au plus froid (refroidissement), l'ordre des spectres est le suivant :

Spectre II	
Spectre IV	
Spectre III	
Spectre I	

6 **1.** Un pigment est une substance colorée produite par un être vivant, animal ou végétal.

2. Les spectres I, II et II sont des spectres de bandes d'absorption. Chacun des pigments (carotène et chlorophylle) absorbe certaines radiations du spectre continu. La superposition des couleurs non absorbées correspond à la couleur du pigment.

La solution obtenue à partir de la feuille de plante verte contient les deux pigments. Son spectre comporte donc les bandes d'absorption de la chlorophylle et du carotène : il s'agit nécessairement du spectre comportant le plus de bandes d'absorption, c'est-à-dire le spectre II.

Le spectre III montre une absorption de toutes les radiations violettes et bleues. La superposition des radiations non absorbées (verte ; jaune ; orange ; rouge) forme une couleur orangée correspondant à celle du carotène.

Le spectre I diffère du spectre III par la présence de bleu et la quasi-absence de rouge. Cela correspond bien à la couleur verte de la chlorophylle.

7 **1.** Les raies noires présentes dans le spectre de l'étoile correspondent aux radiations monochromatiques absorbées par son enveloppe gazeuse externe, appelée photosphère.

2. Le spectre de l'argon comporte des raies dont les longueurs d'onde sont connues. Il sert donc de référence pour déterminer les longueurs d'onde correspondant aux raies d'absorption du spectre de l'étoile. On dit aussi que le spectre de l'argon sert à étalonner le cliché.

3. a. La différence de longueur d'onde $\lambda_2 - \lambda_1 = 488 - 420 = 68$ nm correspond à la différence d'abscisse : $x_2 - x_1 = 140 - 4 = 136$ mm.

Par conséquent, l'échelle de correspondance du cliché est :

$\frac{\lambda_2 - \lambda_1}{x_2 - x_1} = \frac{68}{136} = 0,5$ nm/mn, c'est-à-dire qu'une variation d'abscisse de 1 mm correspond à une différence de longueur d'onde de 0,5 nm.

b. La différence d'abscisse entre la raie A et la raie 1 est :

$x_A - x_1 = 106 - 4 = 102$ mm. Un millimètre sur le cliché correspond à 0,5 nm donc : $\lambda_A - \lambda_1 = 51$ nm.

Sachant que $\lambda_1 = 420$ nm, on en déduit alors : $\lambda_A = 51 + 420 = 471$ nm.

4. Chaque élément chimique possède un spectre de raies qui lui est propre. Par conséquent, en déterminant les longueurs d'onde correspondant aux diverses raies d'absorption du spectre de l'étoile et en les comparant aux spectres de raies connus, on peut en déduire la composition de la photosphère de l'étoile.

5. Une étoile bleue a une température de surface supérieure à celle d'une étoile jaune telle que le Soleil.

8 **1.** Lorsque deux grandeurs sont proportionnelles, le rapport de leurs valeurs reste constant. Calculons le rapport $\frac{i}{r}$ pour deux couples différents de valeurs.

- Pour $i = 20°$, $r = 13°$ donc $\frac{i}{r} = \frac{20}{13} = 1,54$.
- Pour $i = 60°$, $r = 35°$ donc $\frac{i}{r} = \frac{60}{35} = 1,71$.

Les angles i et r ne sont donc pas proportionnels.

2. Les valeurs des sinus sont données dans le tableau suivant :

sin(i)	0	0,17	0,34	0,50	0,64	0,77	0,87	0,94
sin(r)	0	0,12	0,22	0,34	0,42	0,52	0,57	0,63

Pour tracer sin(i) en fonction de sin(r), on reporte les valeurs de sin(r) en abscisse. L'alignement des points permet de tracer une droite moyenne.

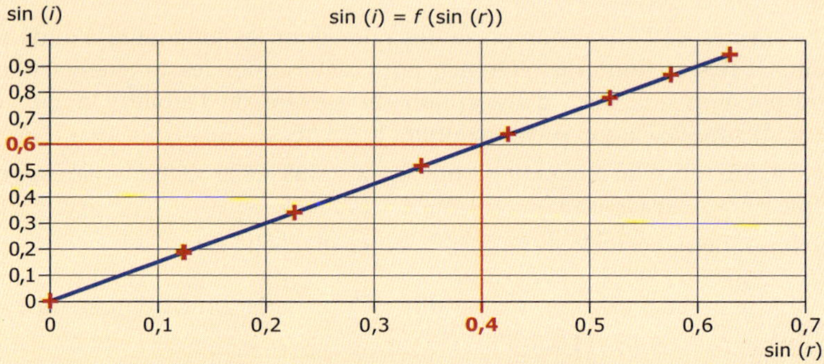

3. Deux grandeurs proportionnelles sont liées par une fonction linéaire dont le graphe est une droite passant par l'origine. Le graphe montre que sin(i) est proportionnel à sin(r).

4. La deuxième loi de Descartes dit que les angles sont liés par la relation : $n_1\sin(i) = n_2\sin(r)$.

Le milieu 1 étant l'air d'indice n_1 = 1,0, la relation de Descartes s'écrit : $1{,}0 \times \sin(i) = n_2\sin(r)$ où n_2 est l'indice du verre.

Le coefficient de proportionnalité est déterminé en utilisant la droite passant au plus près des points expérimentaux : n_2 est calculé à partir des valeurs (en rouge) lues sur la droite moyenne :

$$n_2 = \frac{\sin(i)}{\sin(r)} = \frac{0{,}60}{0{,}40} = 1{,}5$$

L'indice du verre est donc n_2 = 1,5.

3 Un modèle de l'atome

En Grèce, à la fin du Ve siècle av. J.-C., les philosophes Démocrite et Leucippe imaginent l'existence de l'atome. Ainsi, l'adjectif grec *atomos* qui signifie *indivisible*, « qu'on ne peut pas couper », est à l'origine du mot atome. Des siècles plus tard (fin XVIIIe – début XIXe), des chimistes ont établi définitivement la théorie atomique.

I La structure de l'atome

1 Les constituants de l'atome

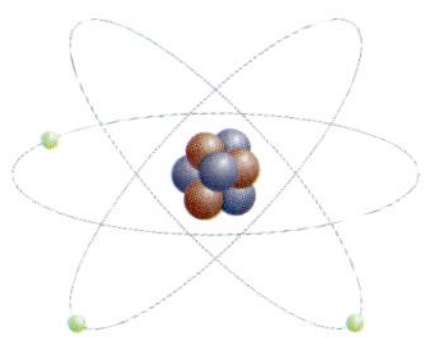

• La matière est constituée d'**atomes**.

• L'atome est formé d'un **noyau** autour duquel gravitent des électrons, constituant le **cortège (ou nuage) électronique**.

• Le noyau est composé de **nucléons** : les protons et les neutrons.

Les nucléons

• Les **neutrons** sont **électriquement neutres** ; les **protons** portent **une charge électrique positive**, notée q_p.

Cette charge est la charge élémentaire notée e, exprimée en coulomb (C) :

$q_p = e = 1{,}6 \times 10^{-19}$ C.

• Le proton et le neutron ont des masses quasi-identiques :

$m_p \approx m_n \approx m_{\text{nucléon}} = 1{,}67 \times 10^{-27}$ kg.

Le cortège (ou nuage) électronique

• **Le cortège électronique** d'un atome est formé d'électrons portant une charge électrique élémentaire négative $q_{e^-} = -e = -1{,}6 \times 10^{-19}$ C.

• Un électron porte une charge électrique exactement opposée à celle du proton ($q_{e^-} = -q_p$). La charge électrique totale du nuage électronique compense exactement la charge du noyau, c'est-à-dire celle des protons.

• **Il y a autant de protons que d'électrons dans un atome. Par conséquent, un atome est électriquement neutre.**

2 Représentation symbolique d'un noyau

Le noyau d'un atome est constitué de Z protons et N neutrons. Le nombre total de nucléons dans le noyau est noté A : $A = Z + N$.

Le symbole d'un noyau est :

$${}^{A}_{Z}\mathrm{X}$$

A = **nombre de nucléons.**

A est appelé **nombre de masse**.

Z = **nombre de protons.**

Z est appelé **numéro atomique**.

X est le symbole de l'élément.

EXEMPLE : le noyau de sodium ${}^{23}_{11}\mathrm{Na}$ est un assemblage de 11 protons et 12 neutrons (23 = 11 + 12).

3 La structure lacunaire de l'atome

La masse d'un atome

• La masse d'un atome est égale à la somme des masses de ses constituants. Mais, l'électron est environ 2 000 fois plus léger qu'un nucléon : $m_{e^-} = 9{,}1 \times 10^{-31}$ kg.

• **La masse de l'atome** est donc pratiquement égale à celle de son noyau puisque l'électron a une masse négligeable devant celle d'un nucléon.

La masse de l'atome est donc concentrée dans son noyau : $m_{\text{atome}} = Am_{\text{nucléon}}$

EXEMPLE : la masse de l'atome de fluor est quasiment celle de son noyau ${}^{19}_{9}\mathrm{F}$ soit $m_F \approx 19 \times 1{,}67 \times 10^{-27}$ kg $\approx 3{,}17 \times 10^{-26}$ kg.

Le rayon atomique

• Un atome peut être représenté par une sphère dont le rayon est de l'ordre de 10^{-10} m.
Au centre de cette sphère, se trouve le noyau dont le rayon est de l'ordre de 10^{-15} m.

• L'atome a un rayon environ **100 000 fois plus grand** que celui de son noyau.

➲ Si le noyau était une balle de golf (3 cm de diamètre), le nuage électronique serait une sphère de 3 km de diamètre !

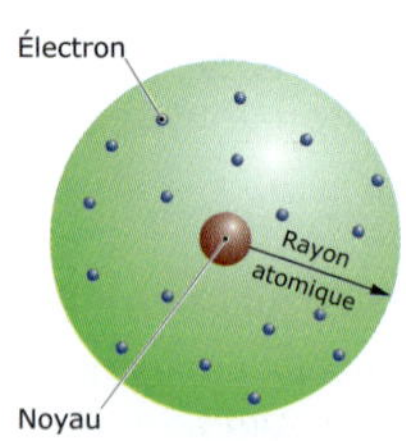

• Les distances séparant le noyau des électrons sont très grandes devant la dimension du noyau. Ainsi la **plus grande partie (volume) d'un atome est constituée de vide**.

➲ Tout comme le système solaire ou une galaxie (chapitre 1), l'atome a une structure lacunaire.

4 Récapitulatif de la structure de l'atome

	Atome		
	Cortège électronique	Noyau Rayon : 10^{-15} m	
Particule élémentaire	Électron	Nucléons	
		Protons	Neutrons
Charge électrique	–	+	0
Ordre de grandeur de la masse	10^{-30} kg	10^{-27} kg	
Nombres	Z	Z	N
		$A = Z + N$	

II Les éléments chimiques

Comment reconnaitre un même élément chimique ?

• Un **élément chimique** est caractérisé par le **nombre de protons** Z présents dans son noyau.

• Une centaine d'éléments chimiques sont connus à ce jour (voir chapitre 5). Chaque élément est symbolisé par une majuscule suivie éventuellement d'une minuscule (dérivant souvent du nom de l'élément).

Nom	Hydrogène	Hélium	Carbone	Azote	Oxygène	Chlore
Numéro atomique Z	1	2	6	7	8	17
Symbole	H	He	C	N	O	Cl

Les isotopes

Des **isotopes** d'un élément sont des atomes ayant même numéro atomique Z, mais des nombres de nucléons A différents.

EXEMPLE

Élément	Carbone	Chlore	Oxygène
Numéro atomique Z	6	17	8
Isotopes (% mélange naturel)	^{12}C (98,89) ^{13}C (1,11) ^{14}C (traces)	^{35}Cl (75,8) ^{37}Cl (24,2)	^{16}O (99,759) ^{17}O (0,037) ^{18}O (0,204)

Déterminer la masse d'un atome

ÉNONCÉ

Soit un atome de magnésium Mg défini par les nombres $Z = 12$ et $A = 26$.

1. Donner le symbole de son noyau et préciser la constitution de cet atome.

2. Calculer la masse du noyau, notée m_{noyau}, sachant que la masse d'un nucléon est $1{,}67 \times 10^{-27}$ kg.

3. Calculer la masse du nuage électronique d'un atome de magnésium sachant que $m_{e-} = 9{,}1 \times 10^{-31}$ kg.

4. Déterminer la valeur du rapport $\dfrac{m_{noyau}}{m_{nuage\ électronique}}$. Que peut-on conclure ? En déduire la masse de l'atome de magnésium.

MÉTHODE

- Le noyau est constitué de Z protons et $A - Z$ neutrons.
- La masse du noyau est $m_{noyau} = Am_{nucléon}$.
- L'atome contient Z électrons. La masse du nuage électronique est donc égale à Zm_{e-}.

CORRIGÉ

1. $^{26}_{12}Mg$ L'atome de magnésium est composé d'un noyau, de 12 protons et de $A - Z = 26 - 12 = 14$ neutrons, autour duquel 12 électrons gravitent.

2. $m_{noyau} = Am_{nucléon} = 26 \times 1{,}67 \times 10^{-27} = 4{,}34 \times 10^{-26}$ kg.

3. $m_{nuage\ électronique} = Zm_{e-} = 12 \times 9{,}1 \times 10^{-31} = 3{,}9 \times 10^{-30}$ kg.

4. $\dfrac{m_{noyau}}{m_{nuage\ électronique}} = \dfrac{4{,}34 \times 10^{-26}}{3{,}9 \times 10^{-30}} = 1{,}1 \times 10^{4} \approx 10^{4}$.

La masse du noyau est environ 10 000 fois plus grande que celle du nuage électronique. La masse de l'atome est donc concentrée dans son noyau. On peut négliger la masse des électrons devant celle du noyau :

$$m_{Mg} \approx m_{noyau} \approx Am_{nucléon} = 4{,}34 \times 10^{-26} \text{ kg}$$

Identifier des isotopes

ÉNONCÉ

On considère les noyaux suivants : ${}^{64}_{28}Ni$, ${}^{65}_{29}Cu$, ${}^{66}_{30}Zn$ et ${}^{56}_{28}X$.

1. Décrire leur constitution. S'agit-il d'isotopes ? Justifier.

2. Donner le symbole de l'atome ${}^{56}_{28}X$.

MÉTHODE

Des isotopes ont le même nombre de protons mais un nombre de neutrons différent. Il faut donc comparer les numéros atomiques Z (nombres de protons) et les nombres de neutrons $N = A - Z$.

CORRIGÉ

1. Un noyau est constitué de Z protons et $N = A - Z$ neutrons. Les valeurs de Z et N sont obtenues à partir du symbole ${}^{A}_{Z}X$.

Symbole du noyau	${}^{64}_{28}Ni$	${}^{65}_{29}Cu$	${}^{66}_{30}Zn$	${}^{56}_{28}X$
Nombre de protons Z	28	29	30	28
Nombre de neutrons $N = A - Z$	36	36	36	28

Les trois premiers noyaux ont le même nombre de neutrons (36). Ces noyaux ne sont pas des isotopes puisqu'ils n'ont pas le même nombre de protons.

En revanche, le noyau X est isotope de l'atome ${}^{64}_{28}Ni$.

2. Le symbole de l'élément X est Ni.

Vérifier ses connaissances

1 QCM

Dans le questionnaire à choix multiple (QCM) suivant, indiquer, pour chaque proposition, la ou les réponses exactes.

1. Le noyau d'un atome est constitué de :

a. protons et d'électrons ; **b.** protons et de neutrons ;

c. nucléons et d'électrons ; **d.** nucléons.

2. La particule, résidant dans le noyau atomique, qui ne possède aucune charge électrique est :

a. le proton ; **b.** le neutron ; **c.** l'électron.

3. La charge électrique du noyau atomique est :

a. positive ; **b.** nulle ; **c.** négative.

4. La charge électrique de l'atome est :

a. positive ; **b.** nulle ; **c.** négative.

5. Deux types de particules de l'atome ont sensiblement la même masse, il s'agit :

a. du neutron et du proton ; **b.** du proton et de l'électron ;

c. de l'électron et du neutron.

6. La masse d'un atome :

a. se répartit équitablement entre le noyau et les électrons ;

b. est essentiellement concentrée dans le cortège électronique ;

c. est essentiellement concentrée dans le noyau.

7. Le rayon atomique est à peu près égal :

a. au rayon du noyau ; **b.** à 100 fois le rayon du noyau ;

c. à 100 000 fois le rayon du noyau.

▸ corrigé p. 53

2 Symbole d'un noyau atomique

Le noyau d'un atome de l'élément X est symbolisé par ${}^{A}_{Z}X$.

1. Comment se nomme le nombre Z et que représente-t-il ?

2. Comment se nomme le nombre A et que représente-t-il ?

▸ corrigé p. 53

3 Isotopes ?

On considère les noyaux suivants : un noyau d'uranium $^{238}_{92}U$ et un noyau d'un élément inconnu $^{235}_{92}X$.

1. Décrire leur constitution.
2. Quel est leur point commun ? S'agit-il de noyaux du même élément ?
3. Ces deux noyaux sont-ils isotopes ? Pourquoi ?

▸ corrigé p. 53

S'entraîner

4 Constitution de quelques atomes

Compléter le tableau suivant.

Nom	Symbole	*Z*	*A*	Nombre de protons	Nombre de neutrons	Nombre d'électrons
Hydrogène			1			1
Oxygène		8			8	
Chlore	Cl			17	20	
Carbone		6	12			

▸ corrigé p. 53

5 Flash au magnésium

Dans les premiers flashs pour la photographie, la lumière nécessaire à la prise de vue était produite par la combustion du magnésium, métal de symbole chimique Mg.

1. La charge totale des électrons de l'atome de magnésium est $q = -1{,}92 \times 10^{-18}$ C. Calculer le nombre d'électrons N_{e-} contenus dans un atome de magnésium.
2. En déduire le numéro atomique *Z* du magnésium.
3. La masse de l'atome de magnésium est $m_{Mg} = 4{,}08 \times 10^{-26}$ kg. Calculer le nombre *A* de nucléons du magnésium.
4. Donner la représentation symbolique du noyau de l'atome de magnésium.

Données : masse d'un nucléon : $m_{nucléon} \approx 1{,}7 \times 10^{-27}$ kg ;
charge élémentaire : $e = 1{,}6 \times 10^{-19}$ C.

▸ corrigé p. 54

* 6 Un atome précieux !

L'or est un élément chimique de symbole Au (du latin *aurum*). La représentation symbolique du seul isotope naturel stable de l'or est $^{197}_{79}Au$. Le rayon d'un atome de cet isotope est $R_A = 0{,}16$ nm et celui de son noyau est $R_N = 7$ fm.

1. Calculer la masse m_N de son noyau, en déduire celle de l'atome en justifiant votre réponse.

2. a. Exprimer R_A et R_N en mètres et en écriture scientifique.

b. Calculer le rapport $\frac{R_A}{R_N}$.

c. Quel serait le rayon de l'atome d'or si le rayon de son noyau valait 1 cm ?

3. L'or pur à 100 % n'existe pas. Il est généralement allié à de l'argent et du cuivre pour constituer un alliage. Rechercher la définition du terme « alliage ».

4. Le carat (symbole ct) est une mesure de pureté des métaux précieux. Un carat représente 1/24e de la masse totale d'un alliage. Par exemple, dans 24 g d'or à 15 carats, il n'y a que 15 g d'or pur. De l'or à 24 carats est de l'or pur.

On dispose d'un jonc (ou bracelet) de 10 g en or 18 carats.

a. Quelle est la masse d'or pur contenue dans ce jonc ?

b. En déduire le pourcentage massique d'or dans ce bracelet.

c. Déterminer le nombre d'atomes d'or dans ce même bracelet.

Donnée : masse d'un nucléon : $m_{nucléon} = 1{,}7 \times 10^{-27}$ kg ;

masse d'un atome d'or : $3{,}29 \times 10^{-25}$ kg.

corrigé p. 54

Problèmes

7 Les principaux éléments chimiques de l'Univers

L'univers est principalement constitué des éléments *hydrogène* et *hélium*. Les autres éléments, dits *éléments lourds*, fabriqués par les étoiles représentent moins de 1 % de la matière. Or ces éléments rares sont nécessaires pour former la matière solide, les glaces et les roches qui sont les constituants des planètes.

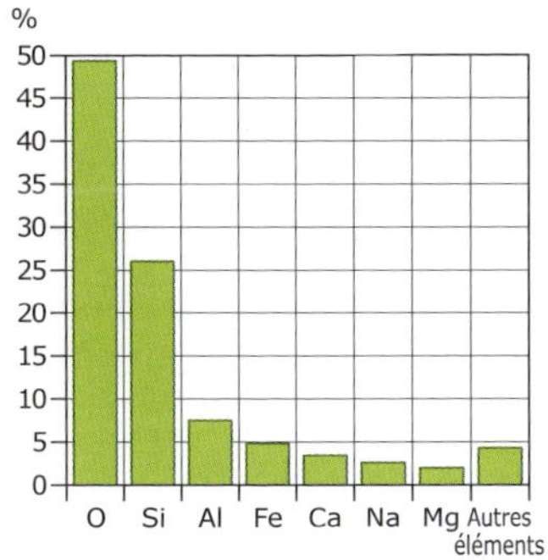

Abondance relative, en masse, des éléments dans la croûte terrestre

Les éléments les plus légers comme l'hydrogène (H), l'hélium (He), ainsi qu'un petit peu de lithium (Li) et de béryllium (Be), se sont créés au cours du Big Bang. Au sein des étoiles, les premières réactions thermonucléaires ont formé du carbone (C), de l'azote (N), de l'oxygène (O), du fluor (F)…

Donnée : $m_{\text{nucléon}} = 1{,}67 \times 10^{-27}$ kg.

1. Donner le symbole de l'hydrogène et de l'hélium, principaux constituants de l'univers.

On donne les couples (Z ; A) de deux éléments : (1 ; 1) pour l'hydrogène et (2 ; 4) pour l'hélium.

2. Donner la composition de ces atomes et déterminer leurs masses.

3. L'élément le plus abondant dans la croûte terrestre est caractérisé par $Z = 8$ et $A = 16$. Donner la représentation de son noyau.

4. Déterminer la masse de l'atome d'oxygène ; la comparer à celle de l'atome d'hydrogène et conclure. Retrouver dans le texte un argument qui valide votre conclusion.

Le magnésium est également présent dans la croûte terrestre. Un échantillon de magnésium à l'état naturel est constitué de 79 % de ${}^{24}_{12}Mg$, 10 % de ${}^{25}_{12}Mg$ et 11 % de ${}^{26}_{12}Mg$.

5. Comment appelle-t-on ces trois atomes ? Justifier. ▸ corrigé p. 55

* 8 L'origine des émeraudes

L'émeraude est un minéral de formule $Be_3Al_2Si_6O_{18}$. Sa couleur verte est due à d'infimes quantités de chrome et parfois de vanadium, qui remplacent les atomes d'aluminium. Grâce à une nouvelle technique, on peut aujourd'hui déterminer la provenance des émeraudes sans les détériorer.

Pour identifier le gisement d'où provient l'émeraude, on détermine sa composition isotopique en oxygène, un élément qui constitue environ 50 à 65 % en masse du cristal. Les émeraudes contiennent trois isotopes stables de l'oxygène. Le noyau de l'isotope 16 comporte 8 protons et 8 neutrons, tandis que ceux des isotopes 17 et 18 contiennent respectivement 1 et 2 neutrons de plus.

La composition isotopique des émeraudes d'un gisement dépend de leurs conditions de formation, notamment de la température et de la composition isotopique des roches mères.

Les mesures expérimentales permettent de déterminer le rapport des quantités d'isotopes 18 et 16, noté $\frac{^{18}O}{^{16}O}$, dans une émeraude. Ces mesures ont été effectuées pour des émeraudes issues de 62 gisements. Les analyses ont montré que chaque gisement d'émeraudes est caractérisé par un intervalle spécifique du rapport $\frac{^{18}O}{^{16}O}$ qui varie entre 7 et 25.

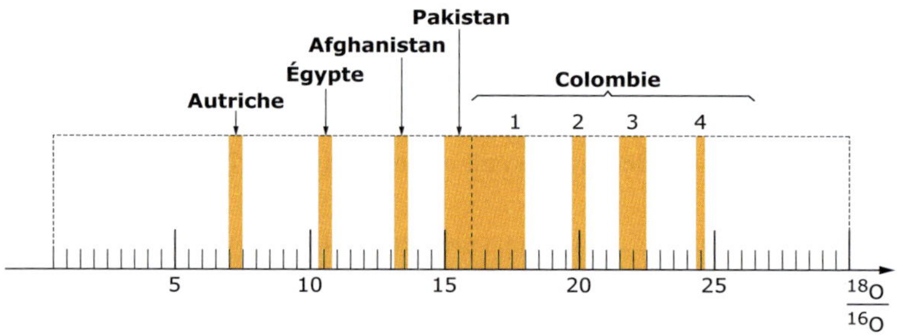

1 : Chivor ; 2 : Pena Blanca ; 3 : Muzo ; 4 : Coscuez

1. Donner le nom des éléments chimiques présents dans les émeraudes (une classification périodique des éléments se trouve à la fin du livre p. 254).

2. Quelle est la cause de la couleur verte des émeraudes ?

3. À quelle condition des atomes sont-ils isotopes ?

4. Donner la représentation symbolique des noyaux des isotopes de l'oxygène présents dans les émeraudes.

5. Calculer les masses approchées des isotopes de l'oxygène.

6. Déterminer le pourcentage en masse d'oxygène présent dans le minéral en supposant que tout l'oxygène présent est l'isotope 16. Faire de même en ne considérant que l'oxygène 18. Est-ce compatible avec l'indication donnée dans le texte ?

7. Quelle est la grandeur mesurée pour déterminer la provenance d'une émeraude ?

8. Quel gisement contient la plus grande quantité d'isotope 18 ?

9. Une émeraude trouvée sur une boucle d'oreille gallo-romaine a un rapport isotopique $\frac{^{18}O}{^{16}O} = 15$. Quelle est son origine ?

Données : masse d'un nucléon : $m^{\text{nucléon}} = 1{,}7 \times 10^{-27}$ kg ;
masse du minéral $Be_3Al_2Si_6O_{18}$: $M = 9{,}2 \times 10^{-25}$ kg.

corrigé p. 55

1 1. Le noyau de l'atome est constitué de protons et de neutrons (**réponse b**). Les nucléons (protons et neutrons) sont les constituants du noyau donc la **réponse d** est également exacte.

2. Le nucléon ne possédant aucune charge électrique est le neutron (**réponse b**).

3. La charge électrique du noyau est positive puisqu'il est constitué de protons chargés positivement et de neutrons de charge nulle (**réponse a**).

4. L'atome est électriquement neutre (**réponse b**).

5. Le neutron et le proton ont sensiblement la même masse (**réponse a**).

6. La masse d'un atome est essentiellement concentrée dans le noyau (**réponse c**).

7. Le rayon atomique est à peu près égal à 100 000 fois le rayon du noyau : $R_{\text{atome}} = 10^5 \times R_{\text{noyau}}$ (**réponse c**).

2 1. Z est le numéro atomique et représente le nombre de protons.

2. A est le nombre de masse et représente le nombre total des nucléons (protons et neutrons) présents dans le noyau.

3 1. Le noyau d'uranium est composé de 92 protons ($Z = 92$) et de $A - Z = 238 - 92 = 146$ neutrons. Le noyau X est composé de 92 protons et de $A - Z = 235 - 92 = 143$ neutrons.

2. Ces deux noyaux ont le même numéro atomique Z ; il s'agit donc du même élément, l'uranium U.

3. Ces deux noyaux sont des isotopes car ils ne diffèrent que par leur nombre de neutrons.

4

Nom	Symbole	Z	A	Nombre de protons	Nombre de neutrons	Nombre d'électrons
Hydrogène	H	1	1	1	0	1
Oxygène	O	8	16	8	8	8
Chlore	Cl	17	37	17	20	17
Carbone	C	6	12	6	6	6

➲ Dans un atome, le nombre de protons est toujours égal au nombre d'électrons.

5 **1.** Le nuage électronique est constitué de N_{e-} électrons. Chaque électron porte la charge – e. La charge totale du nuage électronique est $q = N_{e-} \times (-e)$ d'où $N_{e-} = \frac{q}{-e} = \frac{-1{,}92 \times 10^{-18}}{-1{,}6 \times 10^{-19}} = 12$.

Il y a donc 12 électrons dans cet atome.

2. Le numéro atomique du magnésium est égal à son nombre d'électrons, soit $Z = 12$.

3. La masse de l'atome de magnésium est $m_{Mg} = Am_{nucléon}$ soit $A = \frac{m_{Mg}}{m_{nucléon}} = \frac{4{,}08 \times 10^{-26}}{1{,}7 \times 10^{-27}} = 24$. Le nombre de masse A du magnésium est donc $A = 24$.

4. La représentation symbolique du noyau de magnésium caractérisé par $Z = 12$ et $A = 24$ est ${}^{24}_{12}Mg$.

6 **1.** La masse du noyau est $m_N = Am_{nucléon}$

donc $m_N = 197 \times 1{,}67 \times 10^{-27} = 3{,}29 \times 10^{-25}$ kg. L'atome et le noyau ${}^{197}_{79}Au$ ont quasiment la même masse car les 79 électrons ont une masse négligeable devant celle des 197 nucléons.

2. a. Rayon atomique : $R_A = 0{,}16$ nm $= 1{,}6 \times 10^{-1}$ nm, or 1 nm $= 10^{-9}$ m donc : $R_A = 1{,}6 \times 10^{-10}$ m. Rayon du noyau : $R_A = 7$ fm $= 7 \times 10^{-15}$ m.

b. $\frac{R_A}{R_N} = \frac{1{,}6 \times 10^{-10}}{7 \times 10^{-15}} = 2 \times 10^4 = 20\,000$.

➲ Le résultat est exprimé avec un seul chiffre significatif comme la moins précise des données.

c. Le calcul précédent montre que le rayon du noyau est 20 000 fois supérieur à celui du noyau donc si le noyau mesurait 1 cm, l'atome mesurerait 20 000 cm soit 200 m.

3. Un alliage est une combinaison d'un métal (par exemple, l'or) avec un ou plusieurs autres éléments chimiques (ici, le cuivre et l'argent).

4. a. Le jonc est en or 18 carats donc il est constitué de 18 g d'or pur pour 24 g d'alliage. Le jonc a une masse de 10 g donc il contient la quantité d'or :

$m_{or} = \frac{18}{24} \times 10 = 7{,}5$ g.

b. Le pourcentage en masse d'or (ou pourcentage massique) dans le jonc est : $\frac{7,5}{10} \times 100 = 75\ \%$.

c. $N = \frac{\text{masse d'or en kg}}{\text{masse d'un atome d'or en kg}} = \frac{7,5 \times 10^{-3}}{3,29 \times 10^{-25}} = 2,3 \times 10^{22}$.

Dans 7,5 g d'or pur, il y a $2,3 \times 10^{22}$ atomes.

➲ Attention, il s'agit d'un rapport, les deux grandeurs doivent être exprimées avec la même unité (ici en kg).

7 **1.** Hydrogène : H et hélium : He.

2. • Le noyau d'hydrogène est constitué uniquement d'un proton ($Z = 1$ et $N = A - Z = 0$ neutron) ; le nuage électronique est constitué d'un électron.

• Le noyau d'hélium est constitué de 2 protons ($Z = 2$) et de 2 neutrons ($A - Z = 2$). Le nuage électronique contient 2 électrons car l'atome est neutre.

La masse d'un atome est concentrée dans son noyau :

$m_{atome} = Zm_p + (A - Z)\ m_n = Am_{nucléon}$

$m_H = 1,67 \times 10^{-27}$ kg

$m_{He} = 4 \times 1,67 \times 10^{-27} = 6,68 \times 10^{-27}$ kg.

3. Il s'agit de l'oxygène $^{16}_{8}O$.

4. $m_O = 16\ m_{nucléon} = 2,72 \times 10^{-26}$ kg et $m_O = 16\ m_H$.

L'oxygène a une masse 16 fois plus importante que celle de l'hydrogène. Dans le texte, il est dit « Les atomes les plus légers, l'hydrogène (H)… se sont créés au cours du Big Bang » alors que les plus lourds ont été obtenus lors de réactions thermonucléaires dans les étoiles.

5. Ces trois atomes sont des isotopes, ils sont caractérisés par le même nombre de protons (Z) mais un nombre de neutrons différent.

8 **1.** L'émeraude est un minéral de formule $Be_3Al_2Si_6O_{18}$. Cette pierre précieuse est constituée des éléments béryllium, aluminium, silicium et oxygène.

2. La couleur verte des émeraudes est due à la présence de quelques atomes de chrome ou de vanadium dans le cristal qui prennent la place des atomes d'aluminium.

3. Des atomes isotopes sont caractérisés par le même numéro atomique, c'est-à-dire le même nombre de protons dans leur noyau. Ils ne diffèrent que par leur nombre de neutrons.

4. L'isotope 16 de l'oxygène comporte 8 protons et 8 neutrons, donc $Z = 8$, et $A = N + Z = 16$, soit ${}^{16}_{8}O$.

L'isotope 17 possède un neutron en plus donc $A = 17$ et $Z = 8$, soit ${}^{17}_{8}O$.

L'isotope 18 doit avoir 18 nucléons (8 protons et 10 neutrons) d'où ${}^{18}_{8}O$.

5. La masse approchée d'un noyau est $m = Am_{nucléon}$.

- Pour l'oxygène 16 : $m_{(16)} = 16 \times 1{,}7 \times 10^{-27} = 2{,}7 \times 10^{-26}$ kg.
- Pour l'oxygène 17 : $m_{(17)} = 17 \times 1{,}7 \times 10^{-27} = 2{,}9 \times 10^{-26}$ kg.
- Pour l'oxygène 18, $m_{(18)} = 18 \times 1{,}7 \times 10^{-27} = 3{,}1 \times 10^{-26}$ kg.

6. Le pourcentage en masse d'oxygène 16 est égal à

$$\frac{18 \times m_{(16)}}{M(Be_3Al_2Si_6O_{18})} \times 100 = \frac{18 \times 2{,}7 \times 10^{-26}}{9{,}2 \times 10^{-25}} \times 100 = 53\ \%.$$

Si on considère que l'oxygène est formé seulement de l'isotope 18 alors :

$$\frac{18 \times m_{(18)}}{M(Be_3Al_2Si_6O_{18})} \times 100 = \frac{18 \times 3{,}1 \times 10^{-26}}{9{,}2 \times 10^{-25}} \times 100 = 61\ \%.$$

Ces résultats sont en accord avec l'indication donnée dans le texte, puisqu'ils se situent dans l'intervalle de 50 à 65 % en masse.

7. Pour déterminer la provenance d'une émeraude, on détermine le rapport isotopique de l'isotope 18 par rapport à l'isotope 16 : $\frac{{}^{18}O}{{}^{16}O}$.

8. Le gisement contenant le plus d'isotope 18 est celui où le rapport $\frac{{}^{18}O}{{}^{16}O}$ est le plus grand. D'après le graphique, il s'agit du gisement Coscuez en Colombie.

9. D'après le graphique, le rapport isotopique $\frac{{}^{18}O}{{}^{16}O} = 15$ correspond à un gisement du Pakistan. L'émeraude trouvée sur la boucle d'oreille gallo-romaine provient donc du Pakistan.

4 Pourquoi les atomes forment-ils des ions ?

L'état de la matière le plus répandu dans l'Univers n'est ni l'état solide, ni l'état liquide, ni l'état gazeux mais l'état plasma, constituant les étoiles par exemple. Un plasma est composé d'entités neutres telles que des atomes mais aussi de particules chargées comme des ions et des électrons. Le but de ce chapitre n'est pas d'étudier les plasmas mais de comprendre pourquoi certains ions stables existent dans la nature.

I Un modèle de cortège électronique

1 L'atome d'hydrogène

- Sur le schéma ci-contre, les points représentent la probabilité de trouver l'unique électron de l'atome d'hydrogène à un instant donné. Ces points forment une zone sphérique, centrée sur le noyau, d'épaisseur faible et de rayon moyen $r = 50$ pm, dans laquelle l'électron a de grandes chances de se trouver.

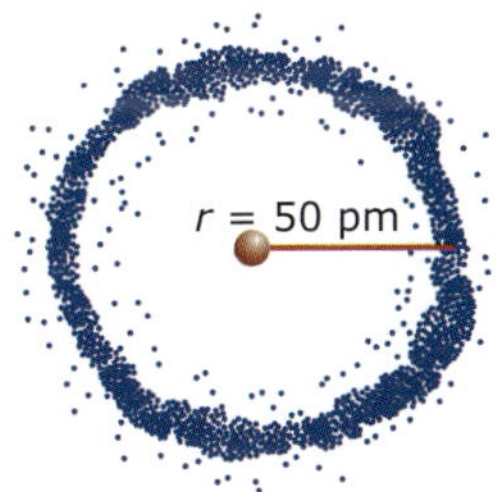

- On dit que **l'électron appartient à une couche** dont le rayon moyen est 50 pm : cette couche est appelée couche K.

Mais l'électron peut aussi être plus loin du noyau, par exemple à 200 pm. Dans ce cas, il est sur une autre couche, appelée couche L.

➲ 1 pm = 10^{-12} m.

2 Les autres atomes

- Comme pour l'atome d'hydrogène, les électrons d'un atome quelconque se répartissent sur des couches autour du noyau. On note K la couche la plus proche du noyau, les suivantes sont notées, dans l'ordre croissant d'éloignement, L, M, N…
- Les électrons d'un atome ne sont pas tous liés de la même façon à leur noyau. Plus ils sont proches du noyau, plus ils lui sont liés.

Les électrons, appartenant à une même couche, sont situés à la même distance moyenne du noyau et lui sont liés de la même façon.

3 La structure électronique d'un atome

■ Le modèle décrit ici est une représentation simplifiée de l'organisation des électrons au sein d'un atome.

La répartition des électrons sur les couches K, L et M suit les règles simplifiées suivantes.

- Chaque couche électronique ne peut contenir qu'un nombre limité d'électrons : 2 électrons pour la couche K, 8 électrons pour la couche L et 18 électrons pour la couche M.
- Les électrons se répartissent sur les couches électroniques dans un ordre précis : d'abord la couche K, puis la couche L et ensuite la couche M.

On appelle **structure électronique d'un atome** la répartition de ses électrons sur les couches K, L et M…

➲ Une couche totalement remplie est dite « saturée ».

EXEMPLES

- **L'hydrogène H**, de numéro atomique $Z = 1$, n'a qu'un électron situé sur la couche K. Sa structure électronique se note $(K)^1$.
- **Le chlore Cl** a pour numéro atomique $Z = 17$. Deux électrons sont sur la couche K, huit sur la couche L et les sept autres sont sur la couche M. La configuration électronique du chlore est donc $(K)^2(L)^8(M)^7$.

■ La couche la plus éloignée du noyau contenant des électrons est appelée **couche externe**. Les électrons de cette couche sont appelés **électrons périphériques**.

EXEMPLE : la couche externe du chlore est la couche M qui contient 7 électrons périphériques.

II Les règles du duet et de l'octet

1 Les gaz rares ou nobles

L'hélium, le néon, l'argon, le krypton, le xénon et le radon forment la famille des gaz rares. Ces gaz sont caractérisés par leur très grande inertie chimique, c'est-à-dire qu'ils ne réagissent jamais avec un autre composé ; d'où les qualificatifs de *nobles* ou d'*inertes* qui leur sont quelquefois donnés.

Cette **inertie chimique ou stabilité** s'explique par l'existence d'une couche électronique externe **en duet ou en octet** (à deux électrons pour l'hélium, à huit pour les autres).

Élément	Hélium He	Néon Ne	Argon Ar
Numéro atomique Z	2	10	18
Structure électronique	$(K)^2$	$(K)^2(L)^8$	$(K)^2(L)^8(M)^8$
Couche externe	2 électrons sur K : duet	8 électrons sur L : octet	8 électrons sur M : octet

2 Les règles du duet et de l'octet

■ C'est le nombre d'électrons de la couche externe d'un élément qui indique s'il est réactif ou stable. La stabilité d'un atome correspond à la configuration d'un gaz noble.

■ Dans la nature, tous les éléments « **tendent à** » **devenir stables.** Pour y parvenir, il leur faut **perdre ou gagner des électrons** et ainsi leur permettre d'acquérir la structure électronique externe en duet ou en octet d'un gaz noble.

• **Règle du duet**

Les atomes dont le numéro atomique est proche de 2 recherchent à obtenir une structure électronique en duet $(K)^2$ (celle de l'hélium).

• **Règle de l'octet**

Les autres atomes recherchent à obtenir une structure électronique en octet (qui est celle du gaz noble le plus proche : néon ou argon).

➲ L'atome a tendance à adopter la configuration du gaz rare le plus proche.

III Les ions monoatomiques

■ **Un ion monoatomique** est un atome ayant gagné ou perdu un ou plusieurs électrons.

L'atome est électriquement neutre et l'électron porte une charge électrique négative ; ainsi, un atome ayant gagné un ou plusieurs électrons devient un **ion négatif**, appelé **anion**.

Dans le cas contraire, un ion monoatomique positif, appelé **cation**, provient de la perte d'un ou plusieurs électrons par un atome.

EXEMPLES : **l'ion chlorure** Cl^- résulte du gain d'un électron par un atome de chlore tandis que **l'ion fer II** Fe^{2+} provient de la perte de deux électrons par un atome de fer.

Les règles du duet et de l'octet permettent de comprendre comment se forment les ions monoatomiques stables existant dans la nature.

Élément chimique	Li	F	Al
Numéro atomique Z	3	9	13
Structure électronique de l'atome	$(K)^2(L)^1$	$(K)^2(L)^7$	$(K)^2(L)^8(M)^3$
Ion monoatomique stable	Li^+	F^-	Al^{3+}
	Perte d'1 électron	Gain d'1 électron	Perte de 3 électrons
Structure électronique de l'ion	$(K)^2$	$(K)^2(L)^8$	$(K)^2(L)^8$
	Structure en duet (celle de l'hélium)	Structure en octet (celle du néon)	

Déterminer la structure électronique d'un ion monoatomique

ÉNONCÉ

1. Donner la structure électronique de l'atome de soufre $^{32}_{16}S$.

2. Combien compte-t-il d'électrons sur sa couche externe ?

3. Donner la formule de l'ion monoatomique stable issu du soufre en citant la règle utilisée.

4. À quel gaz rare correspond la structure électronique de cet ion ?

MÉTHODE

Pour connaître l'ion monoatomique le plus stable, il faut « ôter » ou « ajouter » le moins d'électrons possibles.

CORRIGÉ

1. Le soufre a pour numéro atomique $Z = 16$ donc l'atome de soufre comporte 16 électrons et sa configuration électronique est $(K)^2(L)^8(M)^6$.

2. La couche externe est la couche M, elle contient 6 électrons.

3. Pour ressembler à l'argon, le soufre tend à acquérir 8 électrons (octet) sur sa couche externe M. Le soufre doit donc gagner 2 électrons (et non en perdre 6 !). Il devient l'ion S^{2-} : il suit ainsi la règle de l'octet.

4. L'ion S^{2-} a la structure électronique $(K)^2(L)^8(M)^8$ qui correspond à celle de l'argon.

Vérifier ses connaissances

1 Quelques connaissances...

1. Quelles sont les règles de remplissage des couches électroniques ?

2. Qu'est-ce qu'un ion monoatomique ?

3. Qu'est-ce qui différencie un cation d'un anion ?

4. Comment doit être la structure électronique d'un ion pour qu'il soit stable ?

▸ corrigé p. 66

2 QCM

Dans le questionnaire à choix multiple (QCM) suivant, indiquer, pour chaque proposition, la ou les réponses exactes.

1. Les gaz nobles sont les éléments chimiques :

a. les moins stables ; **b.** les plus stables

c. les plus instables.

2. Les couches K, L et M peuvent contenir :

a. un nombre infini d'électrons ;

b. toutes le même nombre d'électrons ;

c. chacune un nombre maximal d'électrons.

3. Un atome qui a perdu un ou plusieurs électrons est un :

a. cation ; **b.** atome ;

c. anion ; **d.** ion.

4. La structure électronique de l'atome d'oxygène est $^{16}_{8}O$:

a. $(K)^2(L)^8(M)^6$; **b.** $(K)^2(L)^6(M)^8$; **c.** $(K)^2(L)^6$.

5. Le numéro atomique du sodium est $Z = 11$. La structure électronique de l'ion Na^+ est donc :

a. $(K)^2(L)^8$; **b.** $(K)^2(L)^8(M)^1$; **c.** $(K)^2(L)^{10}$.

▸ corrigé p. 66

3 Structure électronique de quelques atomes

1. Compléter le tableau suivant à l'aide des données fournies. Les noms des éléments chimiques figurent dans la classification périodique située à la fin du livre (p. 254).

Élément	*Z*	Structure électronique	Couche externe	Nombre d'électrons sur la couche externe
Hélium				
	3			
Béryllium		$(K)^2(L)^2$		
			M	5
Sodium				
Néon				
			M	8
Azote				
		$(K)^2(L)^8(M)^7$		
	16			

2. Quels sont les éléments ayant une structure stable ? Justifier.
3. Trouver au moins un atome qui pourra former facilement un cation. Justifier.
4. Identifier un atome qui donnera facilement un anion. Justifier.

Données : les 18 premiers éléments chimiques.

	H	He	Li	Be	B	C	N	O	F	Ne	Na	Mg	Al	Si	P	S	Cl	Ar
Z	1	2	3	4	5	6	7	8	9	10	11	12	13	14	15	16	17	18

▸ corrigé p. 66

S'entraîner

4 Le potassium

L'élément chimique de numéro atomique 19 est le potassium de symbole K. Le noyau d'un atome de potassium contient vingt neutrons.

1. Quel est le nombre de nucléons de cet atome ?
2. Combien d'électrons possède-t-il ?
3. L'ion potassium possède dix-huit électrons. Quel est son symbole ?
4. Donner sa structure électronique.

▸ corrigé p. 67

5 Des ions doublement chargés !

1. Quelles sont les structures électroniques de l'atome de magnésium Mg ($Z = 12$), d'oxygène ($Z = 6$) et de néon ($Z = 10$) ?

2. Quel cation stable peut engendrer l'atome de magnésium ?

3. Quel anion stable peut engendrer l'atome d'oxygène ?

4. Donner les structures électroniques de ces ions et les comparer à celle du néon.

▸ corrigé p. 67

6 Produit riche en ions !

Un produit de réhydratation administré en perfusion mentionne sur son étiquette la présence des entités suivantes : Na^+, Cl^-, Ca^{2+}, Mg^{2+}.

1. Donner le nom de ces ions.

2. Compléter le tableau suivant

Atome	Na	Cl	Ca	Mg
Numéro atomique Z				
Ion monoatomique	Na^+	Cl^-	Ca^{2+}	Mg^{2+}
L'atome a-t-il perdu ou gagné des électrons ? Combien ?				
Structure électronique de l'ion				
Combien d'électrons sur la couche externe de l'ion?				

3. Pour chaque ion, comparer le nombre d'électrons sur la couche externe. Conclure.

Données : quelques éléments chimiques (se référer si nécessaire à la classification périodique à la fin du livre pour le nom des éléments, p. 254).

	Ne	Na	Mg	Al	Si	P	S	Cl	Ar	K	Ca
Z	10	11	12	13	14	15	16	17	18	19	20

▸ corrigé p. 67

Problème

7 Constitution de quelques ions monoatomiques

1. En vous aidant des données ci-après, compléter le tableau décrivant la constitution de quelques ions monoatomiques.

Formule de l'ion	F^-				
Charge de l'ion	–			2+	
Symbole du noyau		$^{...}_{...}Mn$		$^{...}_{...}Ca$	$^{56}_{26}...$
Nombre de protons			1		
Nombre de neutrons	10	30	0	20	
Nombre d'électrons		23	0		23
Structure électronique de l'ion					
Structure électronique de l'atome					

2. Quelle particularité présente la structure électronique des ions fluorure et calcium ?

Données : numéros atomiques de quelques éléments chimiques.

	H	He	O	F	Ne	Ar	K	Ca	Ti	V	Cr	Mn	Fe
Z	1	2	8	9	10	18	19	20	22	23	24	25	26

▸ corrigé p. 68

1 1. Chaque couche électronique ne peut contenir qu'un nombre limité d'électrons : 2 électrons pour la couche K, 8 électrons pour la couche L et 18 électrons pour la couche M. Les électrons se répartissent dans les couches électroniques dans un ordre précis : d'abord la couche K, puis la couche L et ensuite la couche M.

2. Un ion monoatomique est un atome ayant gagné ou perdu un ou plusieurs électrons.

3. Un cation est un ion chargé positivement alors qu'un anion est un ion chargé négativement.

4. La structure électronique d'un ion stable est caractérisée par une couche électronique externe en duet (à deux électrons sur K) ou en octet (à huit électrons sur L ou M) comme les gaz rares inertes chimiquement.

2 1. Les gaz nobles sont les éléments chimiques les plus stables car ils ont une structure électronique externe en octet ou duet (**réponse b**).

2. Les couches ne peuvent contenir qu'un nombre maximal d'électrons : 2 sur K, 8 sur L et 18 sur M (**réponse c**).

3. Un atome qui a perdu un ou plusieurs électrons est un ion appelé cation. Il est chargé positivement (**réponses a et d**).

4. La structure électronique de l'atome d'oxygène $^{16}_{8}O$ est $(K)^2(L)^6$ car il y a 8 électrons à répartir sur les couches électroniques (**réponse c**).

5. Le numéro atomique du sodium est $Z = 11$. L'ion sodium Na^+ n'a quant à lui que 10 électrons donc sa structure électronique est $(K)^2(L)^8$ (**réponse a**).

3 1.

Élément	Z	Structure électronique	Couche externe	Nombre d'électrons sur la couche externe
Hélium He	2	$(K)^2$	K	2
Lithium Li	3	$(K)^2(L)^1$	L	1
Béryllium Be	4	$(K)^2(L)^2$	L	2
Phosphore P	15	$(K)^2(L)^8(M)^5$	M	5
Sodium Na	11	$(K)^2(L)^8(M)^1$	M	1
Néon Ne	10	$(K)^2(L)^8$	L	8
Argon Ar	18	$(K)^2(L)^8(M)^8$	M	8
Azote N	7	$(K)^2(L)^5$	L	5

Élément	Z	Structure électronique	Couche externe	Nombre d'électrons sur la couche externe
Chlore Cl	17	$(K)^2(L)^8(M)^7$	M	7
Soufre S	16	$(K)^2(L)^8(M)^6$	M	6

2. Les éléments ayant une structure électronique stable sont :

- l'hélium He qui a une structure externe en duet ;
- le néon Ne et l'argon Ar ayant tout deux une structure externe en octet. L'hélium, le néon et l'argon sont des gaz rares.

3. Le lithium peut perdre 1 électron pour satisfaire à la règle du duet et former un cation Li^+. Le béryllium peut perdre 2 électrons pour satisfaire à la règle du duet et former le cation Be^{2+}.

4. L'azote, le chlore, le soufre et le phosphore peuvent gagner des électrons pour compléter leur couche externe à 8 électrons pour satisfaire à la règle de l'octet. Le chlore gagnera 1 électron pour former Cl^-, le soufre gagnera 2 électrons pour former S^{2-}, l'azote et le phosphore pourront en gagner 3 pour former respectivement N^{3-} et P^{3-}.

4 **1.** Le potassium a pour numéro atomique $Z = 19$ donc il contient 19 protons. Il possède aussi $N = 20$ neutrons dans son noyau. Le nombre total de nucléons est donc $A = Z + N = 39$.

2. L'atome est électriquement neutre, il possède autant de protons que d'électrons. Il possède donc 19 électrons.

3. L'ion possède 18 électrons, il a donc un électron de moins que l'atome, il s'agit du cation K^+.

4. La structure électronique de l'ion potassium est $(K)^2(L)^8(M)^8$.

5 **1.** Mg ($Z = 12$) : $(K)^2(L)^8(M)^2$; O ($Z = 8$) : $(K)^2(L)^6$ et Ne ($Z = 10$) : $(K)^2(L)^8$.

2. Le magnésium peut perdre deux électrons pour satisfaire à la règle de l'octet et donner ainsi un cation stable Mg^{2+}.

3. L'oxygène peut gagner 2 électrons pour compléter sa couche externe à l'octet. Il donnera ainsi un anion O^{2-} stable.

4. Le cation Mg^{2+} et l'anion O^{2-} ont la même structure électronique $(K)^2(L)^8$. Ils adoptent la configuration du gaz rare le plus proche, c'est-à-dire celle du néon ; ils acquièrent ainsi une grande stabilité.

6 **1.** Na^+ : ion sodium, Cl^- : ion chlorure, Ca^{2+} : ion calcium et Mg^{2+} : ion magnésium.

2.

Atome	Na	Cl	Ca	Mg
Numéro atomique Z	11	17	20	12
Ion monoatomique	Na^+	Cl^-	Ca^{2+}	Mg^{2+}
L'atome a-t-il perdu ou gagné des électrons ? Combien ?	Perte d'1 électron	Gain d'1 électron	Perte de 2 électrons	Perte de 2 électrons
Structure électronique de l'ion	$(K)^2(L)^8$	$(K)^2(L)^8(M)^8$	$(K)^2(L)^8(M)^8$	$(K)^2(L)^8$
Combien d'électrons sur la couche externe de l'ion ?	L 8 électrons	M 8 électrons	M 8 électrons	L 8 électrons

3. Ils ont tous une couche externe à 8 électrons, soit en octet. Ils ont la structure électronique du gaz rare le plus proche : néon ou argon. Ce sont des ions stables.

7 **1.** Pour remplir le tableau, il faut suivre les étapes suivantes :

– le nombre de protons est égal au numéro atomique Z de l'élément.
EXEMPLE : l'ion F^- issu de l'atome de fluor F possède $Z = 9$ protons ;

– le nombre d'électrons (particules négatives) n'est pas égal à Z puisqu'un ion est un atome ayant gagné ou perdu un ou des électrons.

EXEMPLE : l'ion F^- porte une charge négative, il contient donc un électron de plus que de protons, soit $Z + 1 = 10$;
– le symbole d'un noyau est ^A_ZX avec A, le nombre total de nucléons (neutrons et protons).
– Z représente le nombre de protons et, comme l'atome est électriquement neutre, Z correspond aussi au nombre de ses électrons.

Formule de l'ion	F^-	Mn^{2+}	H^+	Ca^{2+}	Fe^{3+}
Charge de l'ion	–	2+	+	2+	3+
Symbole du noyau	$^{19}_{9}F$	$^{55}_{25}Mn$	$^{1}_{1}H$	$^{40}_{20}Ca$	$^{56}_{26}Fe$
Nombre de protons	9	25	1	20	26
Nombre de neutrons	10	30	0	20	30
Nombre d'électrons	10	23	0	18	23
Structure électronique de l'ion	$(K)^2(L)^8$			$(K)^2(L)^8(M)^8$	
Structure électronique de l'atome	$(K)^2(L)^7$		$(K)^1$		

2. L'ion fluorure F^- et l'ion calcium Ca^{2+} ont une structure électronique en octet comme un gaz rare. Ce sont des ions stables.

5 La classification périodique des éléments chimiques

À la fin du XVIIIe siècle, Lavoisier recensait une trentaine d'éléments chimiques. Les découvertes du XIXe siècle ont permis de doubler le nombre d'éléments connus. La nécessité d'une classification s'est alors manifestée. Parmi les nombreuses propositions, celle de Mendeleïev s'est imposée dès 1869.

I La démarche de Mendeleïev

■ En 1869, le chimiste russe **Dimitri Ivanovitch Mendeleïev** (1834-1907) propose une classification périodique (des 63 éléments connus à cette époque) tenant compte simultanément de deux critères : du **poids atomique** et des **propriétés chimiques des éléments**.

Il élabore un tableau dans lequel il place les éléments par ordre croissant de poids atomique et par similarité de propriétés chimiques. Sa grande intuition fut de construire son tableau en s'appuyant sur la **périodicité des propriétés chimiques des éléments**.

■ Il fit preuve de génie car, en établissant son classement, il poussa l'audace jusqu'à laisser des cases vides, augurant ainsi l'existence d'éléments alors inconnus. Il alla même jusqu'à prédire les propriétés de trois d'entre eux en s'aidant de celles de quatre éléments voisins. Ces prédictions furent confirmées quelques années plus tard, lors de la découverte du gallium (1875), du scandium (1879) et du germanium (1886). Les scientifiques reconnurent alors l'utilité de son tableau périodique.

■ Bien que présentant quelques anomalies, la classification de Mendeleïev a servi de base pour la construction de notre classification actuelle qui comporte plus d'une centaine d'éléments.

II Critères de construction de la classification actuelle

- Les éléments chimiques $_{Z}X$ sont classés par numéro atomique Z croissant.
- Le remplissage d'une ligne, ou **période**, correspond au remplissage d'une couche électronique.
- Chaque colonne contient des éléments ayant tous le même nombre d'électrons externes. Un élément situé dans la n^{e} colonne possède n électrons externes.
- Les éléments d'une même colonne constituent une **famille** ; ils ont des propriétés chimiques voisines.

Classification périodique restreinte

période	couche externe	ALCALINS	ALCALINO-TERREUX				CHALOGÈNE	HALOGÈNE	GAZ RARES ou NOBLES
1	K	$_{1}$**H** $(K)^1$							$_{2}$**He** $(K)^2$
2	L	$_{3}$**Li** $\dots(L)^1$	$_{4}$**Be** $\dots(L)^2$	$_{5}$**B** $\dots(L)^3$	$_{6}$**C** $\dots(L)^4$	$_{7}$**N** $\dots(L)^5$	$_{8}$**O** $\dots(L)^6$	$_{9}$**F** $\dots(L)^7$	$_{10}$**Ne** $\dots(L)^8$
3	M	$_{11}$**Na** $\dots(M)^1$	$_{12}$**Mg** $\dots(M)^2$	$_{13}$**Al** $\dots(M)^3$	$_{14}$**Si** $\dots(M)^4$	$_{15}$**P** $\dots(M)^5$	$_{16}$**S** $\dots(M)^6$	$_{17}$**Cl** $\dots(M)^7$	$_{18}$**Ar** $\dots(M)^8$
4	N	$_{19}$**K** $\dots(N)^1$	$_{20}$**Ca** $\dots(N)^2$						
		1	2	3	4	5	6	7	8

Nombres d'électrons sur la couche externe

Structure en octet (colonne 8)

EXEMPLE : les éléments de la deuxième colonne constituent la famille des alcalino-terreux ; ils ont tous 2 électrons sur leur couche externe. Le magnésium Mg fait partie de la 3e période : les couches K et L sont saturées, la couche M est la couche externe.

➲ La classification complète de la centaine d'éléments connus se trouve à la fin de l'ouvrage p. 254.

III Familles chimiques

■ Les éléments ayant le même nombre d'électrons sur leur couche externe ont des **propriétés chimiques semblables** puisque celles-ci sont liées à la composition de cette couche : ils constituent **une famille**.

■ Les ions monoatomiques stables issus d'une même famille portent tous la même charge électrique. Ceci découle des règles du duet et de l'octet (chapitre 4).

Famille	Alcalin	Alcalino-terreux	Halogènes	Gaz rares
Nombre d'électrons sur la couche externe	1	2	7	8
Ion monoatomique	X^+	X^{2+}	X^-	aucun
Exemples	Li, Na	Be, Mg	F, Cl	Ne, Ar

EXEMPLES

• Les gaz rares ont une couche externe en octet, ils sont très stables et présentent une grande inertie chimique.

• Les alcalins (première colonne) sont des métaux relativement mous qui réagissent vivement avec l'eau. Les ions issus des alcalins sont : Li^+, Na^+, K^+.

• Les halogènes (avant dernière colonne) ont une structure externe à 7 électrons, ils forment les ions halogénure X^- : chlorure Cl^-, fluorure F^-, bromure Br^- …

Identifier un atome par sa structure électronique

ÉNONCÉ

L'oxygène a pour numéro atomique $Z = 8$.

1. Donner sa configuration électronique. En déduire sa place dans la classification périodique.

2. Quel ion monoatomique donnera-t-il ? Donner sa structure électronique. À quel élément correspond-elle ?

3. Quelle est la configuration électronique de l'élément qui suit l'oxygène ? À quelle famille appartient–il ?

4. Quelle est la configuration électronique de l'élément placé sous l'oxygène ?

MÉTHODE

La structure électronique permet de positionner un élément dans la classification (et réciproquement).

• Un élément situé dans la n^e colonne possède n électrons externes.

• Chaque ligne, ou période, de la classification correspond au remplissage d'une couche électronique (1re ligne, couche K ; 2e ligne, couche L...). La couche externe de l'élément correspond à la période dans laquelle il se trouve.

CORRIGÉ

1. L'atome d'oxygène de numéro atomique $Z = 8$ a pour structure électronique $(K)^2(L)^6$. Sa couche externe étant la couche L, il se trouve sur la deuxième ligne du tableau. Comme il possède 6 électrons sur sa couche externe, il appartient à la sixième colonne.

2. Pour satisfaire à la règle de l'octet, un atome d'oxygène doit soit gagner, soit perdre des électrons pour compléter sa couche externe à 8 électrons. Il gagnera 2 électrons et formera un anion O^{2-}. Sa structure électronique est $(K)^2(L)^8$, comme celle du gaz rare néon.

3. L'atome qui le suit a un électron de plus sur sa couche externe, il a donc la configuration $(K)^2(L)^7$; il appartient à la famille des halogènes.

➲ L'atome qui suit l'atome d'oxygène est celui situé juste après lui sur la même ligne.

4. L'atome placé en dessous possède aussi 6 électrons sur sa couche externe, mais la couche électronique externe correspond à la couche M puisqu'on change de période. Sa configuration est $(K)^2(L)^8(M)^6$. C'est le soufre.

Vérifier ses connaissances

1 Vrai ou faux ?

Sans consulter la classification périodique, indiquer si chaque proposition suivante est vraie ou fausse. Dans le cas d'une proposition fausse, formuler la bonne réponse.

1. Proposition. Dans la classification périodique, les éléments sont classés en ligne par numéro atomique *Z* croissant.

2. Proposition. Les éléments d'une même ligne de la classification périodique appartiennent à une même famille.

3. Proposition. Les éléments d'une même ligne de la classification périodique ont des propriétés chimiques voisines.

4. Proposition. Les éléments d'une même colonne ont le même nombre d'électrons sur la couche externe.

5. L'élément silicium a pour structure électronique $(K)^2(L)^8(M)^4$.

Proposition. Le silicium se situe sur la troisième ligne.

6. Le magnésium est dans la deuxième colonne de la classification périodique.

Proposition. Le magnésium possède deux électrons sur sa couche externe.

7. Le césium Cs appartient à la première colonne de la classification périodique.

Proposition. L'élément césium est un gaz noble.

8. Proposition. Les gaz nobles ne forment pas d'ions monoatomiques.

9. Le fluor F et le chlore Cl sont dans la famille des halogènes. F^- est un ion monoatomique stable.

Proposition. Cl^{2-} est un ion stable. ▸ corrigé p. 78

2 Questions de famille !

À partir de la classification périodique qui se trouve à la fin du livre p. 254, répondre aux questions suivantes.

1. Le numéro atomique du rubidium est $Z = 37$.

a. Quel est le symbole chimique du rubidium ?

b. À quelle famille appartient-il ?

c. Citer des éléments ayant des propriétés chimiques similaires et donner leurs symboles.

d. Combien ces éléments ont-ils d'électrons sur leur couche externe ?

e. Quels ions monoatomiques forment-ils ?

2. Le numéro atomique de l'astate est $Z = 85$.

Répondre aux mêmes questions **a**, **b**, **c**, **d** et **e** que précédemment.

▸ corrigé p. 78

S'entraîner

3 Nom et symbole des éléments

1. Chercher dans la classification périodique le symbole des éléments carbone, cuivre, cobalt et uranium.

2. a. Chercher dans la classification périodique le symbole des éléments or, mercure et azote et donner leur numéro atomique.

b. À l'aide d'une encyclopédie ou d'un dictionnaire, justifier l'origine de leur symbole.

3. Les espèces chimiques contenant l'élément chrome sont souvent colorées. Quelle relation y a-t-il avec le nom de cet élément chimique ?

4. Le nom de l'élément argon provient du mot grec *argos* signifiant « inactif ». Proposer une explication pour ce choix.

▸ corrigé p. 79

4 Structure électronique

Un atome inconnu a pour structure électronique $(K)^2(L)^8(M)^2$.

1. Sur quelle ligne et dans quelle colonne se situe cet atome dans la classification périodique ?

2. Quel est son numéro atomique ?

3. En utilisant la classification périodique, donner son nom et son symbole.

▸ corrigé p. 79

5 Dans la troisième période

Le silicium a pour numéro atomique $Z = 14$.

1. Donner sa structure électronique.

2. Juste à droite du silicium, on trouve, dans l'ordre, les éléments phosphore P, soufre S, chlore Cl et argon Ar. En déduire les structures électroniques de chacun de ces atomes.

▸ corrigé p. 79

6 De quels éléments s'agit-il ?

1. Je suis le 13ᵉ élément le plus abondant dans la croûte terrestre. Je suis un élément chimique possédant 7 électrons sur ma couche externe. On peut me trouver dans le dentifrice sous forme d'ions.

a. Qui suis-je ?

b. Quelle est ma famille ?

2. Je suis le cinquième élément chimique le plus abondant dans la croûte terrestre (plus de 3 %) possédant 2 électrons sur ma couche externe. Je suis essentiel dans la formation des os et des dents. On me trouve dans de nombreux aliments, parmi lesquels le lait. Si ma concentration est trop grande dans le sang, je peux provoquer des calculs rénaux.

a. Qui suis-je ?

b. Quelle est ma famille ?

c. Sous quelle forme me trouve-t-on principalement dans les aliments ?

▸ corrigé p. 80

7 Oxydes métalliques

1. Donner la structure électronique de l'atome d'oxygène de numéro atomique $Z = 8$. Quelle est la charge de l'ion oxyde, ion monoatomique stable de l'élément oxygène ?

2. Quel élément X de la troisième période forme un ion monoatomique stable X^{2+} ?

3. Donner la formule brute de l'espèce chimique neutre formée par association de l'ion oxyde et de l'ion de la question précédente.

4. Donner la formule brute de l'oxyde de sodium, espèce chimique neutre formée à partir d'un ion oxyde et d'ions monoatomiques stables de l'élément sodium Na.

▸ corrigé p. 80

Problèmes

8 Dimitri Mendeleïev et la classification périodique

En classant les éléments chimiques par masse atomique croissante, le chimiste D. Mendeleiev met en évidence le fait que les éléments ayant des propriétés similaires se retrouvent à intervalles réguliers. Il en conclut l'existence d'une périodicité des propriétés parmi les éléments chimiques.

En 1869, il propose une classification. Elle compte 63 éléments. Pour respecter la périodicité, Mendeleïev est parfois amené à inverser des éléments et à laisser des cases vides. Il prévoit ainsi la découverte de nouveaux éléments, dont il estime les masses atomiques et prédit les propriétés !

Classification de Mendeleïev

H(1)	? (8)	? (22)	Cu (63,4)	Ag (108)	Hg (200)
	Be (9,4)	Mg (24)	Zn (65,4)	Cd (112)	
	B (11)	Al (27,4)	? (68)	Ur (116)	Au (197 ?)
	C (12)	Si (28)	? (70)	Sn (118)	
	N (14)	P (31)	As (75)	Sb (122)	Bi (210 ?)
	O (16)	S (32)	Se (79,4)	Te (128 ?)	
	F (19)	Cl (35,5)	Br (80)	I (127)	
Li	Na (23)	K (39)	Rb (85,4)	Cs (133)	Tl (204)
		Ca (40)	Sr (87,6)	Ba (137)	Pb (207)

1. Quelle est la nationalité de D. Mendeleïev ?

2. Combien d'éléments chimiques étaient connus à son époque ?

3. Quelle(s) différence(s) existe-t-il entre la classification de Mendeleïev et l'actuelle ?

4. Pourquoi la XVIIIe colonne ne se trouve-t-elle pas dans la classification de Mendeleïev ? Justifier.

5. Mendeleïev avait prévu l'existence de l'élément de masse atomique 68 découvert quelques années plus tard, il s'agissait du gallium. Dans la classification actuelle, l'élément placé juste au-dessus de ce dernier a comme configuration $(K)^2(L)^8(M)^3$. Quelle est la position du gallium dans la classification actuelle ? Quel ion monoatomique peut-il donner ?

6. Pourquoi Mendeleïev a-t-il inversé les éléments de masse atomique 127 et 128 ?

7. Il y a périodicité des propriétés chimiques. Indiquer quels sont les éléments chimiques ayant des propriétés voisines de celles du fluor ? Et de celles de l'oxygène ? Justifier.

▸ corrigé p. 80

9 Sels de magnésium et de lithium

Les sels de quelques ions monoatomiques sont reconnus pour leur activité thérapeutique.

Parmi eux, le bromure de lithium LiBr est utilisé pour calmer les personnes bipolaires lorsqu'elles sont en phase de surexcitation. Ce trouble est caractérisé par la fluctuation anormale de l'humeur, qui oscille entre des périodes d'excitation marquée et de mélancolie profonde (dépression), entrecoupées de périodes de stabilité.

1. L'élément lithium Li est dans la première colonne et la deuxième période de la classification périodique. À quelle famille appartient-il ? Quelle est sa couche électronique externe ?

2. À quelle famille appartient l'élément brome Br ? Combien d'électrons possède-t-il sur sa couche externe ?

3. a. Quels ions monoatomiques stables forment les atomes de brome et de lithium ?

b. Le bromure de lithium LiBr est un composé ionique. Justifier que ce composé est électriquement neutre.

4. Le chlorure de magnésium est utilisé pour traiter les personnes souffrant de dépression légère.

a. L'élément magnésium (troisième période de la classification périodique) conduit à la formation de l'ion stable Mg^{2+}. En déduire dans quelle colonne de la classification périodique se situe l'élément magnésium.

b. L'élément chlore Cl appartient à la famille des halogènes. Quel est l'ion monoatomique stable de l'élément chlore ?

c. En déduire la formule du solide ionique nommé chlorure de magnésium.

▸ corrigé p. 81

1 1. **Vrai.**

2. **Faux.** Les éléments d'une même ligne de la classification périodique appartiennent à une même **période.**

3. **Faux.** Les éléments d'une même **colonne** de la classification périodique ont des propriétés chimiques voisines.

4. **Vrai.**

5. **Vrai.**

6. **Vrai.**

7. **Faux.** L'élément césium est un alcalin.

8. **Vrai.**

9. **Faux.** Le fluor F et le chlore Cl appartiennent à la même famille, ils ont le même nombre d'électrons sur leur couche externe, donc ils forment tous les deux un ion stable du type X^- : F^- et Cl^-.

2 1. **a.** Le symbole chimique du rubidium est Rb.

b. Il appartient à la famille des alcalins, première colonne de la classification périodique.

c. Les éléments chimiques lithium Li, sodium Na, potassium K, césium Cs et francium Fr ont des propriétés chimiques similaires à celles du rubidium car ils appartiennent à la même famille.

d. Dans la première colonne du tableau, tous les éléments possèdent un électron sur leur couche externe.

e. Ces éléments forment les ions monoatomiques stables X^+ (Li^+, Na^+, K^+…) pour satisfaire à la règle du duet ou de l'octet (perte d'un électron).

2. **a.** Le symbole chimique de l'astate est At.

b. Il appartient à la famille des halogènes, dix-septième colonne de la classification périodique.

c. Les éléments chimiques fluor F, chlore Cl, brome Br et iode I ont des propriétés chimiques similaires à celles de l'astate car ils appartiennent à la même famille.

d. Dans la dix-septième colonne du tableau, tous les éléments possèdent 7 électrons sur leur couche externe.

e. Ces éléments forment les ions monoatomiques stables X^- (F^-, Cl^-, Br^-, I^-…) pour satisfaire à la règle du duet ou de l'octet (gain d'un électron).

3 **1.** Le symbole des éléments carbone, cuivre, cobalt et uranium sont respectivement : C, Cu, Co et U.

➲ Chaque élément est symbolisé par une majuscule suivie éventuellement d'une minuscule dérivant souvent du nom de l'élément.

2. **a.** Le symbole et le numéro atomique des éléments or, mercure et azote sont respectivement : Au ($Z = 79$), Hg ($Z = 80$) et N ($Z = 7$).

b. • Le symbole Au de l'or provient du latin *aurum*.

• Le mercure est un métal liquide à température ambiante, de couleur argent brillant. Son symbole Hg provient du latin, lui-même emprunté au grec, *hydrargyrum* qui signifie « argent liquide ».

• Le nom latin « nitrogenium » provient du grec *nitron gennan*, ce qui signifie « formateur de salpêtre » (nitrate de potassium). Le symbole chimique N découle de cette origine.

3. Les composés du chrome sont diversement colorés ; c'est pour cette raison que son nom vient du grec *chroma* signifiant couleur.

4. L'argon appartient à la famille des gaz nobles. Ces derniers sont des composés très stables et inertes chimiquement. C'est William Ramsay (1852-1916), en s'appuyant sur les travaux de John William Rayleigh (1842-1919), qui le mit en évidence en 1895 et lui donna le nom d'argon, du mot grec signifiant inactif. Ensuite, il découvrit l'hélium (*soleil*), le néon (*nouveau*), le krypton (*caché*) et le xénon (*étrange*).

En 1904, pour ces découvertes, Lord Rayleigh reçut le prix Nobel de physique et Ramsay, le prix Nobel de chimie.

4 **1.** D'après sa structure électronique, cet atome se trouve sur la troisième ligne (la couche externe est la couche M) et dans la deuxième colonne (2 électrons sur la couche externe).

2. Son numéro atomique est $Z = 2 + 8 + 2 = 12$.

3. Il s'agit de l'atome de magnésium de symbole Mg.

5 **1.** Le silicium de numéro atomique $Z = 14$ a comme structure électronique $(K)^2(L)^8(M)^4$.

2. L'élément juste à droite du silicium possède un électron supplémentaire. Le phosphore a donc la structure électronique $(K)^2(L)^8(M)^5$. De même, le soufre S a un électron de plus que le phosphore, sa structure électronique est $(K)^2(L)^8(M)^6$. L'atome suivant est le chlore ; il a comme structure $(K)^2(L)^8(M)^7$. Le dernier de la ligne est l'argon Ar ; sa structure électronique est $(K)^2(L)^8(M)^8$.

6 1. **a.** Il s'agit du fluor F.

b. Le fluor appartient à la famille des halogènes.

2. **a.** Il s'agit du calcium de symbole Ca.

b. Le calcium appartient à la famille des alcalino-terreux.

c. On le trouve principalement sous forme d'ion monoatomique stable, Ca^{2+}. L'atome Ca perd deux électrons pour satisfaire à la règle de l'octet et avoir ainsi la structure électronique stable de l'argon.

7 1. La structure électronique de l'atome d'oxygène est $(K)^2(L)^6$. Il tend à acquérir deux électrons pour satisfaire à la règle de l'octet et forme l'ion stable O^{2-}.

2. L'élément de la troisième période qui forme un ion monoatomique stable X^{2+} est le magnésium Mg. Il donne l'ion stable Mg^{2+}.

3. La formule brute de l'espèce chimique neutre formée par association de l'ion oxyde O^{2-} et de l'ion Mg^{2+} est MgO. Les deux charges positives portées par le cation sont compensées par les deux charges négatives portées par l'anion.

4. L'ion sodium est Na^+ (première colonne, famille des alcalins). La formule brute de l'espèce chimique neutre formée à partir des ions Na^+ et O^{2-} est Na_2O. Il faut deux ions sodium Na^+ pour compenser la double charge d'un ion oxyde O^{2-}.

8 1. Mendeleiev est russe.

2. 63 éléments chimiques étaient connus à l'époque de Mendeleïev.

3. Les différences entre la classification de Mendeleïev et l'actuelle sont : les lignes et les colonnes sont inversées et, aujourd'hui, les éléments sont rangés par numéro atomique Z croissant

4. La XVIIIe colonne ne se trouve pas dans la classification de Mendeleïev car on ne connaissait pas encore les gaz rares, découverts à la fin du XIXe siècle, inertes chimiquement du fait de leur dernière couche en octet.

5. L'élément au-dessus du gallium se trouve dans la 3e colonne, puisque sa couche externe contient 3 électrons, et, sur la troisième ligne puisque la troisième couche M est partiellement remplie. Le gallium se placera dans la 3e colonne et 4e ligne. Il donnera un cation Ga^{3+} (perte de 3 électrons pour satisfaire à la règle de l'octet).

6. Mendeleïev a inversé les éléments tellure, Te, et iode, I, de masses atomiques respectives 128 et 127, pour qu'ils se trouvent classés avec des éléments ayant les mêmes propriétés.

7. Le chlore, le brome et l'iode ont les mêmes propriétés que le fluor car ils ont tous 7 électrons externes.

Le soufre, le sélénium et le tellure ont les mêmes propriétés que l'oxygène car ils ont tous 6 électrons sur leur couche externe.

9 1. L'élément lithium Li appartient à la famille des alcalins. Il se trouve dans la deuxième période donc sa couche externe est la couche L.

2. L'élément brome appartient à la famille des halogènes. Il possède 7 électrons sur sa couche externe.

3. **a.** Pour satisfaire à la règle du duet, le lithium de structure électronique $(K)^2(L)^1$ va perdre un électron et former le cation stable Li^+. Le brome va gagner un électron pour satisfaire à la règle de l'octet et former l'anion Br^-.

b. D'après sa formule, le bromure de lithium LiBr est un composé ionique constitué d'autant de cations Li^+ portant chacun une charge positive que d'anions Br^- portant chacun une charge négative. Ces deux charges se compensent donc le bromure de lithium est électriquement neutre.

4. **a.** Pour former le cation Mg^{2+} stable, l'atome a perdu deux électrons. L'élément magnésium possède donc deux électrons sur sa couche externe, et par conséquent, il se situe dans la deuxième colonne de la classification périodique.

b. L'élément chlore Cl possède 7 électrons sur sa couche externe et va gagner un électron pour satisfaire à la règle de l'octet. L'ion monoatomique stable de l'élément chlore est l'anion Cl^-.

c. Le cation Mg^{2+} porte deux charges positives et l'anion Cl^- porte une charge négative. Il faut deux anions Cl^- pour un cation Mg^{2+} pour compenser les charges. La formule du composé ionique est $MgCl_2$.

6 Le système solaire

Notre système solaire est un magnifique manège en mouvement (voir le chapitre 1). Depuis les Grecs anciens (Aristote, Ptolémée, Eudoxe de Cnide, Callippe…) jusqu'aux scientifiques des XVIe et XVIIe siècles (Copernic, Tycho Brahe, Kepler, Galilée, Newton…), la description du mouvement des planètes a suscité de multiples hypothèses avant d'en comprendre toute la complexité.

I La relativité du mouvement

1 Mouvement et référentiels

■ Un objet A est en mouvement par rapport à un objet B si la position de A par rapport à B évolue au cours du temps.

EXEMPLE : la navette spatiale (A) est en mouvement par rapport à la tour Eiffel (B).

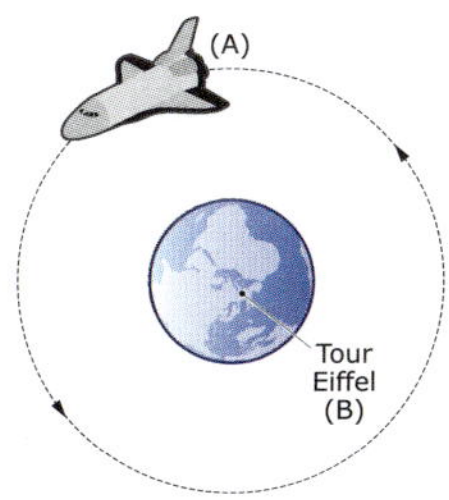

■ Le corps de référence par rapport auquel est décrit le mouvement d'un objet est appelé **référentiel**.

EXEMPLES

	Corps de référence	Intérêt
Référentiel terrestre	La surface de la Terre ou tout objet fixe sur Terre.	Description simple des mouvements sur Terre.
Référentiel géocentrique	Le centre de la Terre.	Description simple des mouvements des satellites terrestres.
Référentiel héliocentrique	Le centre du Soleil.	Description simple du mouvement des planètes du système solaire.

■ Le mouvement est une **notion relative.**

EXEMPLE : la tour Eiffel est immobile dans le référentiel terrestre mais elle est en mouvement dans le référentiel géocentrique puisque la Terre est animée d'un mouvement de rotation propre autour de son axe nord-sud.

2 Trajectoire

La **trajectoire** d'un objet est l'ensemble des positions qu'il occupe au cours de son mouvement. Cette trajectoire dépend **du référentiel**.

EXEMPLE : le système Soleil-Terre-Lune

- Dans le référentiel héliocentrique, la Terre tourne autour du Soleil mais c'est l'inverse dans le référentiel géocentrique.
- Dans le référentiel géocentrique, la Lune décrit une trajectoire (ou orbite) pratiquement circulaire en 27,3 jours mais, dans le référentiel héliocentrique, sa trajectoire est beaucoup plus complexe.

(Les échelles ne sont pas respectées.)

Trajectoires dans le référentiel géocentrique

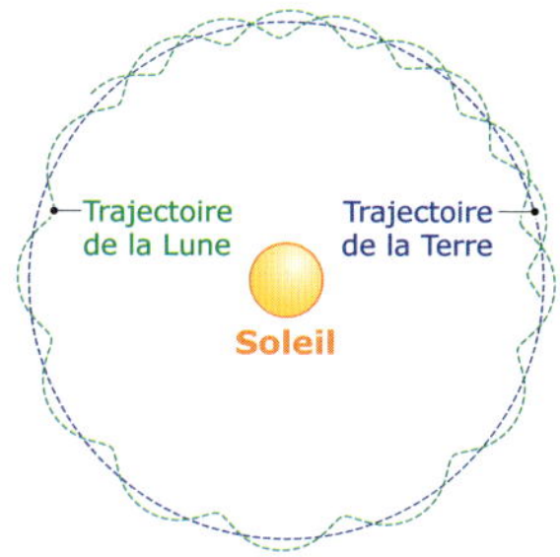

Trajectoires dans le référentiel héliocentrique

3 Description d'un mouvement

Décrire le mouvement d'un objet, c'est indiquer :

- la nature de la trajectoire : rectiligne, circulaire, elliptique... ;
- l'évolution de la vitesse : le mouvement est **uniforme** si la vitesse est constante, le mouvement est **accéléré** si la vitesse est croissante, le mouvement est **retardé** ou **ralenti** si la vitesse est décroissante.

➲ Il est indispensable de préciser le référentiel choisi pour décrire le mouvement d'un objet.

EXEMPLE : chaque planète du système solaire est animée d'un mouvement presque circulaire et uniforme dans le référentiel héliocentrique.

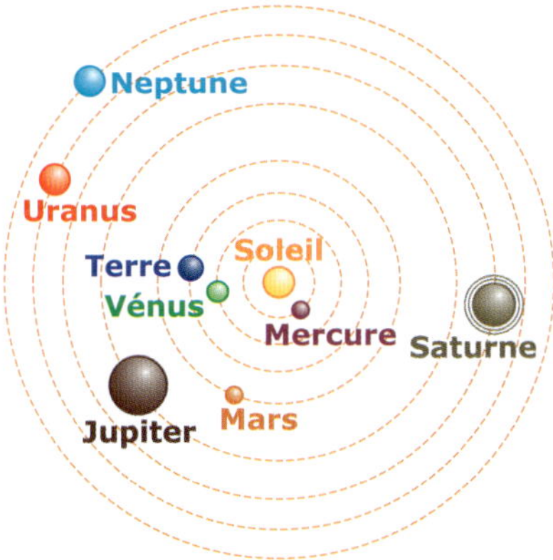

II Le principe d'inertie

1 Notion de force

■ Une **force** est une **action mécanique** qui, appliquée à un solide immobile, est capable de le mettre en mouvement.

■ Une force est une action mécanique qui, appliquée à un solide en mouvement, est capable de modifier sa vitesse ou sa trajectoire ou les deux à la fois.

EXEMPLE : la poussée exercée par les moteurs d'une fusée permet son décollage.

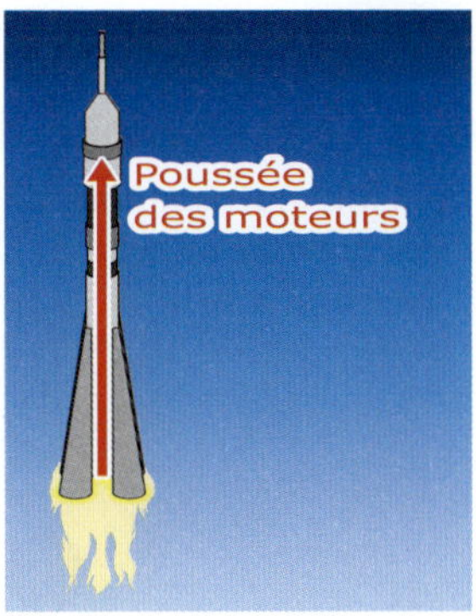

2 Énoncé du principe d'inertie

■ « Tout corps persévère dans son état de repos ou de mouvement rectiligne uniforme s'il n'est soumis à aucune force ou si les forces qui s'appliquent sur lui se compensent. »

- Dans le référentiel géocentrique, le principe d'inertie est applicable au mouvement des satellites de la Terre : la Lune et les satellites artificiels.
- Dans le référentiel héliocentrique, le principe d'inertie est applicable au mouvement des planètes.

➲ L'inertie est la résistance que les corps opposent aux changements de mouvement.

■ Attention, contrairement aux idées reçues, « absence de force » ne signifie pas nécessairement absence de mouvement ! S'il n'y a pas de force ou si les forces se compensent, alors le mouvement est rectiligne uniforme.

EXEMPLE : une comète est animée d'un mouvement rectiligne uniforme lorsqu'elle est très éloignée d'une planète ou d'une étoile, parce qu'elle n'est alors soumise à aucune force.

Par contre, sa trajectoire est modifiée et sa vitesse varie à l'approche de l'astre qui l'attire.

III La gravitation universelle

1 Conséquence du principe d'inertie

Un astre tourne autour d'un autre astre car il est soumis à une force, appelée **force gravitationnelle**. En l'absence de cette force, son mouvement serait rectiligne uniforme.

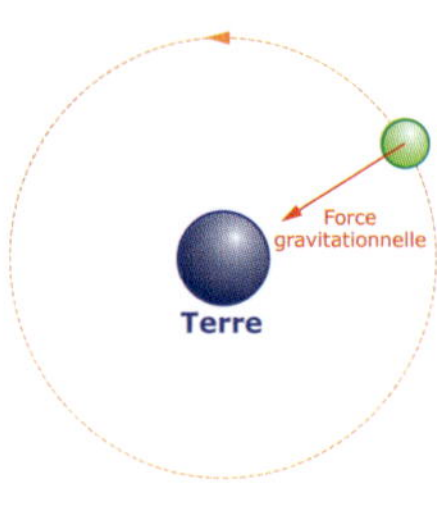

Force gravitationnelle exercée par la Terre sur la Lune

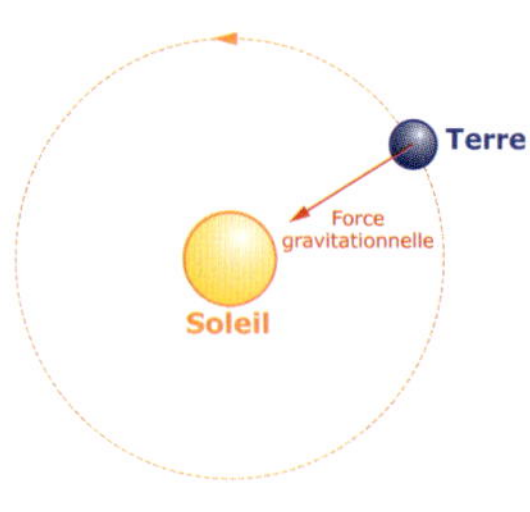

Force gravitationnelle exercée par le Soleil sur la Terre

2 L'interaction gravitationnelle

On doit la théorie de la gravitation universelle à Isaac Newton (1642 – 1727).

■ Deux corps A et B, de masses respectives m_A et m_B, s'attirent mutuellement. On parle **d'interaction gravitationnelle**.

■ L'intensité $F_{A/B}$ de la force gravitationnelle exercée par A sur B est exactement égale à l'intensité $F_{B/A}$ de la force gravitationnelle exercée par B sur A.

■ **Loi de la gravitation universelle de Newton (1687)**

L'intensité de la force de gravitation est proportionnelle aux masses m_A et m_B et inversement proportionnelle au carré de la distance d entre A et B :

$$F_{A/B} = F_{B/A} = G\frac{m_A m_B}{d^2}$$

m_A et m_B en kg ; d en m ;
$F_{A/B}$ et $F_{B/A}$ en newton (N)

G est la constante de gravitation universelle : $G = 6{,}67 \times 10^{-11}\ N \cdot m^2 \cdot kg^{-2}$.

EXEMPLE : la loi de la gravitation universelle permet d'exprimer l'intensité $F_{T/L}$ de la force exercée par la Terre sur la Lune (identique à l'intensité $F_{L/T}$ de la force exercée par la Lune sur la Terre).

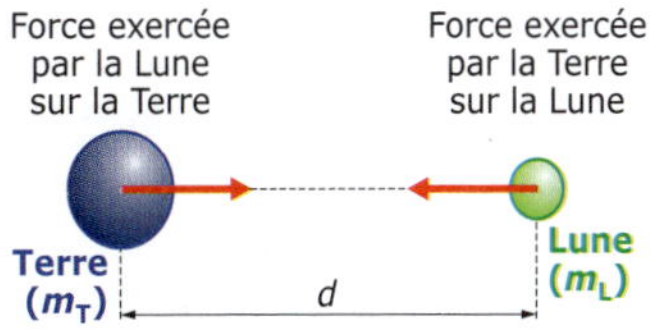

$$F_{T/L} = F_{L/T} = G\frac{m_T m_L}{d^2}.$$

La force gravitationnelle exercée par la Terre sur la Lune est orientée du centre de la Lune vers le centre de la Terre, et réciproquement.

3 La pesanteur terrestre

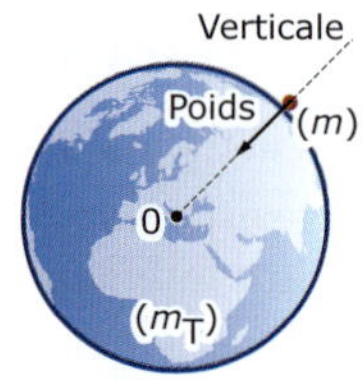

■ Le **poids** d'un objet, aussi nommé **force de pesanteur** ou **force d'attraction terrestre**, est le résultat de l'attraction gravitationnelle exercée par la Terre sur cet objet.

■ Dans le langage courant, on confond masse et poids. À la question *« Quel est ton poids ? »*, on répond par exemple : *« 70 kg »*.

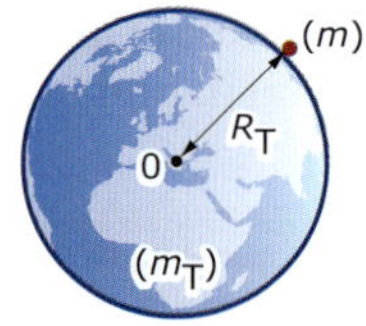

Pour le physicien, la masse et le poids sont deux grandeurs bien distinctes : **la masse d'un objet est une grandeur invariable,** s'exprimant en kilogrammes (elle correspond au poids dans le langage courant), tandis que **son poids est la force gravitationnelle terrestre,** exprimée en **newton** (N).

■ Les propriétés de l'interaction gravitationnelle, développées au paragraphe précédent, s'appliquent au cas particulier du poids d'un objet de masse m situé à la surface de la Terre.

■ **Direction et sens :** le poids est une force orientée de l'objet vers le centre de la Terre, c'est-à-dire qu'il est **vertical descendant**.

■ **Intensité :** le poids P est proportionnel aux masses m de l'objet et m_T de la Terre. Il est aussi inversement proportionnel au carré de la distance entre l'objet et le centre de la Terre. Cette distance n'est autre que le rayon R_T de la Terre.

$$P = G\frac{m_T m}{R_T^2}$$

m_T et m en kg ; R_T en m ;
$G = 6{,}67 \times 10^{-11}\ N \cdot m^2 \cdot kg^{-2}$; P en newton (N)

■ La relation précédente écrite différemment $P = m\underbrace{\left(G\frac{m_T}{R_T^2}\right)}_{g}$ montre la proportionnalité entre le poids P d'un objet et sa masse m.

En notant g le coefficient de proportionnalité entre P et m, on obtient :

$$P = mg$$

m en kg ; g en $N \cdot kg^{-1}$; P en N

Le coefficient g est appelé **intensité de la pesanteur terrestre**. Sa valeur sur Terre dépend légèrement de l'altitude et de la latitude.

En France à l'altitude zéro, l'intensité de la pesanteur vaut : $g = 9{,}81\ N \cdot kg^{-1}$.

Calculer la vitesse d'une planète dans le référentiel héliocentrique

ÉNONCÉ

La planète Terre décrit une orbite presque circulaire autour du Soleil. Le rayon de cette orbite est $R = 1{,}50 \times 10^8$ km.

1. Quelle est en secondes la période de révolution T de la Terre sur son orbite héliocentrique ?

2. Calculer en kilomètres par seconde la vitesse orbitale de la Terre dans le référentiel héliocentrique.

À RETENIR

• **La période de révolution** d'une planète est le temps mis par celle-ci pour effectuer un tour complet autour du Soleil.

➲ Il ne faut pas confondre la période de révolution avec la période de rotation de la planète autour de l'axe de ses pôles.

• **La vitesse moyenne** d'un objet est égale au quotient de la distance d parcourue le long de la trajectoire par la durée de parcours Δt :

$$v = \frac{d}{\Delta t}$$

d en m ; Δt en s ; v en m · s^{-1}

MÉTHODE

• Calculer le périmètre D de l'orbite de la Terre en utilisant la relation mathématique donnant le périmètre d'un cercle : $D = 2\pi R$.

• La distance d (ici D) est parcourue en une période T donc on peut calculer la vitesse à l'aide de la relation $v = \frac{D}{T}$.

CORRIGÉ

1. La Terre décrit son orbite autour du Soleil en 1 an donc sa période de révolution est : $T = 1$ an $= 365{,}25$ j $= 365{,}25 \times 24 \times 60 \times 60 = 3{,}155\,8 \times 10^7$ s.

2. Périmètre de l'orbite : $D = 2\pi R = 2 \times \pi \times 1{,}50 \times 10^8 = 9{,}42 \times 10^8$ km.
La vitesse de la Terre sur son orbite héliocentrique est donc :

$$v = \frac{D}{T} = \frac{9{,}42 \times 10^8}{3{,}155\,8 \times 10^7} = 29{,}8 \text{ km} \cdot \text{s}^{-1}.$$

Calculer une force gravitationnelle

ÉNONCÉ

Calculer l'intensité de la force de gravitation exercée par la Terre sur la Lune.

Données : masse de la Lune $m_L = 7{,}34 \times 10^{22}$ kg ;

masse de la Terre $m_T = 5{,}98 \times 10^{24}$ kg ;

distance Terre-Lune : $d = 3{,}84 \times 10^5$ km ;

$G = 6{,}67 \times 10^{-11}\ N \cdot m^2 \cdot kg^{-2}$.

MÉTHODE

Utiliser l'expression de la loi de gravitation universelle pour calculer $F_{T/L} = G\dfrac{m_T m_L}{d^2}$ en étant attentif aux unités employées ; les masses doivent être en kilogrammes et la distance en mètres.

CORRIGÉ

$d = 3{,}84 \times 10^5$ km $= 3{,}84 \times 10^8$ m.

$$F_{T/L} = G\frac{m_T m_L}{d^2} = \frac{6{,}67 \times 10^{-11} \times 5{,}98 \times 10^{24} \times 7{,}34 \times 10^{22}}{(3{,}84 \times 10^8)^2} = 1{,}99 \times 10^{20}\ N.$$

➲ Le résultat est exprimé avec trois chiffres significatifs comme toutes les données.

Vérifier ses connaissances

1 QCM « force gravitationnelle »

Dans le questionnaire à choix multiple (QCM) suivant, indiquer, pour chaque proposition, la ou les réponses exactes.

1. Mercure, Vénus, la Terre, Mars, Jupiter, Saturne, Uranus et Neptune ne s'échappent pas du système solaire grâce :

a. à Newton ;

b. à la force gravitationnelle exercée par le Soleil ;

c. à la force gravitationnelle terrestre ;

d. au champ magnétique terrestre.

2. La force gravitationnelle s'exerçant entre deux astres A et B est :

a. toujours attractive ;

b. toujours répulsive ;

c. attractive ou répulsive selon les situations.

3. La force gravitationnelle entre deux astres est d'autant plus grande que :

a. les masses de ces astres sont grandes ;

b. les masses de ces astres sont petites ;

c. la distance entre ces planètes est grande ;

d. la distance entre ces planètes est petite.

4. Un satellite décrit une orbite elliptique autour de la Terre. On appelle périgée le point de l'orbite le plus proche du centre O de la Terre et apogée le point le plus éloigné.

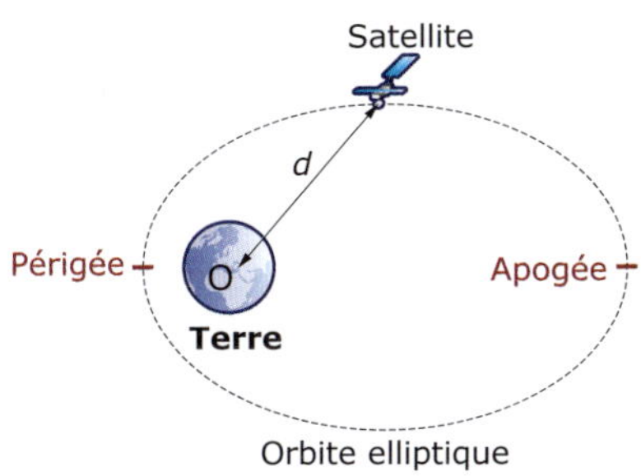

La force gravitationnelle exercée par la Terre sur le satellite est :

a. maximale à l'apogée ; **b.** minimale à l'apogée ;

c. maximale au périgée ; **d.** minimale au périgée.

▸ corrigé p. 97

2 QCM « masse et poids »

Dans le questionnaire à choix multiple (QCM) suivant, indiquer, pour chaque proposition, la ou les réponses exactes.

1. La masse m d'un objet :

a. s'exprime en kg ;

b. s'exprime en newton ;

c. est invariable ;

d. dépend du lieu où se situe l'objet.

2. Le poids P d'un objet :

a. s'exprime en kg ;

b. s'exprime en newton ;

c. est invariable ;

d. dépend du lieu où se situe l'objet.

3. Le poids P d'un objet est :

a. indépendant de sa masse ;

b. proportionnel à sa masse ;

c. inversement proportionnel à sa masse.

4. Dans la relation $P = mg$, la lettre g représente :

a. la constante de gravitation universelle ;

b. le symbole du gramme ;

c. l'intensité de la pesanteur.

5. Sur Terre à l'altitude zéro, l'intensité de la pesanteur vaut environ :

a. 9,8 N ; **b.** 9,8 $N \cdot kg^{-1}$; **c.** 9,8 $N \cdot g^{-1}$; **d.** 9,8 $kg \cdot N^{-1}$.

6. Sur Terre à l'altitude zéro, le poids d'un objet de masse 100 g est :

a. 0,98 N ; **b.** 9,8 kg ; **c.** 9,8 N ; **d.** 980 N.

▸ corrigé p. 97

3 Force, mouvement et principe d'inertie

1. Qu'est-ce qu'un mouvement rectiligne uniforme ?

2. Énoncer le principe d'inertie.

3. Pourquoi la Lune n'est-elle pas animée d'un mouvement rectiligne uniforme dans le référentiel géocentrique ?

4. Un objet lancé hors de l'atmosphère terrestre à partir d'une fusée n'est rien d'autre qu'un projectile soumis à l'attraction gravitationnelle terrestre. Il retombera sur Terre (situation I sur le schéma ci-après) si sa vitesse de lancement dans le référentiel géocentrique est trop faible. Si cette vitesse est suffisamment élevée, il sera satellisé sur une orbite circulaire (II) ou elliptique (III). Au-delà d'une certaine vitesse (dépendant de l'altitude au moment du lancement), il échappera à l'attraction terrestre (IV). C'est le cas d'une sonde interplanétaire qui sera à son tour attirée par un autre astre lors de son voyage…

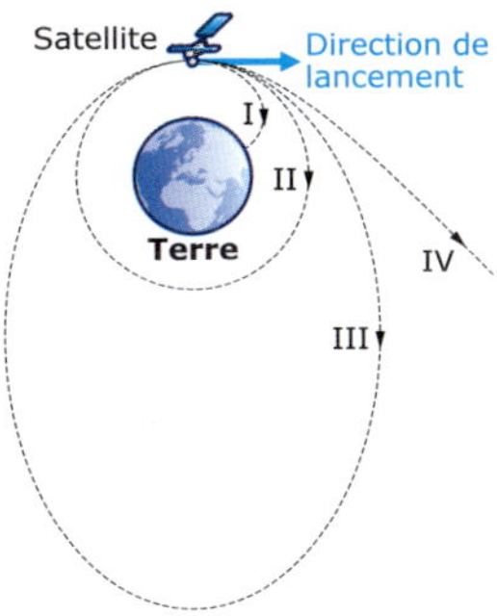

Quelle est la nature du mouvement de la sonde interplanétaire lorsqu'elle est suffisamment loin de la Terre et de tout autre astre ? Expliquer.

corrigé p. 97

S'entraîner

4 Pluton

La planète naine Pluton, légèrement plus volumineuse que la Lune, a été découverte en février 1930 par l'astronome américain Clyde William Tombaugh. Dans le référentiel héliocentrique, elle décrit son orbite elliptique très excentrée autour du Soleil en un temps $T = 7{,}83 \times 10^9$ s, à la vitesse moyenne de $4{,}74\ \text{km}\cdot\text{s}^{-1}$.

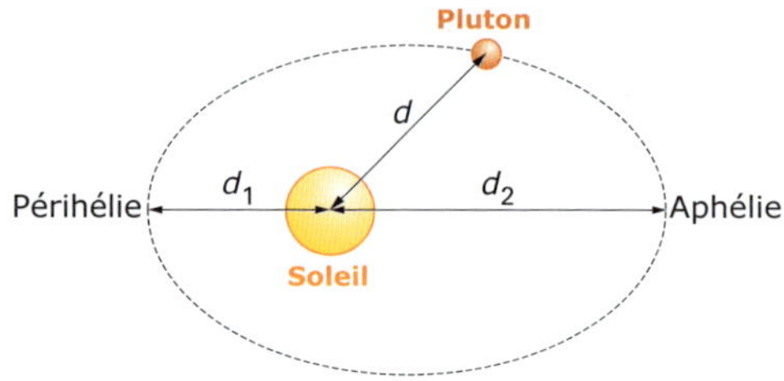

Au périhélie, c'est-à-dire au point de son orbite le plus proche du Soleil, Pluton se trouve à la distance $d_1 = 4,44 \times 10^9$ km du centre du Soleil. À l'aphélie (point le plus éloigné), elle se trouve à $d_2 = 7,38 \times 10^9$ km du centre du Soleil.

1. Que signifie « étudier le mouvement de Pluton dans le référentiel héliocentrique » ?

2. Exprimer la période de révolution de Pluton en années.

3. a. Donner l'expression de la force gravitationnelle F exercée par le Soleil sur Pluton, en fonction de la distance d.

b. Expliquer en quel point cette force gravitationnelle est maximale. Calculer cette valeur maximale F_{maxi}.

c. Expliquer en quel point cette force gravitationnelle est minimale. Calculer cette valeur minimale F_{mini} et la comparer à la valeur maximale.

4. Quel est le périmètre de l'orbite de Pluton ?

Données : masse de Pluton $M_P = 1,3 \times 10^{22}$ kg ; masse du Soleil $M_S = 2,0 \times 10^{30}$ kg ; constante de gravitation universelle : $G = 6,67 \times 10^{-11}$ N·m²·kg⁻². ▸ corrigé p. 98

5 Masse et poids dans le système solaire

Jac est un doux rêveur…. Il s'imagine se promenant sur diverses planètes du système solaire, revêtu de son équipement de spationaute et pesant alors 92 kg.

1. Expliquer sans calcul pourquoi le poids de Jac diminuera lorsqu'il montera en altitude sur la planète Terre.

2. Calculer le poids P_T de Jac à l'altitude zéro sur Terre sachant que l'intensité de la pesanteur terrestre vaut $g_T = 9,8$ N·kg^{-1}.

3. Jac a atterri sur Mars où l'attraction gravitationnelle est 2,6 fois plus faible qu'à la surface de la Terre.

a. Quelle est sa masse ?

b. Quel est son poids P_{Mars} ? Expliquer.

c. Quelle est la valeur de l'intensité de la pesanteur g_{Mars} sur Mars ?

4. L'intensité de la pesanteur à la surface d'une planète de masse M et de rayon R s'exprime par la relation : $g = G\frac{M}{R^2}$.

Sur quelle planète Jac se sentirait-il le plus léger : Mars, Mercure, Jupiter ou la Terre ? Justifier.

Données : masse de Jupiter : $M_J = 1,9 \times 10^{27}$ kg ;

masse de Mercure : $M_{Merc} = 3,3 \times 10^{23}$ kg ;

rayon de Jupiter $R_J = 7,1 \times 10^7$ m ;

rayon de Mercure : $R_{Merc} = 2,6 \times 10^6$ m ;

constante de gravitation universelle : $G = 6,67 \times 10^{-11}$ N·m²·kg⁻². ▸ corrigé p.98

* 6 Les satellites du système GPS

Le système GPS (Global Positioning System ou géopositionnement par satellites) est le principal système mondial actuel de positionnement utilisant 24 satellites.

Chacun de ces satellites décrit son orbite circulaire autour de la Terre en 12 h et émet en permanence des signaux électromagnétiques transportant des données numériques datées précisément par une horloge atomique.

Ces signaux se propagent à la vitesse de la lumière et mettent 67,0 ms pour parvenir en un point situé à la verticale du satellite sur la surface de la Terre.

Un récepteur GPS (situé dans une automobile, par exemple) qui capte les signaux d'au moins quatre satellites peut, en calculant les temps de propagation de ces signaux entre les satellites et lui, connaître sa distance par rapport à ceux-ci et, situer précisément en trois dimensions n'importe quel point placé en visibilité des satellites.

1. Calculer l'altitude h d'un satellite.

2. En déduire que le rayon de l'orbite d'un satellite est $R = 26\,500$ km.

3. Déterminer en km·h⁻¹ la vitesse d'un satellite dans le référentiel géocentrique.

Données : vitesse de la lumière dans le vide : $c = 3,00 \times 10^8$ m·s⁻¹ ;

rayon de la Terre : $R_T = 6,4 \times 10^3$ km. ▸ corrigé p. 99

Problème

7 Télescope Hubble

Depuis 1990, année de son lancement, le télescope Hubble décrit une orbite circulaire à 600 km d'altitude autour de la Terre. Ce télescope, pesant 11 tonnes et mesurant 13,2 m de long pour environ 4 m de diamètre, se déplace à 440 $km \cdot min^{-1}$ dans le référentiel géocentrique.

1. Expliquer brièvement pourquoi le télescope Hubble permet des observations astronomiques de bien meilleure qualité que si elles étaient réalisées depuis la surface de la Terre.

2. a. Schématiser l'orbite du télescope Hubble autour de la Terre.

b. Quel est le rayon de cette orbite ? Quel est son périmètre, exprimé avec deux chiffres significatifs ?

3. La période orbitale T d'un satellite est la durée nécessaire pour qu'il décrive une révolution complète. Déterminer en minutes la période orbitale du télescope Hubble.

4. Exprimer puis calculer, avec deux chiffres significatifs, la force gravitationnelle exercée par la Terre sur le télescope Hubble de masse m.

Données : rayon de la Terre : $R_T = 6\,400$ km ;

masse de la Terre : $m_T = 6{,}0 \times 10^{24}$ kg ;

constante de gravitation universelle : $G = 6{,}67 \times 10^{-11}\ N \cdot m^2 \cdot kg^{-2}$.

▸ corrigé p. 100

1 **1.** Les planètes du système solaire ne s'échappent pas grâce à l'existence de la force gravitationnelle exercée par le Soleil (**réponse b**).

2. La force gravitationnelle s'exerçant entre deux astres A et B est toujours attractive (**réponse a**).

3. La force gravitationnelle entre deux astres A et B est d'autant plus intense que les masses m_A et m_B de ces astres sont grandes (**réponse a**) et que la distance d est petite (**réponse d**).

4. La force gravitationnelle exercée par la Terre sur le satellite est minimale à l'apogée (**réponse b**) et maximale au périgée (**réponse c**).

2 **1.** La masse m d'un objet s'exprime en kg (**réponse a**) et est invariable (**réponse c**).

2. Le poids P d'un objet s'exprime en newton (**réponse b**) et dépend du lieu où se situe l'objet (**réponse d**).

3. Le poids P d'un objet est proportionnel à sa masse (**réponse b**).

4. Dans la relation $P = mg$, la lettre g représente l'intensité de la pesanteur (**réponse c**).

5. Sur Terre à l'altitude zéro, l'intensité de la pesanteur vaut $9{,}8\ \text{N}\cdot\text{kg}^{-1}$ (**réponse b**).

6. À l'altitude zéro, le poids d'un objet de masse 100 g (soit 0,10 kg) est :

$P = mg = 0{,}10 \times 9{,}8 = 0{,}98$ N (**réponse a**).

3 **1.** Un mouvement est dit rectiligne et uniforme lorsque la trajectoire est une portion de droite et la vitesse est constante.

2. Principe d'inertie : « Tout corps persévère dans son état de repos ou de mouvement rectiligne uniforme s'il n'est soumis à aucune force ou si les forces qui s'appliquent sur lui se compensent. »

➲ Étudié par Galilée, le principe d'inertie a été repris par Isaac Newton qui l'a énoncé en 1686 dans son ouvrage *Principia, Principes mathématiques de la philosophie naturelle*, sous l'appellation de première loi du mouvement : «Tout corps persévère dans l'état de repos ou de mouvement uniforme en ligne droite dans lequel il se trouve, à moins que quelque force n'agisse sur lui, et le contraigne à changer d'état. »

3. Selon le principe d'inertie, si la Lune n'est pas animée d'un mouvement rectiligne uniforme, mais d'un mouvement de révolution autour de la Terre, c'est en raison de la force gravitationnelle qui la contraint à changer constamment de direction.

4. Lorsque la sonde interplanétaire est suffisamment loin de tout astre, les forces gravitationnelles sont négligeables et selon le principe d'inertie, le mouvement de cette sonde est alors rectiligne et uniforme.

4 1. Étudier le mouvement de Pluton dans le référentiel héliocentrique signifie que la référence est le centre du Soleil.

2. La période de révolution de Pluton est :

$$T = 7{,}83 \times 10^9 \text{ s soit } T = \frac{7{,}83 \times 10^9}{60 \times 60 \times 24 \times 365{,}25} = 248 \text{ ans.}$$

➲ 1 année = 365,25 jours ; 1 jour = 24 h ; 1 h = 60 min et 1 min = 60 s.

3. **a.** La force gravitationnelle exercée par le Soleil (de masse M_S) sur Pluton (de masse M_P) s'exprime par la relation : $F = G\dfrac{M_S M_P}{d^2}$.

b. Cette force est maximale lorsque la distance d est minimale, donc au périhélie, pour $d_1 = 4{,}44 \times 10^9$ km $= 4{,}44 \times 10^{12}$ m. Cette force vaut :

$$F_{maxi} = G\frac{M_S M_P}{d_1^2} = 6{,}67 \times 10^{-11} \times \frac{2{,}0 \times 10^{30} \times 1{,}3 \times 10^{22}}{(4{,}44 \times 10^{12})^2} = 8{,}8 \times 10^{16} \text{ N.}$$

➲ Attention de à pas oublier d'exprimer la distance en mètres pour effectuer le calcul de la force.

c. La force est minimale lorsque Pluton et le Soleil sont les plus éloignés l'un de l'autre donc à l'aphélie pour $d_2 = 7{,}38 \times 10^9$ km $= 7{,}38 \times 10^{12}$ m. Cette force vaut :

$$F_{mini} = G\frac{M_S M_P}{d_2^2} = 6{,}67 \times 10^{-11} \times \frac{2{,}0 \times 10^{30} \times 1{,}3 \times 10^{22}}{(7{,}38 \times 10^{12})^2} = 3{,}2 \times 10^{16} \text{ N.}$$

$\dfrac{F_{maxi}}{F_{mini}} = \dfrac{8{,}8 \times 10^{16}}{3{,}2 \times 10^{16}} = \dfrac{8{,}8}{3{,}2} = 2{,}8$ donc la force maximale est 2,8 fois plus grande que la force minimale.

4. Pluton parcourt son orbite elliptique en $T = 7{,}83 \times 10^9$ s à la vitesse moyenne de 4,74 km·s^{-1}.

La vitesse est définie par la relation $v = \dfrac{D}{T}$ donc le périmètre est :

$D = vT = 4{,}74 \times 7{,}83 \times 10^9 = 3{,}71 \times 10^{10}$ km $= 37{,}1 \times 10^9$ km, c'est-à-dire 37,1 milliards de kilomètres.

5 1. Le poids de Jac sur Terre est la force gravitationnelle qu'il subit de la part de la Terre. Plus Jac se trouve à une altitude élevée, plus il est loin du centre de la Terre et donc plus l'attraction gravitationnelle exercée par la Terre est faible.

2. Sur Terre, le poids de Jac est $P_T = mg_T$ donc : $P_T = 92 \times 9{,}8 = 9{,}0 \times 10^2$ N (c'est-à-dire 900 newtons).

3. a. La masse est une grandeur invariable donc sur Mars ou sur Terre, Jac avec son équipement de spationaute pèse toujours : $m = 92$ kg.

b. Le poids sur Mars est 2,6 fois plus petit que sur Terre :

$P_{Mars} = \frac{P_T}{2{,}6} = \frac{9{,}0 \times 10^2}{2{,}6} = 3{,}5 \times 10^2$ N (c'est-à-dire 350 newtons).

c. La pesanteur martienne est 2,6 fois plus faible que la pesanteur terrestre :

$$g_{Mars} = \frac{g_T}{2{,}6} = \frac{9{,}8}{2{,}6} = 3{,}8 \text{ N·kg}^{-1}.$$

4. L'intensité de la pesanteur sur Mercure vaut :

$$g_{Merc} = G\frac{M_{Merc}}{R^2_{Merc}} = 6{,}67 \times 10^{-11} \times \frac{3{,}3 \times 10^{23}}{(2{,}6 \times 10^6)^2} = 3{,}3 \text{ N·kg}^{-1}.$$

L'intensité de la pesanteur sur Jupiter vaut :

$$g_J = G\frac{M_J}{R^2_J} = 6{,}67 \times 10^{-11} \times \frac{1{,}9 \times 10^{27}}{(7{,}1 \times 10^7)^2} = 25 \text{ N·kg}^{-1}.$$

On constate que $g_{Merc} < g_{Mars} < g_T < g_J$. Par conséquent, la pesanteur est minimale sur Mercure et c'est donc sur cette planète que Jac se sentirait le plus léger.

6 **1.** Un signal met une durée $\Delta t = 67{,}0$ ms pour parvenir, à la vitesse de la lumière, à un point situé à la verticale du satellite.

Cela signifie que le satellite se situe à l'altitude :

$h = c\Delta t = 3{,}00 \times 10^8 \times 67{,}0 \times 10^{-3} = 2{,}01 \times 10^7 \text{ m} = 2{,}01 \times 10^4$ km.

2. Le rayon R de l'orbite du satellite est égal à la distance entre le satellite et le centre de la Terre soit :

$R = R_T + h = 6{,}4 \times 10^3 + 2{,}01 \times 10^4$

$R = 2{,}65 \times 10^4$ km $= 26\,500$ km.

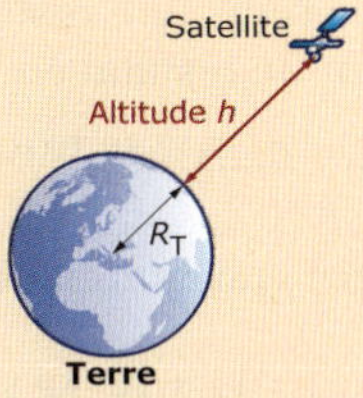

3. La vitesse du satellite dans le référentiel géocentrique se calcule en effectuant le rapport du périmètre D de l'orbite par la période de révolution $T = 12$ h.

• Périmètre de l'orbite :

$D = 2\pi R = 2 \times \pi \times 26\,500 = 1{,}67 \times 10^5$ km.

• La vitesse de la Terre sur son orbite géocentrique est donc :

$v = \frac{D}{T} = \frac{1{,}67 \times 10^5}{12} = 1{,}4 \times 10^4 \text{ km·h}^{-1}$ (c'est-à-dire 14 000 kilomètres par heure).

7 **1.** Le télescope Hubble est placé au-dessus de l'atmosphère terrestre. Cela lui permet de recueillir la lumière émise par un objet céleste, vers lequel il est orienté, sans que celle-ci soit absorbée partiellement par l'air entourant notre planète. Les informations recueillies sont donc plus complètes que celles que pourrait décrypter ce même télescope s'il était installé à la surface de la Terre.

2. a. L'orbite circulaire du télescope Hubble a pour centre celui de la Terre.

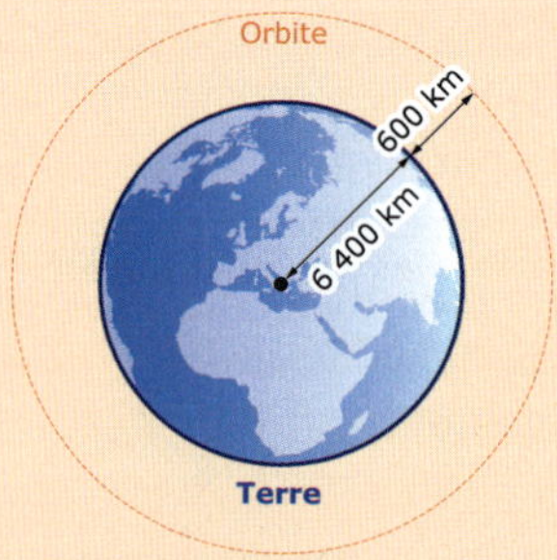

b. Le rayon de l'orbite est : $r = 6\,400 + 600 = 7\,000$ km.

Son périmètre vaut : $2\pi r = 2\pi \times 7\,000 = 4{,}4 \times 10^4$ km.

3. Le télescope Hubble décrit son orbite de périmètre $4{,}4 \times 10^4$ km à la vitesse de 440 km·min^{-1}.

Sa période orbitale est alors : $T = \dfrac{\text{périmètre}}{\text{vitesse}} = \dfrac{4{,}4 \times 10^4}{440} = 100$ min.

(En divisant une distance exprimée en km par une vitesse en km·min^{-1}, on obtient un résultat en min.)

4. Le télescope se trouve à la distance $r = 7\,000 \text{ km} = 7{,}0 \times 10^6$ m du centre de la Terre.

La force gravitationnelle terrestre exercée sur ce satellite de masse

$m = 11 \text{ t} = 11 \times 10^3$ kg s'exprime par $F = G\dfrac{mm_T}{r^2}$ et vaut :

$$F = 6{,}67 \times 10^{-11} \times \frac{11 \times 10^3 \times 6{,}0 \times 10^{24}}{(7{,}0 \times 10^6)^2} = 9{,}0 \times 10^4 \text{ N}.$$

➲ 1 tonne : 1 t = 10^3 kg.

LA SANTÉ

INTRODUCTION

Les fantastiques avancées de la médecine de ces dernières décennies reposent en grande partie sur la mise au point de diagnostics performants et de traitements thérapeutiques de plus en plus efficaces.

■ Les progrès de la physique alliés à ceux de la chimie et de la biologie permettent aux médecins de disposer de tout un arsenal de techniques d'imagerie et d'analyse médicale.

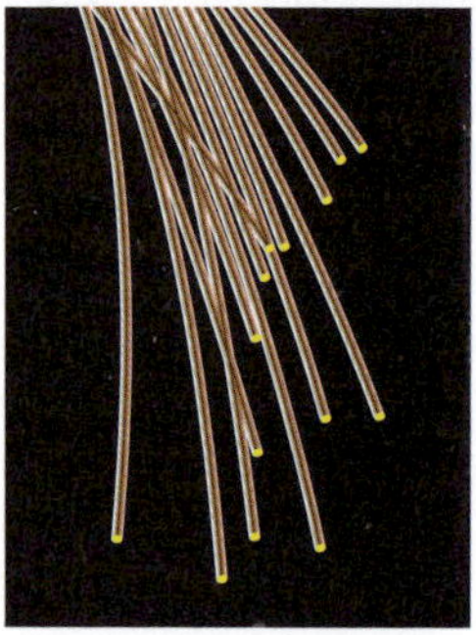

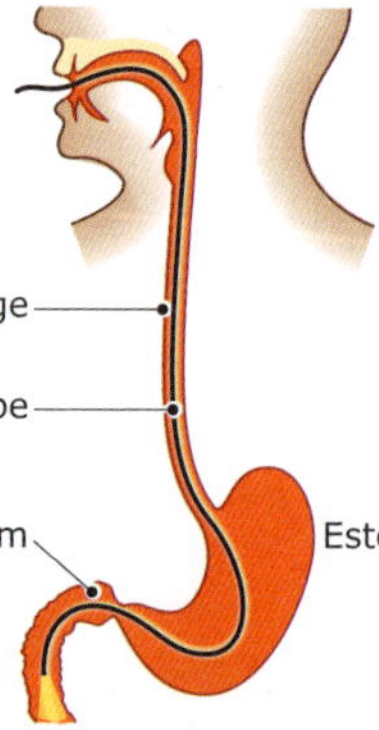

■ De nouveaux médicaments sont régulièrement créés grâce aux procédés chimiques permettant d'extraire une espèce chimique existant dans une substance naturelle ou de synthétiser une nouvelle molécule possédant des vertus pharmacologiques.

■ Le thème de la santé est traité en 4 chapitres :

7. Physique et diagnostics médicaux
8. Quelques espèces chimiques de la santé
9. Extraction, séparation, identification et synthèse d'espèces chimiques
10. La mole

7 Physique et diagnostics médicaux

Pour établir son diagnostic, le médecin ausculte son patient. Il le soumet parfois à des examens biologiques (analyse de sang, par exemple). Il peut aussi avoir recours à des techniques élaborées (électrocardiogramme, électroencéphalogramme, échographie, radiographie, fibroscopie…) s'appuyant sur l'utilisation de phénomènes physiques : signaux périodiques, ondes ultrasonores, ondes électromagnétiques…

I Des signaux électriques pour diagnostiquer

L'électroencéphalogramme et l'électrocardiogramme sont les tracés obtenus par enregistrement des signaux électriques périodiques émis respectivement par le cerveau ou par le muscle cardiaque (cœur).

Période et fréquence

- Un signal périodique se répète identique à lui-même à intervalle de temps régulier, appelé **période**.
- **La fréquence** f d'un signal périodique est le nombre de périodes par seconde :

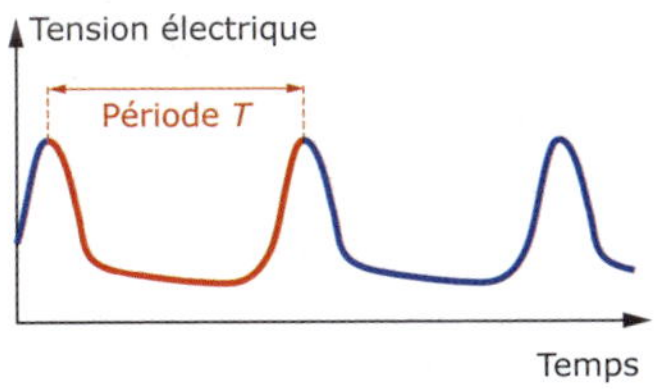

Une tension électrique périodique

$$f = \frac{1}{T}$$

T en s ; f en hertz (Hz)

Amplitude

L'amplitude « crête à crête » d'un signal électrique est l'écart entre la valeur maximale de la tension et sa valeur minimale. Elle s'exprime en volt (V), millivolt (mV) ou microvolt (µV).

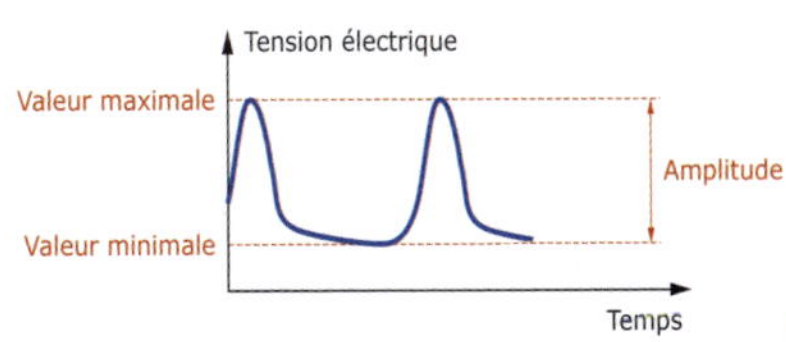

➲ 1 mV = 10^{-3} V ; 1 µV = 10^{-6} V.

EXEMPLE : lors d'une crise d'épilepsie, l'amplitude de l'activité cérébrale croît brutalement comme l'illustre l'électroencéphalogramme ci-contre.

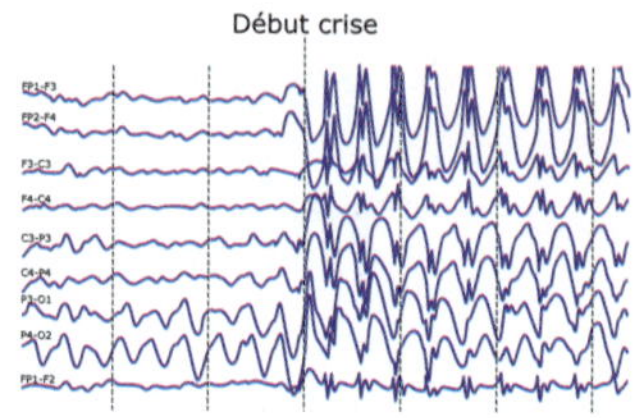

II Des ondes ultrasonores pour diagnostiquer

L'échographie est une technique d'imagerie médicale utilisant les propriétés des ondes ultrasonores, et en particulier leur réflexion, appelée **écho**.

Ondes sonores

• Une **onde sonore** (c'est-à-dire un son) est une **onde mécanique** se propageant dans les gaz, les liquides et les solides.

• La vitesse de propagation du son dans l'air est 340 $m \cdot s^{-1}$. Cette vitesse est nettement supérieure dans les liquides et les solides.

EXEMPLE : le son se propage à 1 500 $m \cdot s^{-1}$ dans l'eau.

➲ Une onde sonore ne peut pas exister dans le vide.

Domaines de fréquences des ondes sonores

• L'oreille humaine est sensible aux sons de fréquences comprises entre environ 20 Hz et 20 kHz mais sa sensibilité n'est pas uniforme dans tout ce domaine.

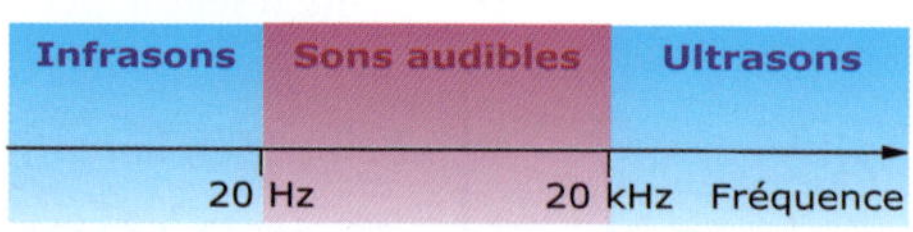

• Les ultrasons ou ondes ultrasonores sont des ondes sonores inaudibles pour l'homme de fréquence supérieure à 20 kHz, se propageant à la même vitesse que les sons audibles.

➲ Le kilohertz est un multiple du hertz : 1 kHz = 10^3 Hz.

Réflexion des ultrasons

• Les ultrasons sont rapidement atténués dans l'air alors qu'ils le sont beaucoup moins dans les liquides, c'est l'une des raisons pour laquelle ils permettent de réaliser des échographies… En effet, le corps humain est constitué à 70 % d'eau.

• Les ultrasons se réfléchissent sur les obstacles ou bien à chaque changement de milieu. C'est ce phénomène de **réflexion** (ou **écho**) qui est exploité en imagerie échographique.

Principe de l'échographie

Un bref ultrason est émis par la sonde émettrice réceptrice (E/R) placée sur la peau du patient. Le signal se réfléchit sur un obstacle ou lors d'un changement de milieu de propagation. La mesure de la durée Δt du parcours aller-retour entre l'émetteur-récepteur et l'obstacle permet d'en déduire la distance d si la vitesse de propagation v de l'onde est connue.

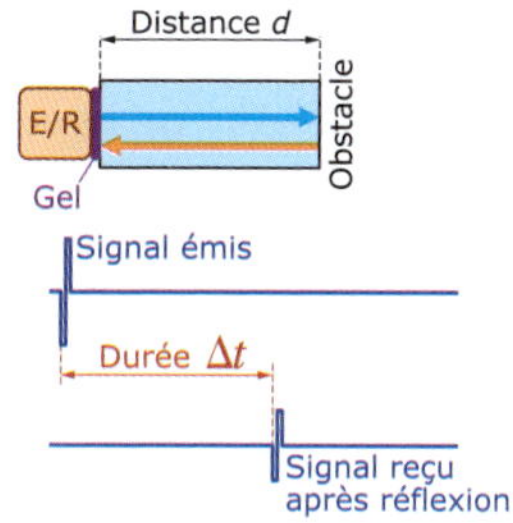

La distance parcourue par l'onde pendant la durée Δt est $2d$ donc la célérité v de l'onde s'exprime :

$$v = \frac{\text{distance parcourue}}{\text{durée du parcours}} = \frac{2d}{\Delta t} \text{ et par conséquent :}$$

$$\boldsymbol{d = \frac{v\Delta t}{2}}$$

v en $m \cdot s^{-1}$; Δt en s ; d en m

➲ Le gel échographique placé entre la sonde et la peau du patient permet une bonne transmission des ultrasons dans le corps.

III Des ondes électromagnétiques pour diagnostiquer

Les ondes électromagnétiques sont utilisées dans les examens médicaux tels que la radiographie et la fibroscopie.

Domaines de longueur d'onde des ondes électromagnétiques

La lumière est une onde électromagnétique visible. Mais il existe de nombreuses autres catégories d'ondes électromagnétiques, caractérisées par leur domaine de longueur d'onde (voir le chapitre 2).

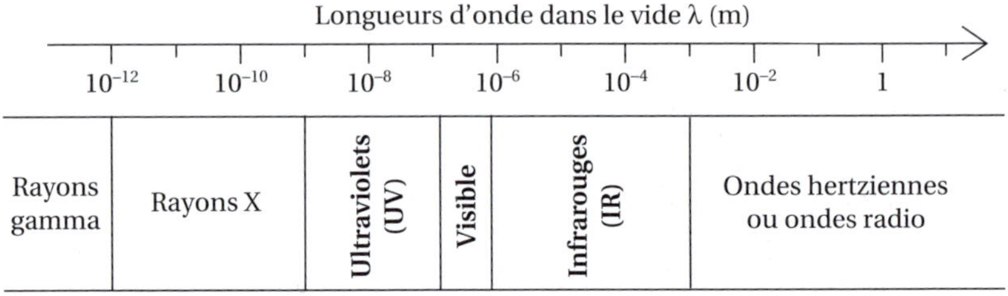

EXEMPLE : les rayons X, découverts fortuitement en 1895 par le physicien allemand Wilhelm Röntgen, ont une longueur d'onde dans le vide comprise entre 10^{-12} m et 10^{-9} m. Ils sont utilisés en radiographie.

➲ Toute onde électromagnétique se propage dans le vide ou dans l'air à la vitesse de la lumière : $c = 3{,}00 \times 10^{8}\ \text{m}\cdot\text{s}^{-1}$.

Contrairement au son, une onde électromagnétique n'a pas besoin de milieu matériel pour se propager.

Réflexion et réfraction

• Une onde électromagnétique se propage en ligne droite. Lorsqu'elle change de milieu de propagation, une partie de celle-ci se réfléchit avec **un angle de réflexion égal à l'angle d'incidence** et une autre partie se réfracte.

➲ Les lois de la réfraction de Snell-Descartes ont été énoncées dans le chapitre 2.

• Si le milieu 2 a un indice optique plus petit que celui du milieu 1 et, si l'angle d'incidence est suffisamment grand, l'onde ne se réfracte plus mais elle subit une **réflexion totale**.

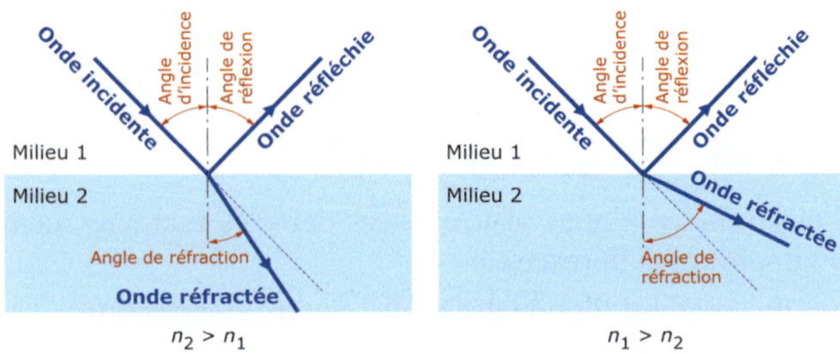

EXEMPLE : c'est en subissant une succession de réflexions totales qu'une onde électromagnétique (visible ou non) peut être guidée à l'intérieur d'une **fibre optique**.

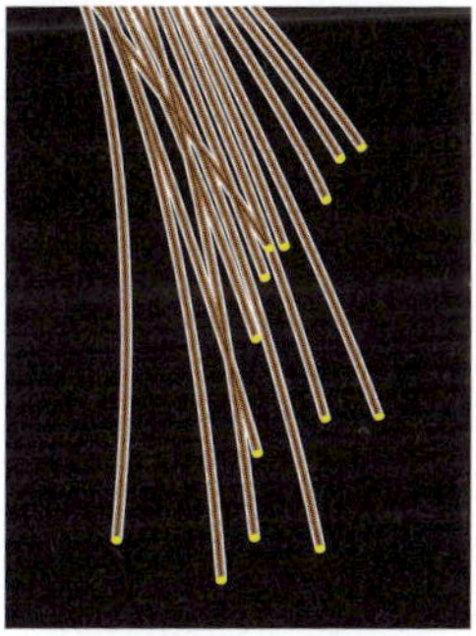

Fibres optiques

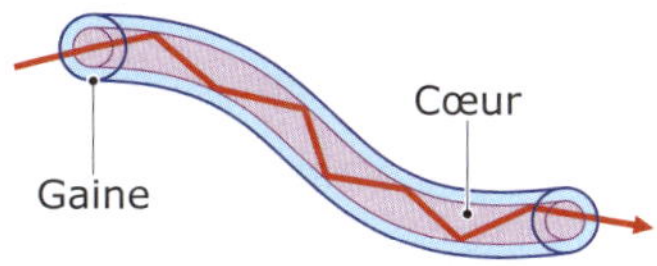

Principe de la fibroscopie

Un **fibroscope** est une gaine souple, contenant plusieurs fibres optiques, qu'on introduit dans le corps du patient jusqu'à l'organe à examiner (estomac, bronches, par exemple). Certaines fibres servent à guider la lumière jusqu'à l'organe pour l'éclairer tandis que d'autres permettent de l'observer très clairement pour un diagnostic précis.

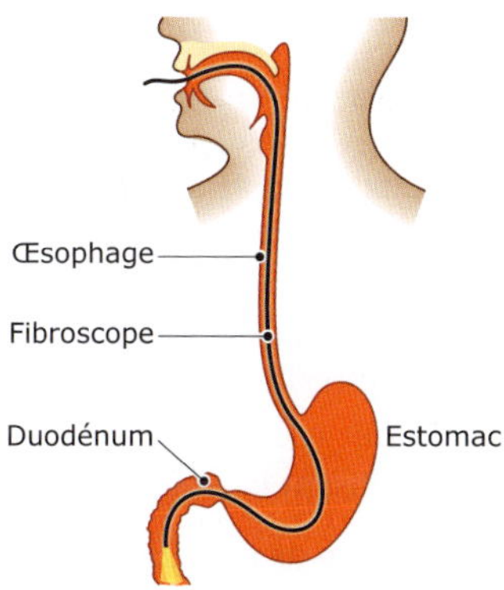

Fibroscopie de l'appareil digestif

Exploiter un électrocardiogramme

ÉNONCÉ

L'enregistrement suivant est un électrocardiogramme.

1. Déterminer la période des battements cardiaques du patient.

2. En déduire sa fréquence cardiaque et son rythme cardiaque.

3. Déterminer l'amplitude du signal électrique.

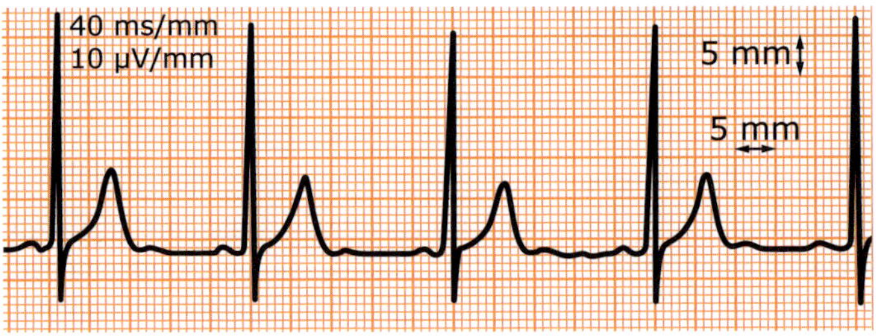

MÉTHODE

• Période et fréquence

Repérer le motif qui se répète et mesurer sa durée T (ou période) en utilisant l'échelle horizontale fournie sur l'électrocardiogramme.

➲ Pour plus de précision, il est préférable de mesurer la valeur de plusieurs périodes pour en déduire la valeur d'une période.

La fréquence est calculée en utilisant la relation $f = \frac{1}{T}$.

Le rythme cardiaque est le nombre de pulsations par minute. Il est obtenu en multipliant la fréquence par 60.

• Amplitude

Mesurer l'amplitude crête à crête en utilisant l'échelle verticale.

CORRIGÉ

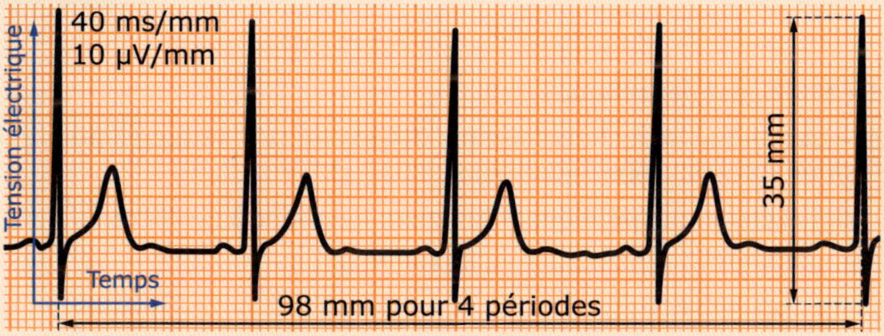

1. Quatre périodes correspondent à 98 mm sur l'enregistrement. Compte tenu de l'échelle 40 ms/mm, quatre périodes valent :

98 × 40 = 3 920 ms = 3,92 s. La période des battements cardiaques est donc :

$T = \dfrac{3{,}92}{4} = 0{,}980$ s.

2. La fréquence cardiaque est $f = \dfrac{1}{T} = \dfrac{1}{0{,}980} = 1{,}02$ Hz. Autrement dit, le cœur bat au rythme de 1,02 pulsation chaque seconde. Le rythme cardiaque est donc : 60 × 1,02 = 61,2 pulsations/minute.

3. L'amplitude crête à crête correspond à 35 mm.

Puisque l'échelle est de 10 µV/mm, l'amplitude du signal vaut 350 µV.

Vérifier ses connaissances

1 QCM « signal périodique »

Dans le questionnaire à choix multiple (QCM) suivant, indiquer, pour chaque proposition, la ou les réponses exactes.

1. Un signal électrique périodique se répète identique à lui-même :

a. de temps à autre ; **b.** souvent ;

c. une fois par seconde ; **d.** à intervalle de temps régulier.

2. La période d'un signal électrique périodique est :

a. la durée du motif qui se répète ; **b.** une tension électrique ;

c. une intensité électrique ; **d.** une fréquence.

3. L'unité internationale de période est :

a. le volt ; **b.** l'ampère ; **c.** le hertz ; **d.** la seconde ; **e.** la milliseconde.

4. La fréquence d'un signal électrique périodique est :

a. la durée du motif qui se répète ; **b.** le nombre de périodes par seconde ;

c. l'inverse de la période.

5. La relation entre période et fréquence est :

a. $\text{période} = \dfrac{1}{\text{fréquence}}$; **b.** fréquence = 60 × période ;

c. $\text{fréquence} = \dfrac{1}{\text{période}}$; **d.** fréquence × période = 1.

6. L'unité internationale de fréquence est :

a. le volt ; **b.** l'ampère ; **c.** le hertz ;

d. la seconde ; **e.** le kilohertz.

▸ corrigé p. 118

2 QCM « Ondes»

Dans le questionnaire à choix multiple (QCM) suivant, indiquer, pour chaque proposition, la ou les réponses exactes.

1. Une onde sonore se propage dans :

a. l'air ; **b.** le vide ; **c.** les liquides ; **d.** les solides.

2. Pour l'homme, les ultrasons sont des ondes sonores :

a. audibles ; **b.** inaudibles ; **c.** ultraviolettes.

3. La fréquence des ultrasons est :

a. comprise entre 20 Hz et 20 000 Hz ; **b.** inférieure à 20 Hz ;

c. supérieure à 20 000 Hz.

4. La vitesse de propagation des ultrasons dans l'air est :

a. 340 km·h^{-1} ; **b.** 300 000 km·h^{-1} ; **c.** 340 m·s^{-1} ;

d. 300 000 m·s^{-1} ; **e.** 300 000 000 m·s^{-1} ; **f.** 3×10^8 m·s^{-1}.

5. Les ultrasons se propagent dans les liquides :

a. plus vite que dans l'air ; **b.** moins vite que dans l'air ;

c. aussi vite que dans l'air.

6. Les ondes ultrasonores sont utilisées en médecine pour :

a. les radiographies ; **b.** les fibroscopies ; **c.** les échographies.

7. Une onde électromagnétique se propage dans l'air à :

a. 340 km·h^{-1} ; **b.** 300 000 km·h^{-1} ; **c.** 340 m·s^{-1} ;

d. 300 000 m·s^{-1} ; **e.** 300 000 000 m·s^{-1} ; **f.** 3×10^8 m·s^{-1}.

8. Les ondes électromagnétiques utilisées en radiographie sont :

a. invisibles ; **b.** visibles ; **c.** des ultraviolets ;

d. des infrarouges ; **e.** des rayons X.

9. La lumière se propage dans une fibre optique par une succession de :

a. réfractions ; **b.** réflexions partielles ; **c.** réflexions totales.

▸ corrigé p. 118

S'entraîner

3 Caractéristiques d'un signal périodique

Un signal électrique périodique est visualisé sur l'écran d'un oscilloscope dont les réglages sont les suivants :

– échelle horizontale (ou base de temps) : 1,0 ms/division ;

– échelle verticale (ou sensibilité verticale) : 50,0 mV/division.

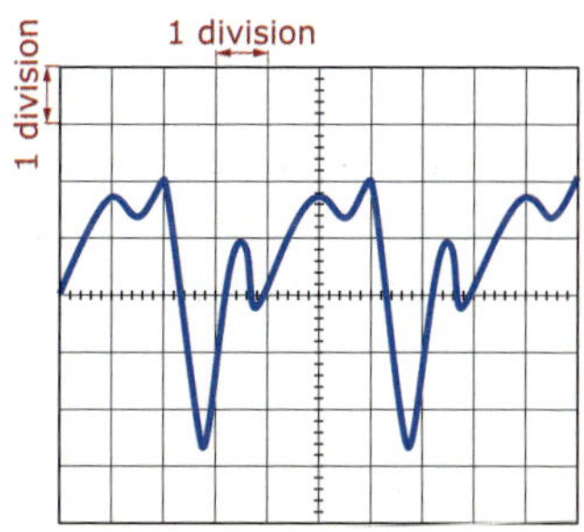

Oscillogramme du signal périodique

1. Déterminer la période de ce signal et son amplitude crête à crête en expliquant la méthode utilisée.

2. En déduire la fréquence du signal. ▸ corrigé p. 119

4 Rythme cardiaque

Le rythme cardiaque des champions cyclistes est généralement hors norme. Ainsi le cœur du Belge Eddy Merckx, cinq fois vainqueur du tour de France (1969, 1970, 1971, 1972 et 1974), ne battait au repos que 36 fois par minute.

1. Déterminer la fréquence cardiaque de ce sportif au repos.

2. En déduire la période de ses battements cardiaques. ▸ corrigé p. 119

* 5 Échographie

L'échographie est un examen courant, indolore et non dangereux, permettant l'observation directe d'organes internes. Cette technique d'imagerie médicale utilise des ondes ultrasonores produites par une sonde jouant le rôle d'émetteur et de récepteur.

Lorsqu'une onde ultrasonore change de milieu de propagation, d'une part sa vitesse change et d'autre part, elle subit une réflexion partielle (écho). Ce sont ces propriétés qui permettent d'obtenir des images échographiques.

1. Les fréquences des ondes ultrasonores utilisées en échographie dépendent des organes à sonder. Elles sont comprises entre 2 MHz et 15 MHz.

a. Indiquer la signification du symbole MHz.

b. Que vaut la fréquence 15 MHz en unité internationale ?

2. Pour montrer le principe de l'échographie avec du matériel de lycée, on conçoit le dispositif suivant où G est un générateur de salves relié à un émetteur ultrasonore E, et R est un récepteur d'ultrasons. L'émetteur E et le récepteur R sont mis en contact avec un bloc solide A en nylon, lui-même accolé à un autre bloc de nylon B. Les deux nylons (A et B) n'ont pas la même densité et la vitesse de propagation des ultrasons dans ces deux solides n'est donc pas identique.

Longueur du bloc de nylon A :

$L_A = 36{,}4$ cm.

Longueur du bloc de nylon B :

$L_B = 34{,}2$ cm.

Le gel permet une bonne transmission des ultrasons entre les différents solides.

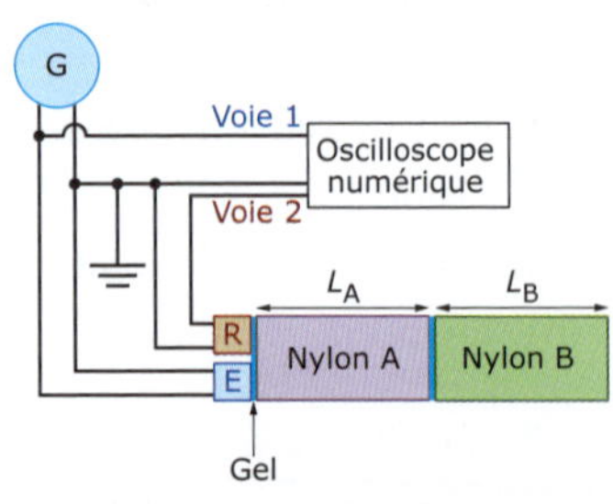

L'oscilloscope permet de visualiser la salve ultrasonore émise par E et de constater que deux salves, notées 1 et 2, sont reçues successivement par R :

– la salve 1 est le résultat de la réflexion partielle de l'onde ultrasonore sur la surface de séparation entre le nylon A et le nylon B ;

– la salve 2 est le résultat de la réflexion totale de l'onde ultrasonore sur l'extrémité du bloc de nylon B, en contact avec l'air.

La durée séparant l'émission par E de la réception par R de la salve 1 est $\Delta t_1 = 340$ µs. Une durée $\Delta t_2 = 284$ µs s'écoule entre la réception de la salve 1 et celle de la salve 2.

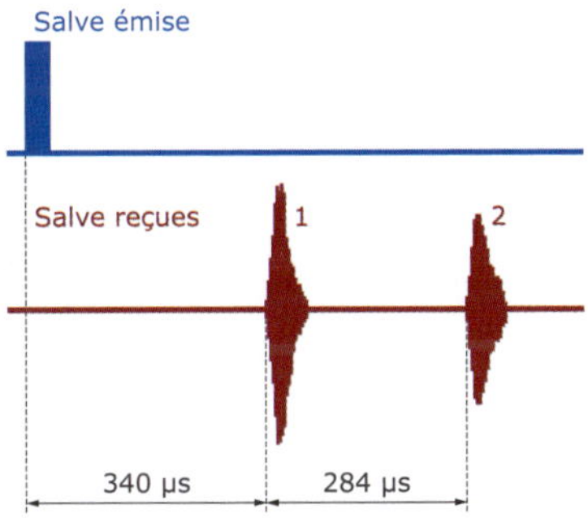

Oscillogramme

a. Observer l'oscillogramme et donner deux arguments permettant d'affirmer que la salve ultrasonore 2 s'est propagée sur une plus longue distance que la salve 1 avant d'être captée par R.

b. Compléter la figure suivante avec les légendes : salve incidente ; salve 1 ; salve 2.

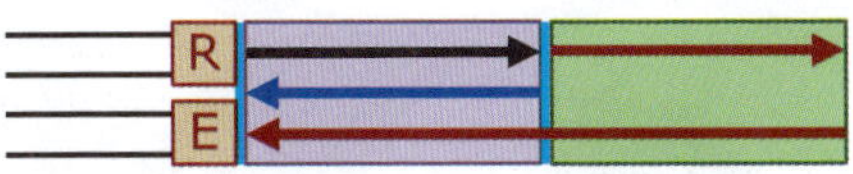

c. Quelle est la distance totale parcourue dans le nylon A par l'onde ultrasonore entre son émission par E et la réception de la salve 1 ?

En déduire la valeur (en unité internationale) de la vitesse de propagation v_A des ultrasons dans le nylon A.

d. Combien de temps s'est écoulé entre le moment de l'émission par E de la salve incidente et son arrivée à la surface de séparation entre les nylons A et B ?

e. La salve 2 se réfléchit à l'extrémité du bloc B avant de revenir vers le récepteur. Quelle est la durée du trajet de la salve 2 dans le nylon B ?

f. Quelle est la distance totale parcourue par la salve 2 dans le nylon B ?

En déduire la valeur (en unité internationale) de la vitesse de propagation v_B des ultrasons dans le nylon B.

g. Comment serait modifié l'oscillogramme si on inversait les blocs A et B dans le dispositif ?

3. La sonde échographique est associée à un appareillage électronique qui convertit les échos ultrasonores en image. La conversion se fait en niveaux de gris selon l'intensité de l'écho capté par la sonde. Lorsqu'il n'y a pas d'écho, l'image est noire. Plus l'écho est intense et plus l'image est blanche.

a. Les liquides simples, ne contenant pas de particules en suspension, se laissent traverser par les ultrasons. Seront-ils noirs, gris ou blanc sur l'image échographique ?

b. Les solides réfléchissent très bien les ultrasons. Seront-ils noirs, gris ou blanc sur l'image échographique ?

c. Expliquer pourquoi l'image échographique du fœtus apparaît sur fond noir et pourquoi une ligne blanche borde le crâne et le dos.

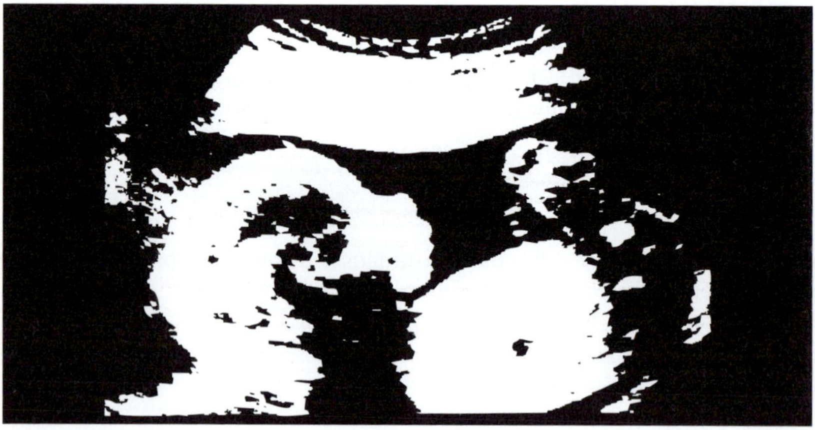

▸ corrigé p. 119

Problèmes

6 La thermographie

Tout corps chaud émet des ondes électromagnétiques, et en particulier le corps humain. La thermographie permet de mettre en évidence les différences de température au niveau de la peau. À l'aide d'un détecteur capable de mesurer l'intensité des ondes, cette technique retranscrit l'information sous forme d'une image colorisée où chaque gamme de couleur correspond à un domaine de température.

La thermographie présente un intérêt dans le diagnostic des pathologies ou dans le suivi des actes thérapeutiques où il y a atteinte de la vascularisation : brûlures, greffes…

Lors d'un examen thermographique, le système de détection est réglé de manière à détecter une onde électromagnétique caractérisée par $f = 3{,}0 \times 10^{13}$ Hz.

1. Que signifie le symbole Hz ? Quelle est la grandeur physique représentée par la lettre f ?

2. La longueur d'onde λ de l'onde électromagnétique est reliée à f par la relation $\lambda = \dfrac{c}{f}$.

a. Que représente la lettre c ?

b. Calculer la longueur d'onde.

c. Exprimer λ en nanomètres.

d. En justifiant votre réponse, indiquer la nature des ondes électromagnétiques utilisées en thermographie.

3. La thermographie, comme l'échographie, ne présente aucun danger pour le patient. Ce n'est pas le cas pour la radiographie.

a. Quelle est la nature des ondes utilisées en échographie ? Appartiennent-elles à la catégorie des ondes électromagnétiques ?

b. Quelle est la nature des ondes électromagnétiques utilisées en radiographie ?

Données : $c = 3{,}00 \times 10^{8}\ \text{m·s}^{-1}$;

domaines de longueur d'onde pour quelques ondes électromagnétiques :
– ultraviolet : entre 1 nm et 400 nm ;
– lumière visible : entre 400 nm et 800 nm ;
– infrarouge : entre 800 nm et 10^{6} nm (= 1 mm).

▸ corrigé p. 121

7 Radiographie

Lors d'une radiographie, un faisceau de rayons X traverse le corps du patient ; il est plus ou moins absorbé selon la nature de l'organe traversé.

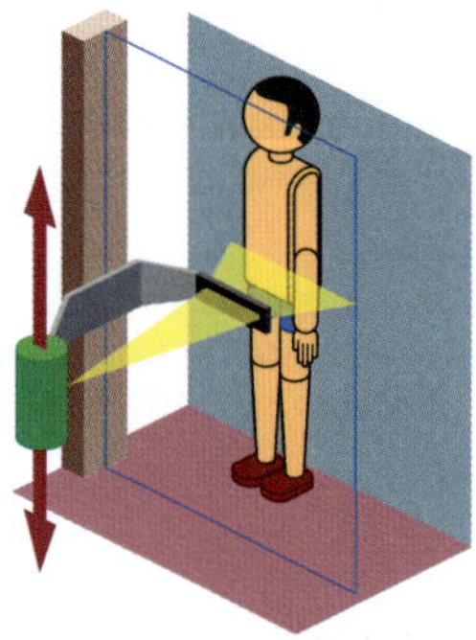

Principe d'un examen radiographique

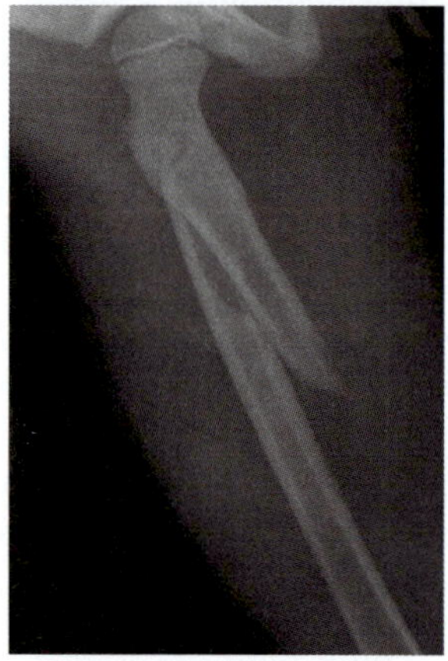

Cliché radiographique du fémur droit d'un enfant

Moins les rayons X sont absorbés, plus ceux qui émergent du corps du patient sont intenses et plus ils impressionnent la plaque photographique située derrière le patient, donc plus celle-ci noircira.

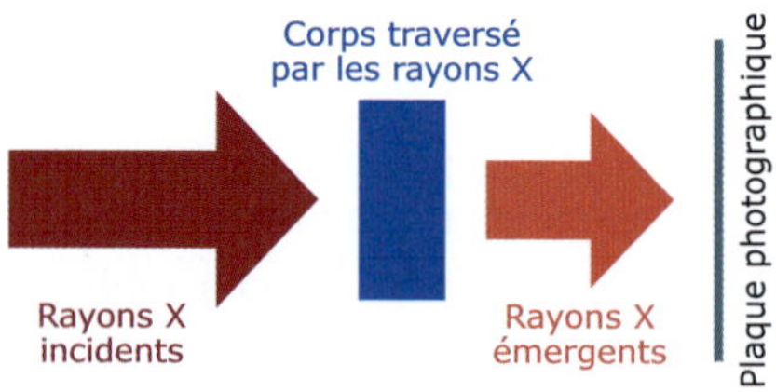

1. Observer la radiographie fournie et indiquer votre diagnostic.

2. Les rayons X découverts à la fin du XIXe siècle sont des ondes électromagnétiques dont la longueur d'onde est comprise entre 1 pm et 1 nm.

a. Quel est, en unité internationale, le domaine de longueur d'onde d'un rayon X ?

b. Les rayons X se propagent-ils à la vitesse de la lumière ou à la vitesse du son ? Justifier et indiquer la valeur de cette vitesse dans l'air.

3. Lorsqu'on envoie un faisceau de rayons X d'intensité constante sur une plaque métallique d'épaisseur constante, on constate que l'intensité I du faisceau émergent est différente selon la nature du métal :

$$I(\text{Pb}) < I(\text{Ag}) < I(\text{Cu}) < I(\text{Al})$$

a. Quel est le métal qui absorbe le plus les rayons X ?

b. En justifiant votre réponse, indiquer laquelle des propositions suivantes est exacte :

Proposition 1 : l'absorption des rayons X est indépendante du numéro atomique de l'élément chimique traversé.

Proposition 2 : l'absorption des rayons X augmente avec le numéro atomique Z de l'élément chimique traversé.

Proposition 3 : l'absorption des rayons X diminue avec le numéro atomique Z de l'élément chimique traversé.

4. À dose répétée ou prolongée, les rayons X peuvent provoquer des lésions cellulaires irréversibles et engendrer l'apparition de tumeurs cancéreuses. Expliquer pourquoi le personnel médical travaillant dans les unités radiologiques se protège derrière des écrans plombés au moment du fonctionnement des sources de rayons X.

5. Les os contiennent les éléments phosphore P et calcium Ca, tandis que les muscles contiennent principalement les éléments hydrogène H, carbone C, oxygène O et azote N.

Sur un cliché radiographique, les os apparaissent très clair, quasiment blanc, tandis que les muscles apparaissent beaucoup plus sombres. Pourquoi ?

Données

Élément	H	C	N	O	Al	P	Ca	Cu	Ag	Pb
Z	1	6	7	8	13	15	20	29	47	82

▸ corrigé p. 121

1 1. Un signal électrique périodique se répète identique à lui-même à intervalle de temps régulier (**réponse d**).

2. La période d'un signal électrique périodique est la durée du motif qui se répète (**réponse a**).

3. L'unité internationale de période est la seconde (**réponse d**).

4. La fréquence d'un signal électrique périodique est le nombre de périodes par seconde (**réponse b**), c'est donc aussi l'inverse de la période (**réponse c**).

5. La relation entre période et fréquence peut s'écrire de trois manières différentes : $\text{période} = \dfrac{1}{\text{fréquence}}$ (**réponse a**) ; $\text{fréquence} = \dfrac{1}{\text{période}}$ (**réponse c**) ; fréquence × période = 1 (**réponse d**).

6. L'unité internationale de fréquence est le hertz (**réponse c**).

2 1. Une onde sonore se propage dans l'air (**réponse a**), dans les liquides (**réponse c**) et dans les solides (**réponse d**) mais elle ne peut pas se propager dans le vide.

2. Les ultrasons sont des ondes sonores inaudibles (**réponse b**).

3. La fréquence des ultrasons est supérieure à 20 000 Hz (**réponse c**).

4. La vitesse de propagation des ultrasons dans l'air est 340 $m \cdot s^{-1}$ (**réponse c**).

5. Les ultrasons se propagent dans les liquides plus vite que dans l'air (**réponse a**).

6. Les ondes ultrasonores sont utilisées en médecine pour les échographies (**réponse c**).

7. Une onde électromagnétique se propage dans l'air à 300 000 000 $m.s^{-1}$ (**réponse e**), c'est-à-dire 3×10^8 $m \cdot s^{-1}$ (**réponse f**).

8. Les ondes électromagnétiques utilisées en radiographie sont invisibles (**réponse a**) ; ce sont des rayons X (**réponse e**).

9. La lumière se propage le long d'une fibre optique par une succession de réflexions totales (**réponse c**).

3 **1.** • La période est la durée du motif qui se répète. Cette période correspond à 4 divisions sur l'oscillogramme. Or l'échelle horizontale est de 1,0 ms/division donc la période vaut : $T = 4,0$ ms $= 4,0 \times 10^{-3}$ s.

• L'amplitude crête à crête mesure 4,8 divisions et l'échelle verticale est de 50,0 mV/division donc cette amplitude vaut : $4,8 \times 50,0 = 240$ mV.

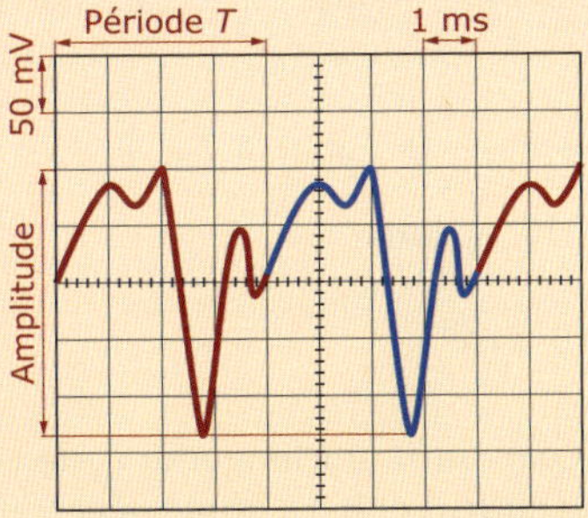

2. La fréquence du signal est :

$$f = \frac{1}{T} = \frac{1}{4,0 \times 10^{-3}} = 2,5 \times 10^{2} \text{ Hz} = 250 \text{ Hz}.$$

➲ Attention, pour obtenir la fréquence en hertz à partir de la relation $f = \frac{1}{T}$, il faut que la période soit exprimée en secondes.

4 **1.** Le rythme cardiaque est de 36 pulsations par minute donc la fréquence cardiaque, qui est le nombre de pulsations par seconde, vaut :

$$f = \frac{36}{60} = 0,60 \text{ Hz}.$$

2. La période des battements cardiaques est : $T = \frac{1}{f} = \frac{1}{0,60} = 1,7$ s, c'est-à-dire qu'un battement du cœur a lieu toutes les 1,7 seconde.

➲ Pour plus de détails, se reporter à la méthode « exploiter un électrocardiogramme » dans ce même chapitre.

5 **1. a.** MHz symbolise les mégahertz.

b. 15 MHz = 15×10^{6} Hz.

2. a. Deux faits prouvent que la salve 2 s'est propagée sur une distance plus longue que la salve 1. D'une part, elle est captée avec un retard de 284 µs par rapport à la salve 1 et, d'autre part, son amplitude est plus faible.

b.

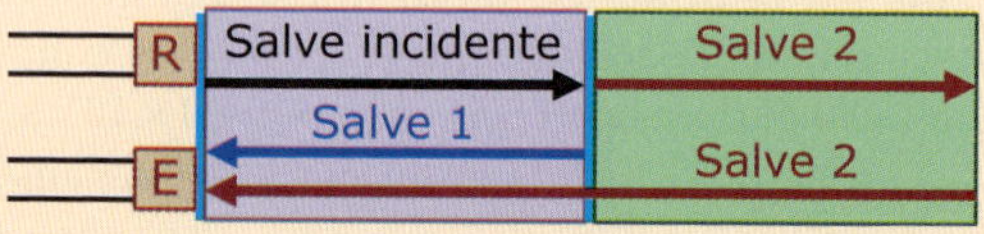

c. La salve ultrasonore parcourt, en une durée $\Delta t_1 = 340$ µs, un aller-retour dans le nylon A, soit la distance $d_A = 2L_A = 2 \times 36,4 = 72,8$ cm.

La vitesse des ultrasons dans le nylon A est $v_A = \dfrac{d_A}{\Delta t_1}$ avec $d_A = 0,728$ m et $\Delta t_1 = 340 \times 10^{-6}$ s $= 3,40 \times 10^{-4}$ s donc :

$$v_A = \frac{0,728}{3,40 \times 10^{-4}} = 2,14 \times 10^3 \text{ m·s}^{-1}.$$

d. La salve incidente doit parcourir une longueur L_A dans le nylon A pour arriver à la surface de séparation entre A et B. La durée nécessaire pour ce parcours est donc $\dfrac{\Delta t_1}{2} = 170$ µs.

e. La salve 2 parcourt son trajet dans B en un temps :

$\Delta t_2 = 284$ µs $= 284 \times 10^{-6}$ s $= 2,84 \times 10^{-4}$ s.

f. La distance parcourue par l'ultrason dans B est un aller-retour, soit la distance : $d_B = 2L_B = 2 \times 34,2 = 68,4$ cm $= 0,684$ m.

La vitesse des ultrasons dans le nylon B est $v_B = \dfrac{d_B}{\Delta t_2}$ soit :

$$v_B = \frac{0,684}{2,84 \times 10^{-4}} = 2,41 \times 10^3 \text{ m·s}^{-1}.$$

g. En inversant les deux blocs de nylon, on constaterait que la salve 1 serait captée au bout de 284 µs et la salve 2 serait reçue 340 µs plus tard.

3. a. Un liquide ne réfléchit pas les ultrasons. Son image échographique est donc noire.

b. Un solide réfléchit très bien les ultrasons donc son image est blanche.

c. • Le fœtus apparaît sur fond noir car il est immergé dans le liquide amniotique qui ne réfléchit pas les ultrasons.

• La ligne blanche qui borde le crâne et le dos du fœtus est caractéristique d'une substance solide. Il s'agit des os du crâne et de la colonne vertébrale.

6 1. Hz est le symbole du hertz, l'unité de la fréquence *f*.

2. **a.** La lettre c représente la vitesse de la lumière dans le vide.

b. La longueur d'onde vaut :

$$\lambda = \frac{3{,}00 \times 10^{8}}{3{,}0 \times 10^{13}} = 1{,}0 \times 10^{-5}\ \text{m}$$

c. L'équivalence entre nanomètre et mètre est :

$1\ \text{nm} = 10^{-9}\ \text{m}$ ou $1\ \text{m} = 10^{9}\ \text{nm}$.

Par conséquent, la longueur d'onde vaut :

$\lambda = 1{,}0 \times 10^{-5}\ \text{m} = 1{,}0 \times 10^{-5} \times 10^{9}\ \text{nm} = 1{,}0 \times 10^{4}\ \text{nm}$.

d. La longueur d'onde calculée est comprise entre 800 nm et 10^{6} nm donc il s'agit d'un infrarouge.

3. **a.** L'échographie est une technique d'imagerie médicale utilisant des ultrasons.

Les ultrasons ne sont pas des ondes électromagnétiques mais des ondes mécaniques.

b. En radiographie, on utilise des rayons X.

7 1. D'évidence, la radiographie révèle une fracture du fémur droit.

2. **a.** La longueur des rayons X est telle que $1\ \text{pm} < \lambda < 1\ \text{nm}$, c'est-à-dire :

$10^{-12}\ \text{m} < \lambda < 10^{-9}\ \text{m}$.

b. Les rayons X sont des ondes électromagnétiques, ils se propagent donc dans le vide ou dans l'air, à la vitesse de la lumière $c = 3{,}00 \times 10^{8}\ \text{m·s}^{-1}$.

3. **a.** Plus l'intensité du faisceau émergeant est faible, et plus le métal absorbe les rayons. Ici c'est le plomb qui absorbe le plus les rayons X.

b. Dans l'ordre croissant d'absorption des rayons X, on trouve :

Al ; Cu ; Ag puis Pb.

On constate que ce classement correspond à l'ordre croissant des numéros atomiques :

$Z(\text{Al}) = 13$; $Z(\text{Cu}) = 29$; $Z(\text{Ag}) = 47$ et $Z(\text{Pb}) = 82$.

Par conséquent, l'absorption des rayons X augmente avec le numéro atomique Z de l'élément chimique traversé (**proposition 2**).

4. Le plomb est le métal absorbant le mieux les rayons X ainsi en se protégeant derrière des écrans plombés, le personnel médical évite d'être irradié à chaque fois qu'une radiographie d'un patient est effectuée.

5. Les muscles contiennent les éléments (H, C, N et O) de numéros atomiques inférieurs à ceux des éléments (P, Ca) se trouvant dans les os. Par conséquent, les muscles absorbent moins les rayons X que les os. Les rayons X émergeant des muscles sont plus intenses que les rayons X émergeant des os et donc la plaque photographique est plus foncée derrière les muscles que derrière les os.

8 Quelques espèces chimiques de la santé

L'apport de la chimie au bien-être et à la santé de chacun est connu de tous. L'émergence régulière de nouveaux médicaments explique, pour une grande part, la régression de nombreuses maladies et l'augmentation continuelle de la longévité.

I Autour d'un médicament

L'une des étapes essentielles dans la conception d'un médicament est sa préparation ou « formulation ».

1 Formulation d'un médicament

La composition détaillée d'un médicament constitue **sa formulation**. Elle mentionne :

- **le principe actif** : molécule qui possède un effet thérapeutique ;
- **les excipients** : autres composés dépourvus d'activité pharmacologique mais qui permettent une plus grande efficacité, une meilleure absorption et tolérance du principe actif.

2 Exemple : formulation de l'ASPRO 500®

Dénomination : ASPRO 500 EFFERVESCENT, comprimé effervescent

Composition qualitative et quantitative :
Acide acétylsalicylique.. 500,00 mg
Mannitol, acide malique, polyvidone, dioctylsulfosuccinate de sodium, acide citrique, bicarbonate de sodium, carbonate disodique, saccharinate de sodium, arôme citron.

Classe pharmacothérapeutique :
Autres analgésiques et antipyrétiques

La molécule d'acide acétylsalicylique (ou aspirine) est ici le principe actif. Tous les autres composés mentionnés sont les excipients.

II Les espèces chimiques naturelles et synthétiques

1 Définition

• Un ensemble d'entités moléculaires, ioniques ou atomiques identiques constitue une espèce chimique.

• Si une substance chimique ne peut pas être séparée en d'autres substances, il s'agit **d'un corps pur**. On parle alors **d'espèce chimique**.

• Si une substance chimique contient plusieurs espèces, on parle de **mélange**.

2 Espèces naturelles ou synthétiques

• Une **espèce chimique naturelle** est extraite de la nature.

• Une **espèce chimique de synthèse**, appelée aussi espèce synthétique, est fabriquée par l'homme en laboratoire.

Certaines espèces synthétiques sont identiques à des espèces naturelles. D'autres n'existent pas dans la nature, ce sont des **espèces artificielles**.

➲ Parmi les médicaments synthétiques, 70 % dérivent de composés naturels et 30 % sont artificiels.

3 Exemple

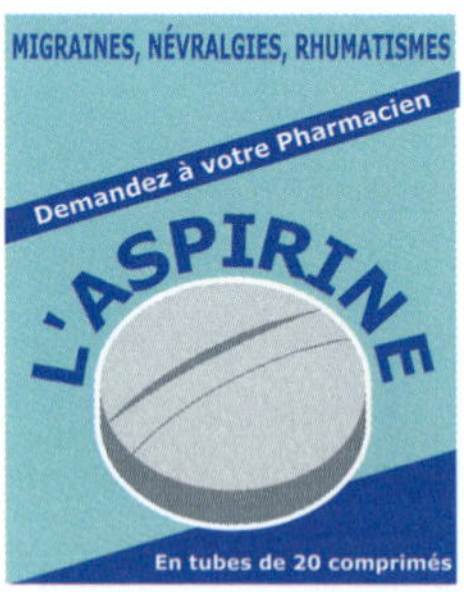

Depuis plus de quatre millénaires, on connait les propriétés thérapeutiques des feuilles de saules, et des spirées.

En 1835, un Suisse a extrait le principe actif de cette plante : l'acide salicylique.

En 1874, le chimiste Allemand Kolbe synthétisa cette espèce chimique dans son laboratoire.

En 1899, la compagnie Bayer lança sur le marché un nouveau produit, l'acide acétylsalicylique, appelé **aspirine**.

L'acide salicylique est une espèce chimique naturelle puisqu'elle peut être extraite des feuilles de saule. Mais on la synthétise également en laboratoire. L'aspirine, ou acide acétylsalicylique, est une espèce chimique synthétique.

III Les molécules

1 Définitions

Les atomes se lient avec d'autres atomes pour former des molécules. Ils mettent en commun un certain nombre d'électrons présents sur leur couche externe. Ils forment ainsi entre eux des liaisons, donnant naissance à des édifices chimiques.

Le nombre de liaisons que peut former un atome est égal au nombre d'électrons qu'il doit acquérir pour compléter sa couche externe à un octet d'électrons (ou un duet pour l'atome d'hydrogène).

➲ Les règles du duet et de l'octet ont été énoncées dans le chapitre 4.

- L'hydrogène **H** ($Z = 1$; $(K)^1$) se lie **une fois** car il lui manque un électron pour acquérir la configuration en duet $(K)^2$.
- Le carbone **C** ($Z = 6$; $(K)^2(L)^4$) se lie **quatre fois** car il lui manque quatre électrons pour obtenir la structure en octet $(K)^2(L)^8$.
- L'azote **N** ($Z = 7$; $(K)^2(L)^5$) se lie **trois fois** car il lui manque trois électrons pour acquérir la configuration en octet $(K)^2(L)^8$.
- L'oxygène **O** ($Z = 8$; $(K)^2(L)^6$) se lie **deux fois** car il lui manque deux électrons pour acquérir la structure en octet $(K)^2(L)^8$.

Une molécule est symbolisée par sa **formule brute**, construite à partir du symbole des atomes la constituant et de leurs nombres respectifs (indiqués en indice).

EXEMPLE : la molécule de paracétamol, de formule brute $C_8H_9O_2N$, est un assemblage de huit atomes de carbone C, neuf atomes d'hydrogène H, deux atomes d'oxygène O et un atome d'azote N.

2 Formules développées et semi-développées

En chimie, les molécules sont représentées par des modèles qui permettent de décrire et visualiser leurs structures.

- La **formule développée d'une molécule** indique l'enchaînement des atomes et toutes les liaisons entre atomes.
- La **formule semi-développée**, comme son nom l'indique, est une forme condensée de la formule développée. Les liaisons Carbone-Hydrogène sont écrites sous la forme de $\mathbf{CH}_n$ (avec n le nombre d'atomes d'hydrogène liés à l'atome de carbone).

Formule brute	Modèle moléculaire Nom	Formule développée	Formule semi-développée
$C_8H_9O_2N$	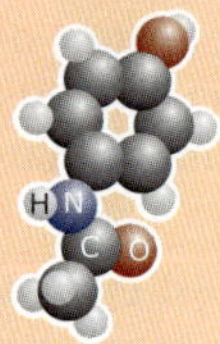 Paracétamol	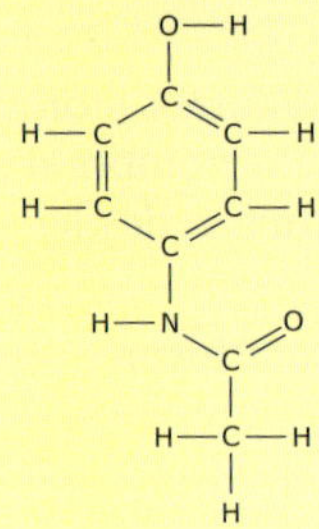	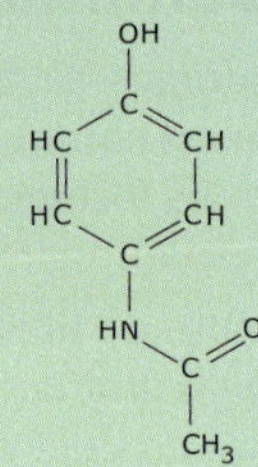

3 Isomérie

Des **isomères de constitution** sont des molécules ayant la même formule brute mais des enchaînements atomiques différents.

Ce sont des composés qui n'ont ni les mêmes propriétés physiques, ni les mêmes propriétés chimiques et biologiques.

EXEMPLE : les quatre molécules suivantes sont des isomères.

$C_4H_{10}O$		
	$CH_3-CH_2-CH_2-CH_2-OH$	$CH_3-CH_2-O-CH_2-CH_3$
	$CH_3-CH_2-CH-CH_3$ | OH	$CH_3-CH-CH_2-OH$ | CH_3

IV Les groupes caractéristiques dans une molécule

1 Définition

Un **groupe caractéristique** est un groupe d'atomes qui confère des propriétés chimiques spécifiques aux molécules qui le possèdent.

2 Quelques groupes caractéristiques et leur nom

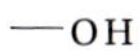

Hydroxyle

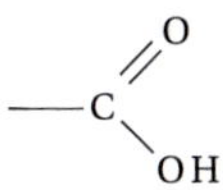

Carboxyle

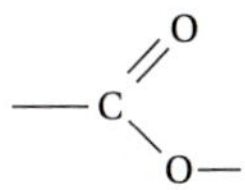

Ester

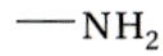

Amine

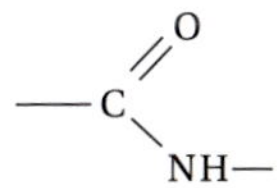

Amide

3 Exemples

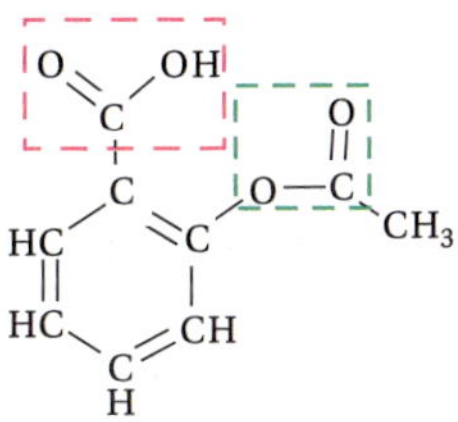

Aspirine

On reconnait le groupe carboxyle et le groupe ester.

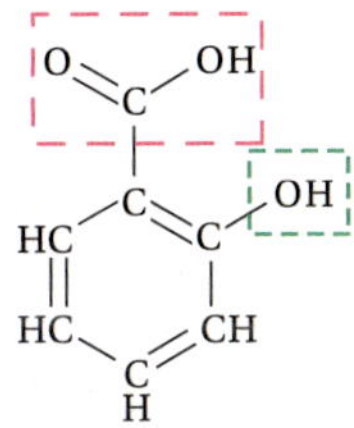

Acide salicylique

On reconnait le groupe carboxyle et le groupe hydroxyle.

Déterminer les formules brute et semi-développée d'une molécule

ÉNONCÉ

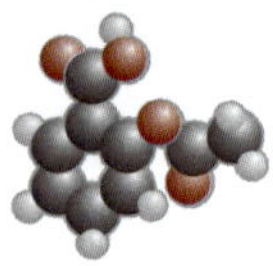

Acide acétylsalicylique

L'aspirine demeure aujourd'hui l'un des médicaments le plus consommé au monde, environ 40 000 tonnes par an dont 2 000 tonnes en France !

Symbole	H	C	O
Z	1	6	8
Modèle	○	●	●

1. Donner la structure électronique des trois atomes présents dans la molécule. Combien de liaisons les atomes de carbone, d'oxygène et d'hydrogène vont-ils former ? Justifier.
2. À partir du modèle moléculaire, déterminer la formule brute de l'aspirine et représenter sa formule semi-développée.

MÉTHODE

À partir du modèle moléculaire, déterminer le squelette carboné de la molécule. Identifier les atomes auxquels les carbones sont liés. Puis vérifier le nombre de liaisons engendrées pour chaque atome.

CORRIGÉ

1. Chaque atome complète sa couche externe à 8 électrons (ou deux) pour satisfaire à la règle de l'octet (ou du duet).

Atome	H	C	O
Z	1	6	8
Structure électronique	$(K)^1$	$(K)^2(L)^4$	$(K)^2(L)^6$
Liaisons	1	4	2

2. On dénombre 9 atomes de carbone, 8 atomes d'hydrogène et 4 atomes d'oxygène dans la molécule. La formule brute de l'aspirine est $C_9H_8O_4$.

Formule semi-développée :

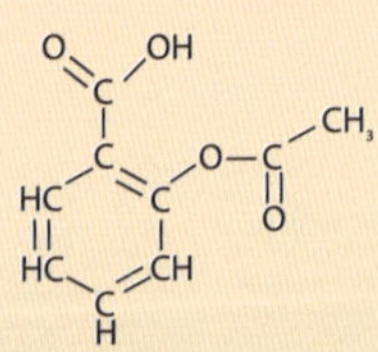

Vérifier ses connaissances

1 Vrai ou faux ?

Indiquer si chaque affirmation suivante est vraie ou fausse. Dans le cas d'une affirmation fausse, reformuler la bonne réponse.

1. Affirmation. Dans la formulation d'un médicament, on trouve le principe actif et les excipients.

2. Affirmation. Dans l'excipient, on trouve une molécule qui possède un effet thérapeutique.

3. Affirmation. Tous les médicaments dérivent de composés naturels.

4. Affirmation. Une molécule est constituée de plusieurs atomes liés entre eux.

5. Affirmation. Le nombre de liaisons dont peut s'entourer un atome est égal au nombre d'électrons de sa couche externe.

6. La molécule d'ibuprofène est le principe actif de nombreux médicaments commercialisés sous des noms variés.

Affirmation a. La formule brute de l'ibuprofène est $C_{13}H_{16}O_2$.

Affirmation b. La molécule d'ibuprofène contient le groupe caractéristique hydroxyle.

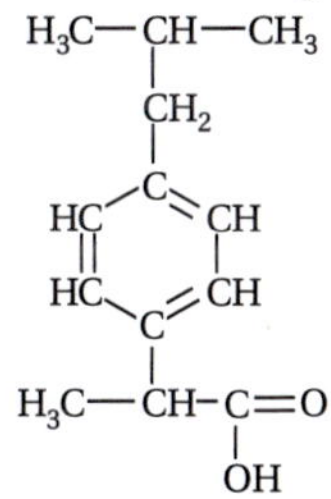

Ibuprofène

7. Affirmation. La molécule de propan-2-ol et la molécule de propanone sont des isomères.

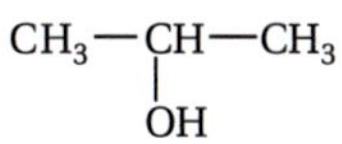

Propan-2-ol

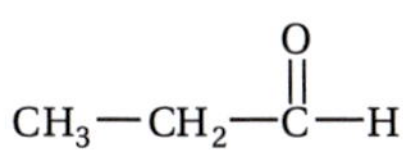

Propanone

Données : groupes caractéristiques

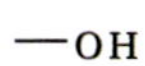

Hydroxyle

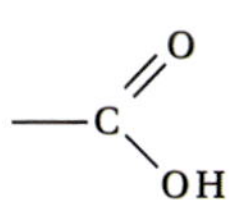

Carboxyle

corrigé p. 135

2 Le glucose

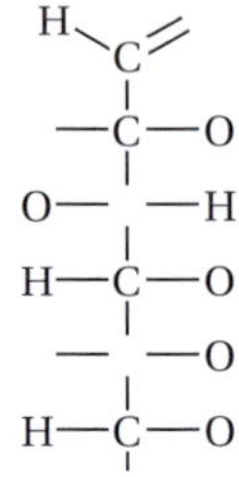

1. Le glucose est un sucre de formule brute $C_6H_{12}O_6$. Quels sont les différents atomes présents dans une molécule de glucose ?

2. Ces atomes sont liés entre eux pour former la molécule de glucose. De combien de liaisons doivent s'entourer chacun de ces atomes ? Justifier.

3. Compléter la formule développée du glucose donnée ci-contre avec les atomes et les liaisons manquants.

4. Quels sont les groupes caractéristiques présents dans la molécule de glucose ?

Données

Élément	Hydrogène	Carbone	Azote	Oxygène
Z	1	6	7	8

Groupes caractéristiques

—OH
Hydroxyle

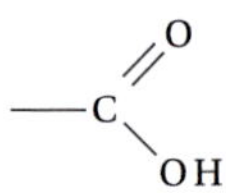
Carboxyle

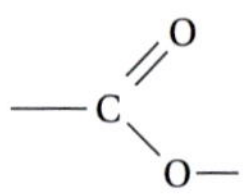
Ester

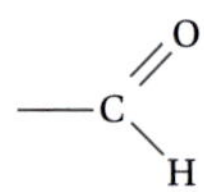
Aldéhyde

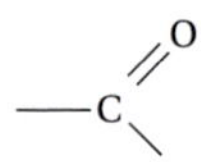
Cétone

▸ corrigé p. 135

S'entraîner

3 Une molécule qui ne donne pas le vertige !

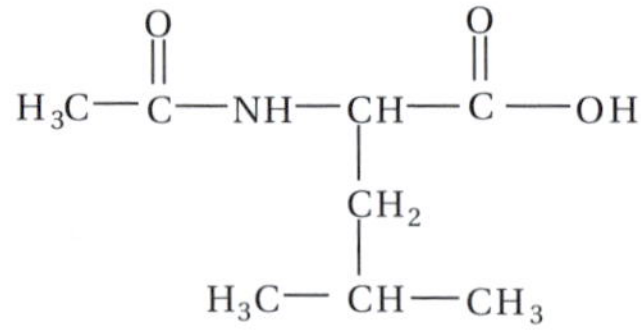

L'acétyl-leucine, dont l'action sur le vertige de la souris a été découverte en 1957, est utilisée depuis avec succès en clinique humaine comme médicament symptomatique des états vertigineux.

1. Donner la structure électronique de l'atome d'azote $^{14}_{7}N$.

2. De combien de liaisons doit s'entourer l'azote pour satisfaire à la règle de l'octet ? Est-ce vérifié dans la molécule d'acétyl-leucine ?

3. Donner la formule brute de l'acétyl-leucine.

4. Identifier les groupes caractéristiques présents dans cette molécule.

Données : groupes caractéristiques

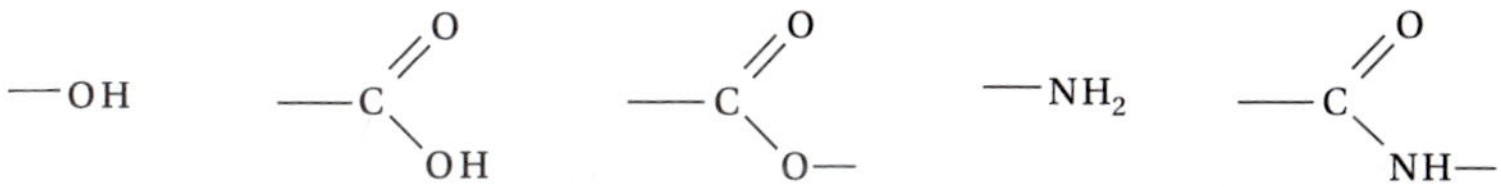

Hydroxyle Carboxyle Ester Amine Amide

▸ corrigé p. 136

4 La vitamine C

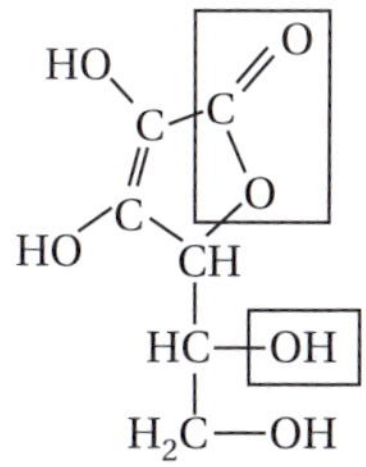

Formule semi-développée de la vitamine C

Pratiquement toutes les espèces animales sont capables de fabriquer la vitamine C dont leur métabolisme a besoin, en quantités variables suivant les nécessités du moment. Un accident, survenu au cours de l'évolution, a rendu quelques rares espèces, dont l'homme, dépendantes d'un apport extérieur de cette substance vitale. C'est pour cette raison que l'on doit quotidiennement consommer des fruits et des légumes nécessaires à cet apport vital en vitamine C. Une carence en vitamine C entraîne des affections dont la plus grave est le scorbut.

1. Identifier les atomes présents dans la molécule de vitamine C.
2. Les atomes vérifient-ils les règles du duet et de l'octet ? Justifier la réponse.
3. Donner la formule brute de la vitamine C.
4. Pourquoi dit-on que c'est une molécule partiellement cyclique ?
5. Identifier les deux groupes caractéristiques encadrés sur la formule semi-développée.

Données : groupes caractéristiques

Hydroxyle Carboxyle Cétone Ester

▸ corrigé p. 136

5 *Apranax* ou *Naproxène sodique* (TEVA), quel médicament choisir ?

Le médicament *Apranax* et le médicament *Naproxène sodique* sont des anti-inflammatoires non stéroïdiens. Ils luttent contre l'inflammation et la douleur, font baisser la fièvre et fluidifient le sang. Ils sont utilisés dans le traitement symptomatique des rhumatismes inflammatoires et de certaines arthroses douloureuses ainsi que dans le traitement de courte durée des arthrites, tendinites, lombalgies, sciatiques, cruralgies et des douleurs faisant suite à un traumatisme de l'appareil locomoteur.

Extrait des notices

Apranax® 550mg (Roche)	Naproxène sodique (TEVA®)
Composition : un comprimé sécable contient : • Naproxène sodique anhydre 550 mg • Excipients : cellulose microcristalline, stéarate de magnésium, povidone, talc, eau purifiée • Pelliculage : opadry orange OY-3437	• La substance active est : Naproxène sodique 550 mg • Les autres composants sont : cellulose microcristalline, povidone, talc, silice, stéarate de magnésium • Pelliculage : opadry OY-S-7399

1. Indiquer le nom du principe actif présent dans ces deux médicaments.

2. À quoi servent les excipients ?

3. Comparer la formulation de ces deux médicaments.

4. Un médicament générique est un médicament identique ou équivalent à celui d'une marque (appelé *médicament princeps*), mais produit et vendu sous sa dénomination commune internationale.

Que signifie le terme « médicament princeps » ?

5. Peut-on considérer que le *Naproxène sodique* est un médicament générique de l'*Apranax* ?

6. Les médicaments génériques sont des médicaments de confiance qui soignent bien, en toute sécurité, et ont l'obligation légale d'être aussi efficaces que l'original. La substance active qui fait tout leur intérêt est utilisée depuis de nombreuses années sur un très large panel de patient.
Donner au moins une raison pour consommer des médicaments génériques aujourd'hui.

▸ corrigé p. 136

Problèmes

6 La molécule du sommeil

En 1944, des chercheurs ont isolé du liquide céphalorachidien de chats, privés de sommeil pendant 22 heures, une nouvelle molécule formée d'atomes de carbone, d'hydrogène, d'azote et d'oxygène. L'administration de cette molécule à des animaux a provoqué leur sommeil. On a alors montré que la molécule était rapidement dégradée dans le cerveau en acide oléique.

Cette molécule, substance somnifère, s'accumule dans le cerveau au cours de la journée. Elle déclenche le sommeil au-delà d'une certaine concentration et est détruite pendant le sommeil.

La molécule du sommeil :

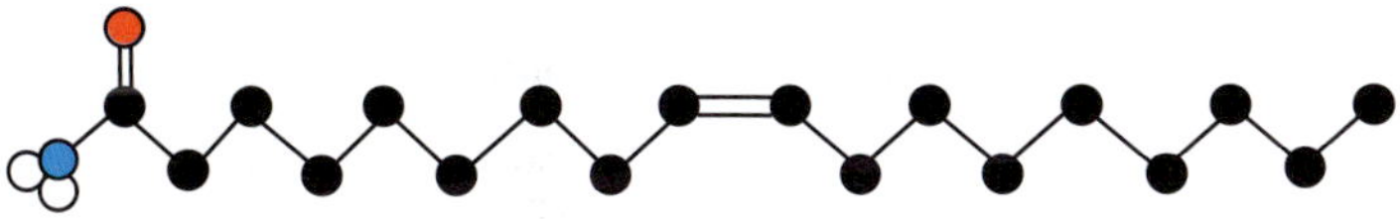

Légende : hydrogène ○ carbone ● azote ● oxygène ●

1. Qu'est-ce qu'une substance somnifère ?

2. Déterminer le nombre de liaisons dont les atomes d'hydrogène, de carbone, d'azote et d'oxygène doivent s'entourer pour obéir aux règles du duet ou de l'octet.

3. Écrire la formule semi-développée de la molécule du sommeil sachant que la plupart des atomes d'hydrogène n'ont pas été représentés.

4. Donner la formule brute de la molécule.

5. Combien y a-t-il de doubles liaisons dans cette molécule ?

6. Quel groupe caractéristique peut-on identifier ?

7. L'acide oléique, de formule brute $C_{18}H_{34}O_2$, est-il un isomère de la molécule du sommeil ?

Données

Élément	Hydrogène	Carbone	Azote	Oxygène
Z	1	6	7	8

Groupes caractéristiques

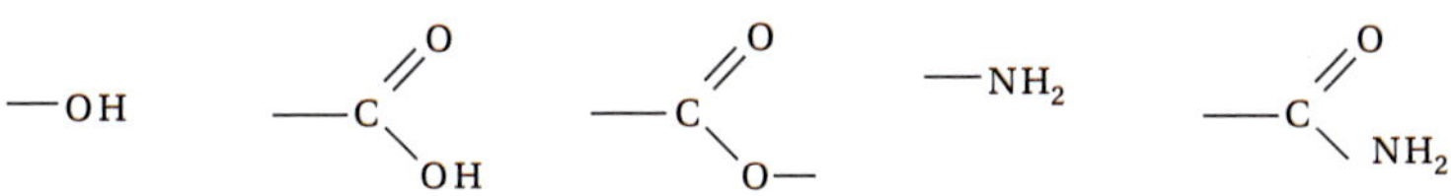

Hydroxyle Carboxyle Ester Amine Amide

▸ corrigé p. 137

7 Autour de quelques médicaments

Les anesthésiques locaux peuvent supprimer par endroit et transitoirement la sensibilité à la douleur. C'est le cas :

– des composés de type —CO_2—$(CH_2)_n$—N— comme la procaïne (Novocaïne® est le nom commercial) ;

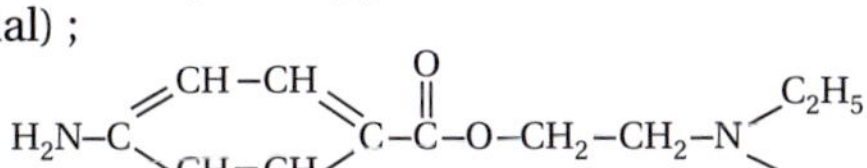

– des composés de type —NH—CO—$(CH_2)_n$—N— comme la lidocaïne (Xylocaïne® est le nom commercial).

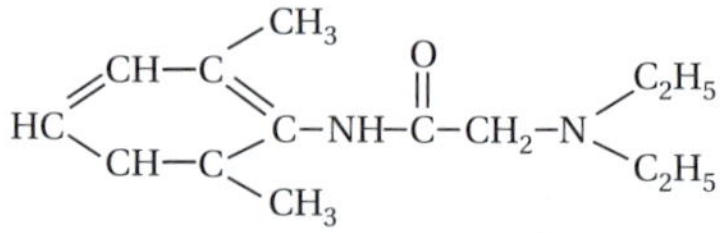

1. Quels sont les groupes caractéristiques qui permettent de différencier ces deux familles d'anesthésiques ?

La benzocaïne est un anesthésique local de formule :

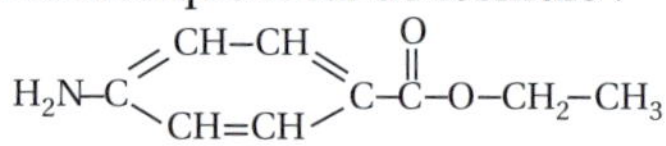

2. Quels sont les groupes caractéristiques présents dans la benzocaïne ?

3. À laquelle des familles d'anesthésiques présentées ci-dessus peut-elle être apparentée ?

La clozapine est un neuroleptique, comme l'isoclozapine, mais l'activité biologique de ces deux molécules est bien différente puisqu'elles n'agissent pas sur les mêmes récepteurs.

4. Rappeler le nombre de liaisons que peuvent engendrer les atomes de carbone ($Z = 6$) et de chlore ($Z = 17$).

Clozapine

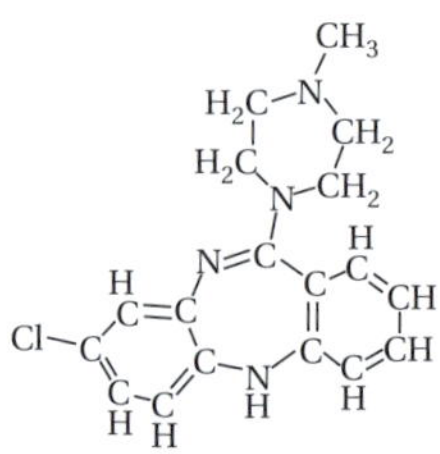

Isoclozapine

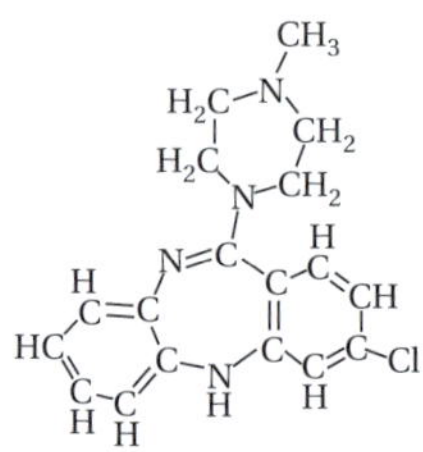

5. Parmi les trois formules brutes proposées, laquelle correspond à la clozapine ? à l'isoclozapine ? Que constate-t-on ?

a. $C_{17}N_4H_{19}Cl$ **b.** $C_{18}N_4H_{19}Cl$ **c.** $C_{18}N_4H_{18}Cl$

6. Qu'est-ce qui différencie ces deux molécules ? Comment les nomme-t-on ? Justifier cette appellation.

Données : groupes caractéristiques

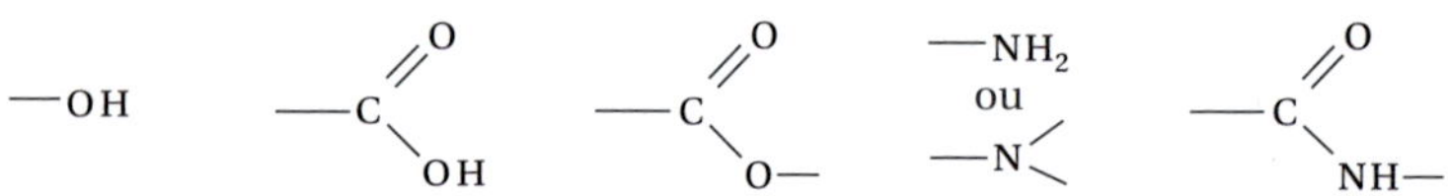

Hydroxyle Carboxyle Ester Amine Amide

▸ corrigé p. 138

1 **1.** Affirmation **vraie**.

2. Affirmation **fausse** : dans le principe actif, on trouve une molécule qui possède un effet thérapeutique.

3. Affirmation **fausse** : certains médicaments dérivent de composés naturels, d'autres sont fabriqués, ce sont des produits de synthèse.

4. Affirmation **vraie**.

5. Affirmation **fausse** : le nombre de liaisons dont peut s'entourer un atome est égal au nombre d'électrons qu'il doit acquérir pour compléter sa couche externe à un octet d'électrons (ou un duet pour l'atome d'hydrogène).

6. a. Affirmation **fausse** : la formule brute de l'ibuprofène est $C_{13}H_{18}O_2$.

b. Affirmation **fausse** : l'ibuprofène contient le groupe caractéristique carboxyle.

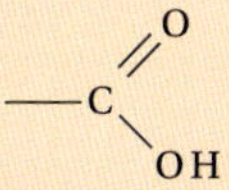

7. Affirmation **fausse** : le propan-2-ol et le propanone ne sont pas isomères car ces deux molécules n'ont pas la même formule brute : propan-2-ol C_3H_8O et propanone C_3H_6O.

2 **1.** Les atomes présents dans la molécule de glucose sont le carbone, l'hydrogène et l'oxygène.

2. • L'atome de carbone, de numéro atomique $Z = 6$, a la structure électronique $(K)^2(L)^4$. Pour satisfaire à la règle de l'octet, il doit s'entourer de 4 liaisons.
• L'atome d'hydrogène, de numéro atomique $Z = 1$ et de structure électronique $(K)^1$, se lie une seule fois pour satisfaire à la règle du duet.

• L'atome d'oxygène de numéro atomique $Z = 8$ et de structure électronique $(K)^2(L)^6$, s'entoure de deux liaisons pour compléter sa couche à l'octet.

3. La formule brute est $C_6H_{12}O_6$. D'après la formule donnée il reste à placer 2 C, 1 O et 8 H.

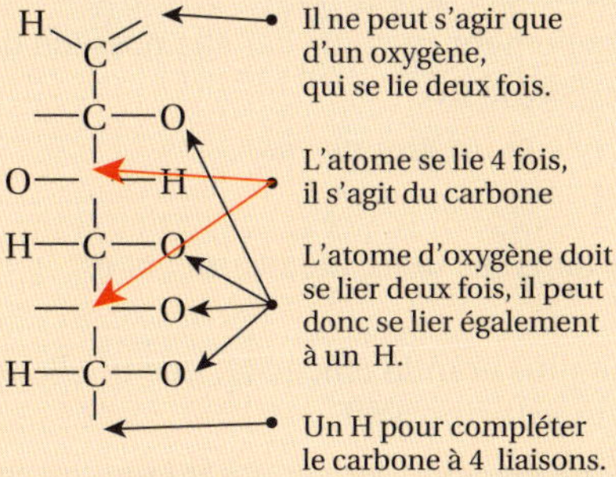

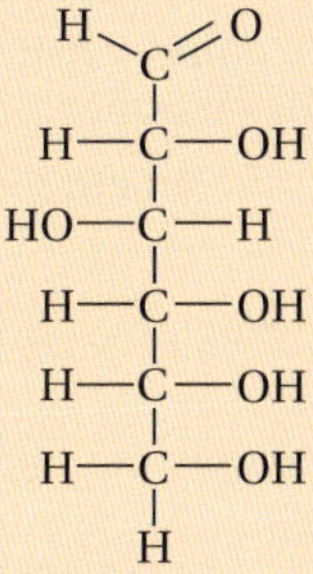

Le glucose

4. On reconnait 5 groupes hydroxyle – OH et un groupe aldéhyde –C(H)=O.

3 **1.** L'atome d'azote a 7 électrons ($Z = 7$), sa structure électronique est $(K)^2(L)^5$.

2. Pour satisfaire à la règle de l'octet, l'atome d'azote doit compléter sa couche électronique externe à 8 électrons donc il doit se lier 3 fois. On remarque que, d'après la formule semi-développée, l'azote forme deux liaisons avec deux atomes de carbone et une avec un atome d'hydrogène. Il s'entoure bien de trois liaisons.

3. La formule brute est $C_8H_{15}O_3N$.

4. On peut identifier le groupe carboxyle et le groupe amide.

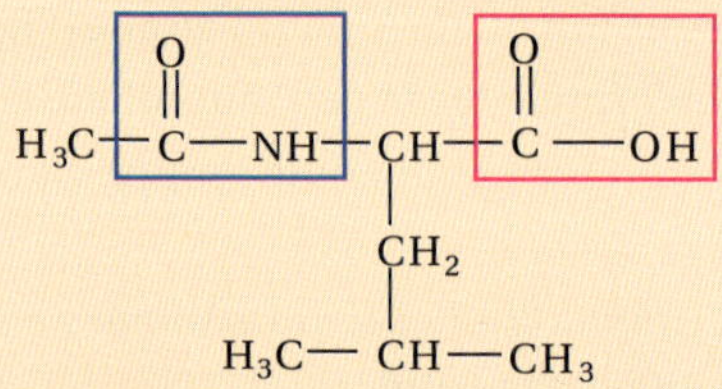

4 **1.** Les atomes présents dans la molécule de vitamine C sont le carbone C, l'hydrogène H et l'oxygène O.

2. • La structure électronique de l'hydrogène est $(K)^1$, cet atome doit donc se lier une fois pour respecter la règle du duet. C'est bien le cas dans la molécule de vitamine C.

• On constate que le carbone de structure électronique $(K)^2(L)^4$ est lié quatre fois dans la molécule de vitamine C. Cela est en accord avec la règle de l'octet puisqu'il manque quatre électrons

• L'atome d'oxygène, de structure électronique $(K)^2(L)^6$, doit se lier deux fois pour respecter la règle de l'octet. C'est le cas dans la molécule de vitamine C.

3. La formule brute de la vitamine C est $C_6H_8O_6$.

4. On parle d'une molécule partiellement cyclique car elle possède un cycle de 4 atomes de carbone et 1 atome d'oxygène.

5. On identifie un groupe hydroxyle et un groupe ester.

5 **1.** Le principe actif présent dans les deux médicaments est le naproxène sodique.

2. Les excipients permettent une plus grande efficacité, une meilleure absorption et une meilleure tolérance du principe actif.

3. On constate qu'il s'agit du même principe actif et des mêmes excipients. Ces deux médicaments ont donc la même formulation.

4. Un médicament « princeps » est un médicament « original » découvert par un laboratoire qui en garde l'exclusivité. Après plusieurs années, d'autres laboratoires ont le droit de produire un médicament identique à ce princeps fabriqué avec la même molécule, ce médicament est appelé générique.

5. Le Naproxène sodique est un médicament identique car il a exactement la même formulation. C'est le générique de l'Apranax®.

6. Le médicament générique est vendu entre 30 et 50 % moins cher que le prix d'origine.

6 **1.** Une substance somnifère est une substance qui provoque le sommeil.

2. Le nombre de liaisons dont peut s'entourer un atome est égal au nombre d'électrons qu'il doit acquérir pour compléter sa couche externe à un octet d'électrons ou à un duet pour l'hydrogène.

Nom	Symbole	*Z*	Structure électronique	Nombre de liaisons	Règle suivie
Hydrogène	H	1	$(K)^1$	1 liaison	duet
Carbone	C	6	$(K)^2(L)^4$	4 liaisons	octet
Azote	N	7	$(K)^2(L)^5$	3 liaisons	octet
Oxygène	O	8	$(K)^2(L)^6$	2 liaisons	octet

3.

$$H_2N-\underset{\underset{\displaystyle O}{\|}}{C}-(CH_2)_7-CH=CH-(CH_2)_7-CH_3$$

4. La formule brute est $C_{18}H_{35}ON$.

5. Il y a deux doubles liaisons : C=O et C=C.

6. On peut identifier le groupe amide sur la molécule :

$$\boxed{H_2N-\underset{\underset{\displaystyle O}{\|}}{C}}-(CH_2)_7-CH=CH-(CH_2)_7-CH_3$$

7. La formule brute de la molécule du sommeil $C_{18}H_{35}ON$ et celle de l'acide oléique $C_{18}H_{34}O_2$ sont différentes. Ces deux molécules ne sont donc pas isomères. D'ailleurs, il est dit dans l'énoncé que la molécule est dégradée dans le cerveau en acide oléique.

7 **1.** Les composés comme la procaïne comportent un groupe caractéristique ester alors que les composés comme la lidocaïne comportent un groupe caractéristique amide.

• **procaïne**

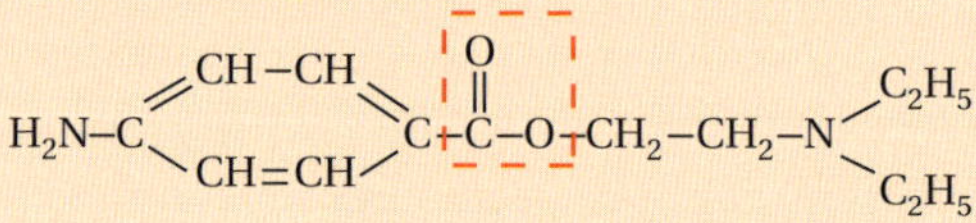

• **lidocaïne**

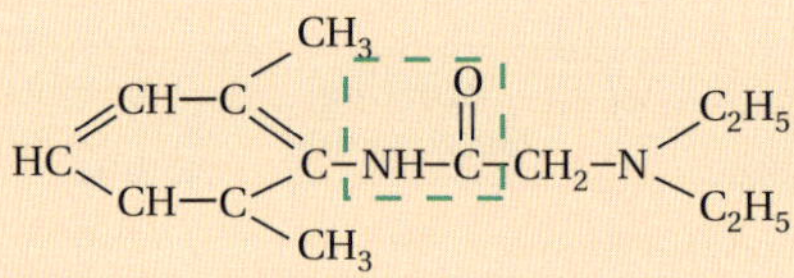

2. Les groupes ester et amine sont présents sur la molécule de benzocaïne

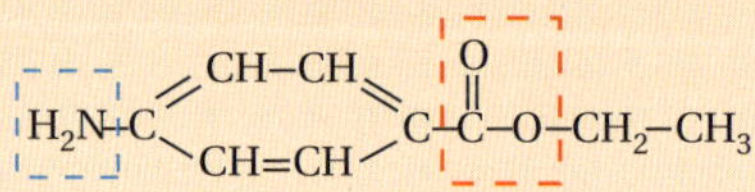

3. La benzocaïne est un composé de type —CO_2—$(CH_2)_n$—N— comme la procaïne puisqu'elle possède aussi un groupe ester.

4. • Le carbone peut engendrer quatre liaisons puisque sa structure électronique est $(K)^2(L)^4$ (pour satisfaire à la règle de l'octet).

• Le chlore de structure électronique $(K)^2(L)^8(M)^7$ engendre une seule liaison pour compléter sa couche externe à l'octet.

5. Ces deux molécules ont la même formule brute, $C_{18}H_{19}N_4Cl$.

6. L'atome de chlore ne se trouve pas à la même place sur chacune des molécules. Elles sont dites isomères. C'est pour cette raison qu'elles n'ont pas la même activité biologique.

9 Extraction, séparation, identification et synthèse d'espèces chimiques

Les vertus thérapeutiques des plantes sont connues depuis la préhistoire. Mais, de la cueillette au laboratoire, les méthodes ont profondément évolué. Extraire le principe actif des substances naturelles, l'isoler, le caractériser, envisager sa synthèse ou le modifier pour plus d'efficacité, c'est le travail du chimiste. L'objectif de ce chapitre est de comprendre les principales techniques utilisées pour transformer la plante en médicament.

I Quelques techniques d'extraction

1 Définition

Une **extraction** consiste à séparer (« extraire ») une ou des espèces chimiques d'un milieu solide ou liquide à l'aide d'un solvant à condition qu'elle(s) y soi(en)t **soluble(s).**

2 Différentes techniques d'extraction

Extraction à partir d'un solide

On immerge le produit naturel solide (feuilles, racines, fleurs, fruits…) dans un solvant pour que les espèces chimiques y migrent. Si le solvant est froid, la technique se nomme **macération** ; s'il est chaud, on parle d'**infusion**.

Si le solvant initialement froid est porté à ébullition, il s'agit d'une **décoction**.

EXEMPLE : le principal remède contre la douleur, la morphine, est extrait du pavot (*Papaver somniferum*, Papaveraceae) et celui contre le paludisme, la quinine, est extrait des écorces de quinquina (*Cinchona spp*, Rubiaceae).

Extraction à partir d'un liquide

Une espèce chimique peut être en solution dans l'eau. On utilise alors un solvant organique pour l'extraire. L'espèce transite de l'eau vers le solvant, on parle **d'extraction liquide-liquide**.

• Des conditions sont à respecter pour le choix du solvant

– Pour que l'extraction d'une espèce chimique dans l'eau soit efficace, il faut que cette espèce soit **plus soluble dans le solvant** extracteur que dans l'eau.

– Le **solvant extracteur ne doit pas être miscible avec l'eau**, c'est-à-dire qu'il ne doit pas pouvoir se mélanger à l'eau.

➲ Les notions de densité et de solubilité sont précisées au paragraphe III.

• **Réalisation de l'extraction**

– L'extraction s'effectue dans une **ampoule à décanter** en trois étapes : ajout du solvant organique, agitation et dégazage fréquent puis **décantation**.

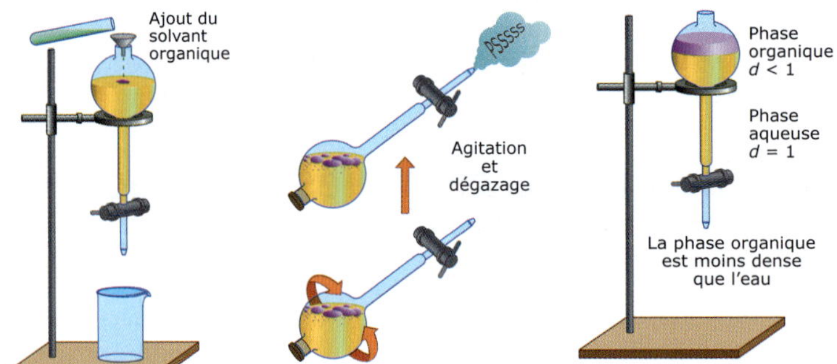

– À l'issue de l'extraction, l'espèce chimique est dissoute dans le solvant organique pour constituer la **phase organique**, l'autre solution est la **phase aqueuse** (eau).

– La position relative des deux phases (organique et aqueuse) dépend de la **densité** du solvant organique utilisé.

Hydrodistillation ou entraînement à la vapeur

Lors d'une hydrodistillation, de la vapeur d'eau entraîne les espèces à extraire.

Dans un ballon, on fait bouillir la substance naturelle avec l'eau. La vapeur entraîne les espèces chimiques.

La condensation de ces vapeurs dans un réfrigérant fournit un distillat constitué de deux liquides non miscibles. La phase supérieure du distillat est la phase organique constituée des espèces chimiques extraites (appelée **huile essentielle, essence ou extrait**).

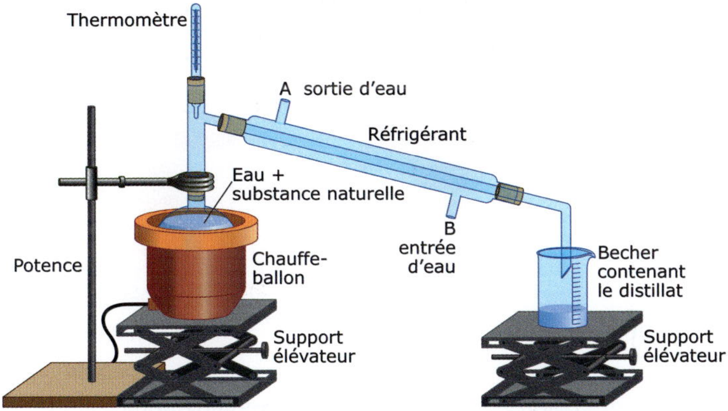

Schéma du montage d'hydrodistillation

EXEMPLE : la sauge officinale est une plante aromatique largement utilisée pour ses vertus médicinales : antiseptique, antispasmodique, calmante, céphalique, digestive, fébrifuge…. La partie aérienne de la sauge (*salvia officinalis*) est séchée et soumise à l'hydrodistillation. On récupère la phase organique du distillat constituée principalement d'huile essentielle.

II Séparation et identification d'espèces chimiques par chromatographie

La **chromatographie** permet de **séparer** et d'**identifier** les différentes espèces chimiques présentes dans un mélange, en utilisant la différence de solubilité de ces espèces dans un solvant appelé **éluant**.

1 Principe expérimental

a. Une goutte du mélange M à séparer est déposée sur une couche mince de silice recouvrant une plaque d'aluminium. Cette couche solide est appelée **phase fixe**.

b. La plaque est placée verticalement dans une cuve contenant un solvant, appelé **éluant**.

c. Cet éluant constitue la **phase mobile**, il monte par capillarité le long de la plaque en entraînant de manière inégale les espèces chimiques constituant le mélange M. À la fin de la chromatographie, les espèces du mélange M sont localisées à différentes hauteurs sur la plaque, formant un **chromatogramme**.

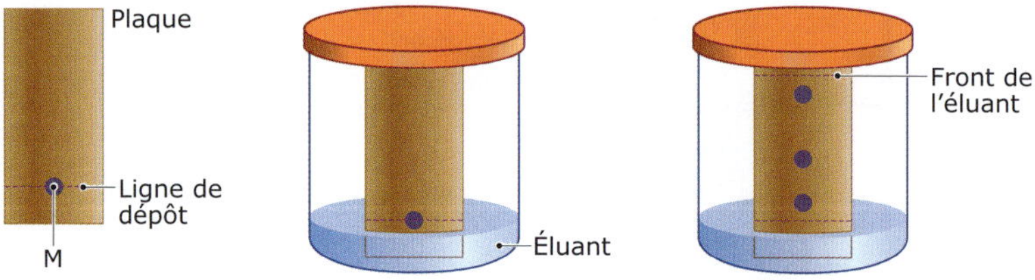

a. Dépôt   b. Début d'élution   c. Fin d'élution

Si les espèces sont colorées, le résultat de la chromatographie est immédiatement visible. Si ces espèces sont incolores, il faut procéder à une **révélation** pour les rendre visibles.

EXEMPLES : révélation aux ultraviolets, révélation avec le diiode…

2 Exploitation d'un chromatogramme

Au cours d'une chromatographie, deux espèces migrant au même niveau sont probablement identiques.

Sur un chromatogramme, il est donc possible d'identifier des espèces présentes dans un mélange en comparant leurs déplacements avec ceux d'espèces chimiques de référence ou de vérifier la pureté d'un échantillon.

➲ Des applications sont décrites dans les exercices 5 et 6.

III Caractéristiques physiques d'une espèce

Chaque espèce chimique possède ses propres caractéristiques physiques (température de changement d'état, densité, indice de réfraction, solubilité …) qui permettent de l'identifier.

1 Température de changement d'état

L'**état physique, liquide ou gazeux** d'une espèce chimique dépend des conditions de température et de pression.

Pour une pression donnée, le changement d'état d'une espèce chimique a lieu à une température fixe, appelée **température de changement d'état :** température d'ébullition $T_{éb}$; température de fusion T_f .

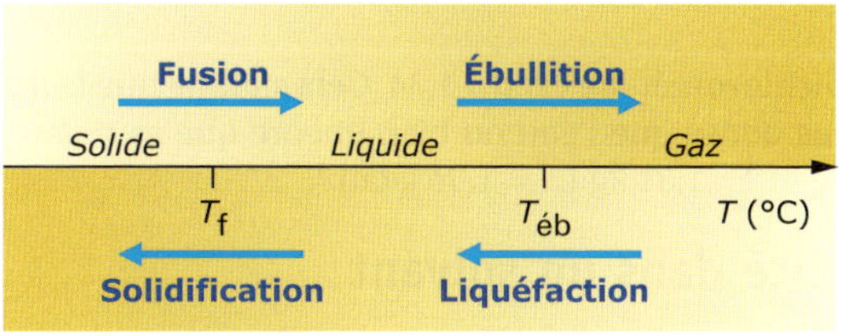

➲ Certains changements d'état portent plusieurs noms : ébullition ou vaporisation ; liquéfaction ou condensation.

➲ À la même pression, deux changements d'état inverses (comme la fusion et la solidification) d'une espèce chimique ont lieu à la même température.

EXEMPLE : à la pression atmosphérique, l'eau est liquide entre $T_f = 0$ °C et $T_{éb} = 100$ °C.

2 Masse volumique et densité

Masse volumique d'une espèce chimique

La **masse volumique** d'une espèce chimique est le rapport de la masse m d'un échantillon de cette espèce par le volume V de cet échantillon.

$$\rho = \frac{m}{V}$$

m en kg ; V en m^3 ; ρ en $kg \cdot m^{-3}$

➲ Il faut connaître la valeur de la masse volumique de l'eau :
$\rho_{eau} = 1{,}0 \times 10^3\ kg \cdot m^{-3} = 1{,}0\ kg \cdot L^{-1} = 1{,}0\ g \cdot cm^{-3} = 1{,}0\ g \cdot mL^{-1}$.

Densité

La **densité** d d'une espèce chimique solide ou liquide est le rapport de sa masse volumique ρ par la masse volumique de l'eau ρ_{eau}.

$$d = \frac{\rho}{\rho_{eau}}$$

ρ et ρ_{eau} exprimées avec la même unité ;
d est sans unité

La densité est donc un nombre sans unité permettant de comparer la masse d'un volume d'une espèce chimique à celle d'un même volume d'eau.

EXEMPLE

La densité du dichlorométane est $d = 1{,}34$. Cela signifie que le dichlorométhane est 1,34 fois plus dense que l'eau ou bien encore que sa masse volumique est $\rho = 1{,}34 \times 10^3\ \text{kg·m}^{-3} = 1{,}34\ \text{kg·L}^{-1} = 1{,}34\ \text{g·cm}^{-3}$.

3 Solubilité dans un solvant

• La solubilité d'une espèce chimique caractérise son aptitude à se dissoudre dans un solvant donné.

➲ La dissolution est accélérée par une élévation de température.

• Une espèce passe spontanément d'un solvant où elle est peu soluble à un solvant où elle l'est davantage.

EXEMPLE

La solubilité du sel dans l'eau est très grande mais est très faible dans l'huile. Cela signifie que le sel se dissout bien dans l'eau et très mal dans l'huile.

IV La synthèse d'espèces chimiques

L'insuffisance des produits naturels et les besoins en produits spécifiques dans le domaine de la santé imposent le recours à la synthèse chimique.

1 Définitions

■ La **synthèse** d'une espèce chimique est **une transformation chimique** au cours de laquelle **des réactifs** mis en jeu conduisent à **un (ou des) produit(s)** dont l'espèce recherchée.

■ Lors d'une synthèse, certaines conditions expérimentales doivent être respectées : température, proportions de réactifs…

➲ La transformation chimique est décrite dans le chapitre 12.

2 Quelques techniques expérimentales

De nombreuses synthèses s'effectuent en plusieurs étapes :

- un **chauffage à reflux** pour accélérer la transformation si celle-ci a lieu à température élevée ;

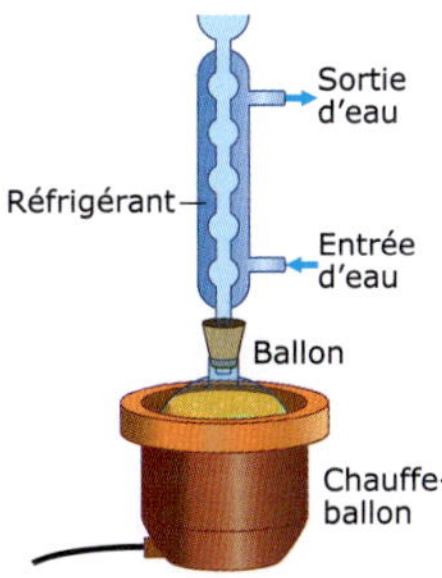

Le mélange réactionnel est maintenu à ébullition.

Les espèces, devenues gazeuses lors du chauffage, se condensent dans le réfrigérant vertical et refluent à l'état liquide dans le ballon, ceci afin d'éviter toute perte de matière.

Les produits se forment au sein du mélange réactionnel.

L'agitation (à l'aide de pierre ponce ou d'un barreau aimanté et de son agitateur magnétique) est nécessaire d'une part, pour mélanger les réactifs et d'autre part, pour que le chauffage soit homogène.

- une **extraction** si l'espèce synthétisée est mélangée à d'autres espèces dans une phase liquide (voir paragraphe I) ;
- une **filtration** si l'espèce synthétisée est solide.

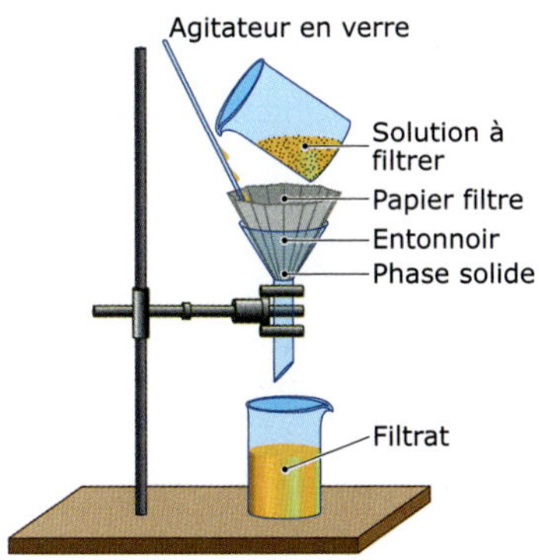

Filtration classique avec entonnoir équipé d'un papier filtre

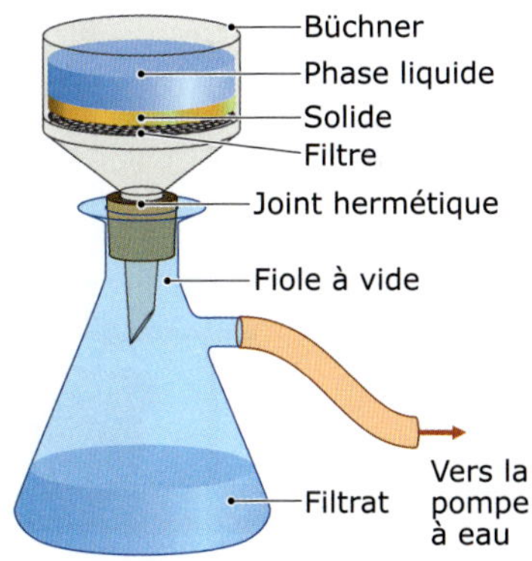

Filtration sur büchner (sorte de passoire au fond de laquelle est disposé un filtre) placé sur un système d'aspiration

➲ La filtration sur büchner est plus rapide et plus efficace que la filtration classique.

• Une fois isolée, **l'espèce chimique synthétisée doit être identifiée** en déterminant certaines caractéristiques physiques : température de changement d'état, densité, indice de réfraction… ou en la comparant à une espèce de référence par chromatographie (paragraphes II et III). Cette identification permet de vérifier sa pureté et de confirmer que la transformation attendue a bien eu lieu.

• Une autre technique utilisée depuis les temps anciens est la **distillation**. Celle-ci permet de séparer les constituants d'un mélange homogène afin d'obtenir un produit pur.

Son principe est très simple à mettre en œuvre : on chauffe un mélange de liquides, le plus volatile s'évaporera le premier.

Les vapeurs montent dans la colonne à distiller. Elles sont essentiellement formées du liquide qui possède la température d'ébullition la plus basse. Les vapeurs se condensent dans le tube réfrigérant grâce à une circulation d'eau froide. On obtient à la sortie un liquide appelé distillat, récupéré dans un becher prévu à cet effet.

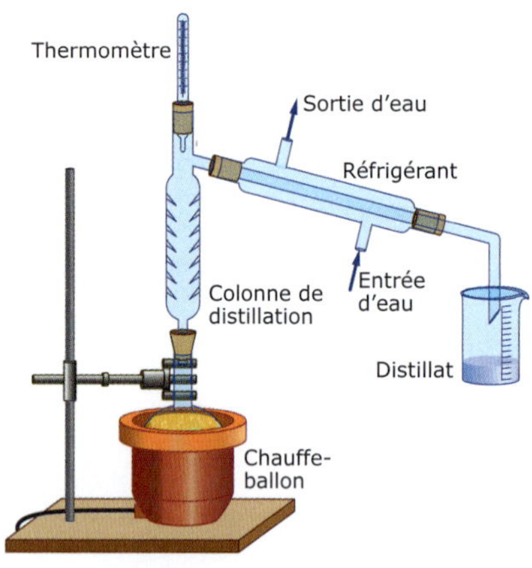

Dispositif de distillation

Choisir le solvant pour réaliser une extraction liquide-liquide

ÉNONCÉ

Le giroflier est un arbuste cultivé à Madagascar, en Afrique et en Indonésie. Les clous de girofle sont les bourgeons séchés non éclos du giroflier et sont parmi les plus anciennes épices et drogues décrites dans l'histoire. L'huile essentielle des clous de girofle contient principalement de l'eugénol, très utilisé en pharmacie pour ses propriétés antiseptiques et analgésiques.

Pour extraire l'huile essentielle des clous de girofle, on réalise une hydrodistillation. Le distillat obtenu est transvasé dans une ampoule à décanter. Sous la hotte, on ajoute 10 mL de solvant. On agite vigoureusement l'ampoule en dégazant régulièrement. Pour faciliter l'extraction de l'eugénol, on ajoute environ 50 g de chlorure de sodium (sel) au distillat. On agite jusqu'à dissolution. Après agitation, on enlève le bouchon de l'ampoule et on laisse décanter son contenu.

Données

Solvant	Eau	Eau salée	Cyclohexane	Éthanol	Dichloro méthane
Solubilité de l'eugénol	faible	très faible	grande	grande	grande

À 25 °C	Cyclohexane	Dichlorométhane	Éthanol
Densité par rapport à l'eau	0,89	1,34	0,78
Miscibilité à l'eau	très faible	très faible	très grande

1. Parmi les cinq solvants proposés, quels sont ceux qui paraissent envisageables au regard du critère de solubilité de l'espèce à extraire ?

2. À l'aide des données sur la miscibilité des solvants, quel(s) est (sont) le(s) solvant(s) à utiliser ?

3. La phase inférieure dans l'ampoule est-elle la phase aqueuse ou la phase organique ? Justifier à l'aide des tableaux de données.

4. Après agitation, dans quelle phase se trouve l'eugénol ? Justifier.

5. Pourquoi a-t-on ajouté du chlorure de sodium dans l'ampoule à décanter ? Justifier à l'aide des tableaux de données.

MÉTHODE

• L'espèce à extraire doit être très soluble dans le solvant extracteur. Le solvant extracteur ne doit pas être miscible à l'eau.

• La position de la phase organique dépend de sa densité.

CORRIGÉ

1. L'eugénol doit être très soluble dans le solvant extracteur. On peut envisager d'utiliser le cyclohexane, l'éthanol ou le dichlorométhane comme solvant.

2. Le solvant ne doit pas être miscible à l'eau. On peut utiliser le dichlorométhane ou le cyclohexane.

3. • Si le solvant utilisé est le cyclohexane, moins dense que l'eau, la phase organique se trouve au-dessus de la phase aqueuse.

• Si le solvant utilisé est le dichlorométhane, plus dense que l'eau, la phase organique se trouve en dessous de la phase aqueuse.

4. Après agitation, l'eugénol se trouve dans la phase organique où il est le plus soluble.

5. L'eugénol est moins soluble dans l'eau salée que dans l'eau, l'extraction sera plus efficace puisqu'il restera moins d'eugénol dans la phase aqueuse.

Vérifier ses connaissances

1 QCM

Dans le questionnaire à choix multiple (QCM) suivant, indiquer, pour chaque proposition, la ou les réponses exactes.

1. Une macération est une :

a. extraction par solvant ; **b.** technique de décantation ;

c. distillation.

2. Une hydrodistillation est une :

a. technique de distillation ;

b. technique d'extraction dont le solvant est l'eau ;

c. technique de décantation.

3. Lorsqu'une ampoule à décanter contient deux liquides non miscibles :

a. le plus dense surnage ; **b.** le moins dense surnage ;

c. celui qui contient l'eau surnage.

4. Pour réaliser l'identification d'une espèce chimique au cours d'une chromatographie, il faut comparer le déplacement :

a. du produit à identifier avec le front de l'éluant ;

b. du produit à identifier avec celui du corps pur commercial ;

c. du produit pur avec le front de l'éluant.

5. Dans une chromatographie, l'éluant est :

a. la phase fixe ; **b.** la phase mobile ; **c.** le dépôt réalisé.

6. Le montage qui convient pour réaliser un montage à reflux est :

a.

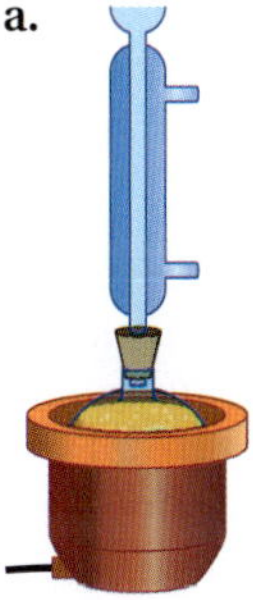

b.

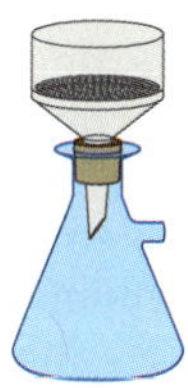

c.

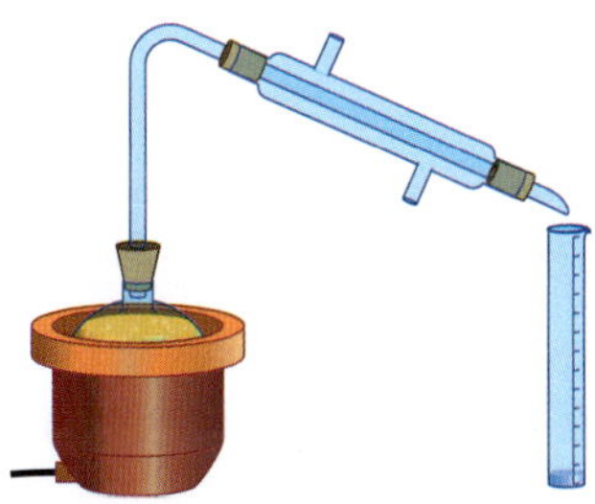

7. Synthétiser un composé chimique, c'est :

a. extraire un corps pur d'une substance naturelle ;

b. faire une distillation ;

c. réaliser une transformation chimique entre deux ou plusieurs corps purs pour obtenir le corps pur désiré.

▸ corrigé p. 156

2 Hydrodistillation

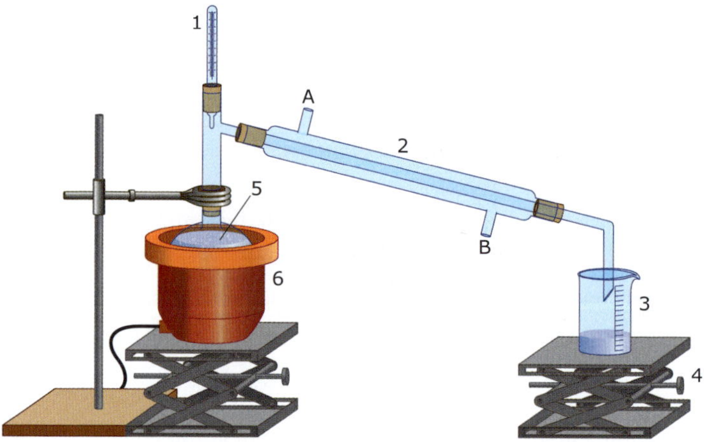

1. Légender le schéma du montage d'hydrodistillation ci-dessus.
2. Préciser le sens de circulation de l'eau dans le réfrigérant.
3. Rappeler le principe d'une hydrodistillation.
4. À partir de quel moment, va-t-on commencer à recueillir le distillat ?

▸ corrigé p. 156

3 La pêche

Les indiens d'Amazone coupent une variété de liane appelée « nivrée » (*Lonchocarpus Chrysophyllus*), ils la battent sur des roches dans un petit bras de rivière, pour en faire sortir un jus qui se mêle à l'eau. Quelques dizaines de minutes plus tard, les poissons dorment paisiblement, le ventre à l'air… il n'y a plus qu'à se servir ! La liane en question contient une molécule de formule $C_{23}H_{22}O_6$ ayant un fort pouvoir asphyxiant sur les animaux à sang froid.

1. Citer le nom de la technique d'extraction utilisée par les indiens.

2. On veut extraire au laboratoire l'espèce $C_{23}H_{22}O_6$ à partir de quelques lianes, en utilisant une technique similaire à celles des indiens. Indiquer le matériel nécessaire et préciser le protocole.

3. Pour analyser cette molécule, il est nécessaire de réaliser une extraction liquide-liquide. Citer les deux propriétés indispensables que doit avoir ce solvant.

4. Citer le nom de la verrerie à employer pour réaliser cette extraction au laboratoire.

▸ corrigé p. 156

S'entraîner

4 Extraction de l'eucalyptol

À la suite d'une hydrodistillation de feuilles d'eucalyptus, on récupère 40 mL de distillat contenant très peu d'huile essentielle à base d'eucalyptol. On l'introduit dans une ampoule à décanter, puis on ajoute 10 mL de cyclohexane. On bouche, on agite et on laisse reposer.

1. Deux phases apparaissent dans l'ampoule : la phase aqueuse et la phase organique dont le solvant est le cyclohexane. Quelle phase surnage ?

2. Dans quelle phase se trouve l'eucalyptol ? Justifier en argumentant.

3. Représenter un schéma légendé de l'ampoule à décanter dans la situation étudiée.

Données

	Eau	Cyclohexane	Eucalyptol
Solubilité dans l'eau	–	nulle	faible
Solubilité dans le cyclohexane	nulle	–	forte
Densité	1,0	0,78	0,93

▸ corrigé p. 156

5 Identification de l'eugénol

L'eugénol, extrait de l'huile essentielle des clous de girofle, est très utilisé en pharmacie, notamment pour ses propriétés antiseptiques et analgésiques.

On réalise une chromatographie sur couche mince de l'huile essentielle extraite des clous de girofle. On dépose quatre gouttes sur la plaque.

– L'huile essentielle préparée à partir des clous de girofle (H).

– De l'eugénol commercial (E).

– De l'acétyleugénol (A).

– De l'huile essentielle préparée à partir de feuilles de giroflier (F).

Après révélation, on obtient le chromatogramme ci-contre.

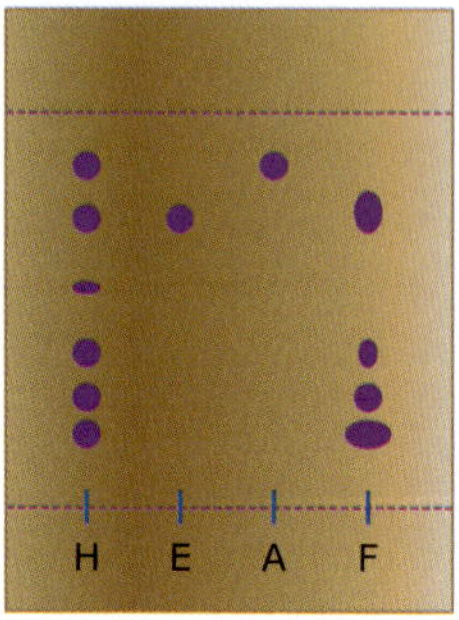

1. Justifier que l'huile essentielle (H) extraite des clous de girofle est un mélange.

2. Quelles sont les espèces présentes dans cette huile essentielle extraite des clous de girofle ?

3. Que constate-t-on si l'on extrait l'huile à partir des feuilles du giroflier ? Comparer à l'huile essentielle (H).

corrigé p. 157

Problèmes

6 Synthèse du paracétamol

Le paracétamol est un médicament analgésique et antipyrétique.

Le mode opératoire suivant permet sa synthèse à partir de deux réactifs : le para-aminophénol et l'anhydride acétique.

Synthèse

• Dans un erlenmeyer, introduire un barreau aimanté, 6 g de para-aminophénol, 50 mL d'eau et 4 mL d'acide acétique pur. Adapter le réfrigérant à air et placer l'ensemble sur un agitateur magnétique chauffant réglé à 80 °C. Agiter jusqu'à dissolution complète du para-aminophénol.

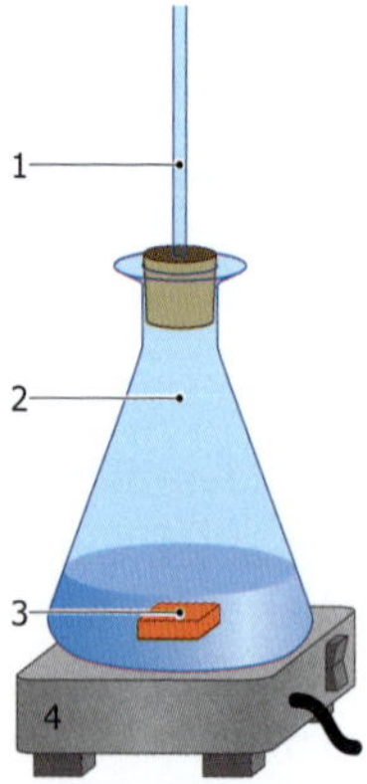

• Refroidir la solution en la plaçant dans un bain d'eau glacée puis ôter le réfrigérant à air.

• En portant gants et lunettes et en se plaçant sous une hotte, verser très doucement 8 mL d'anhydride acétique.

- Adapter le réfrigérant à air, chauffer pendant 10 minutes à 60 °C.
- Refroidir la solution en la plaçant dans un bain d'eau glacée puis ôter le réfrigérant à air. Des cristaux apparaissent : le paracétamol est synthétisé.
- Filtrer sur un büchner relié à un système d'aspiration, en rinçant les cristaux avec un peu d'eau. Sécher les cristaux.

Purification

- Le paracétamol synthétisé contient des impuretés. Pour purifier les cristaux, les introduire dans un erlenmeyer propre puis ajouter 40 mL d'eau. Porter à ébullition sur l'agitateur magnétique chauffant jusqu'à dissolution complète des cristaux.
- Refroidir la solution en la plaçant dans un bain d'eau glacée jusqu'à cristallisation complète du paracétamol.
- Filtrer sur büchner. Sécher les cristaux entre deux papiers filtres. Mesurer la température de fusion des cristaux obtenus.

Une chromatographie sur couche mince, dont tous les détails ne sont pas explicités ici, est ensuite réalisée.

Chromatographie

Sur une plaque de silice, sont déposés :

- du paracétamol brut (A) obtenu après la première filtration sur büchner ;
- du paracétamol purifié (B) ;
- du paracétamol de référence acheté chez un fournisseur (C) ;
- du para-aminophénol (D).

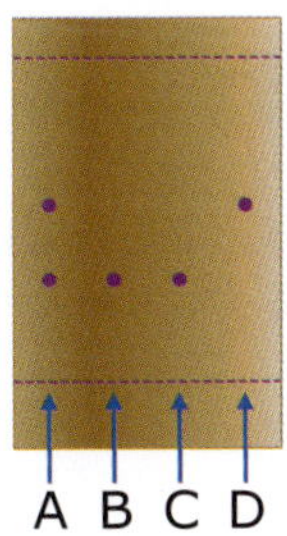

La plaque est ensuite placée le temps nécessaire dans une cuve contenant l'éluant approprié.

Une révélation aux ultraviolets est finalement effectuée. Le chromatogramme obtenu est schématisé ci-contre.

1. Rechercher la signification des termes « analgésique » et « antipyrétique ».
2. Nommer les parties numérotées de 1 à 4 sur le schéma du dispositif.
3. **a.** Expliquer le rôle et l'intérêt du réfrigérant à air.

b. Pourquoi est-ce inutile de mettre en place un réfrigérant à eau ?

c. Pourquoi ne faut-il pas ôter le réfrigérant à air avant d'avoir refroidi le contenu de l'erlenmeyer ?

4. Pourquoi faut-il travailler avec beaucoup de précautions lors de l'ajout de l'anhydride acétique ?

5. Quel est l'intérêt de filtrer sur un büchner relié à un système d'aspiration plutôt qu'avec un simple entonnoir équipé d'un filtre ?

6. Pourquoi est-il utile de rincer les cristaux de paracétamol au moment de la filtration ?

7. a. Quel est le but de la mesure de la température de fusion des cristaux et de la chromatographie ?

b. Quelles sont les informations fournies par le chromatogramme ?

c. La température de fusion des cristaux purifiés mesurée est 168 °C. Ce résultat confirme-t-il l'interprétation du chromatogramme ?

Données

Para-aminophénol	**Anhydride acétique**	**Paracétamol**
Solide T_f = 186 °C  	Liquide T_f = – 73 °C $T_{éb}$ = 136 °C  	Solide T_f = 168 °C

▸ corrigé p. 157

7 Synthèse d'un fébrifuge

L'acétanilide fut l'un des premiers fébrifuges (médicaments anti-fièvre) synthétisé par l'industrie chimique. C'est un solide blanc synthétisé au laboratoire à partir d'aniline et d'anhydride éthanoïque.

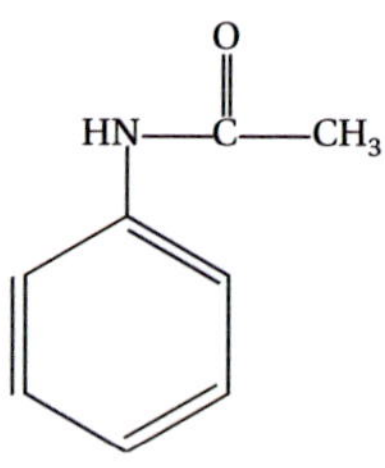

Acétanilide

Étape 1 : synthèse de l'acétanilide

Dans un ballon propre et sec, on introduit V_1 = 15,0 mL d'acide éthanoïque qui joue ici le rôle de solvant, V_2 = 15,0 mL d'anhydride éthanoïque, V_3 = 10,0 mL d'aniline et quelques grains de pierre ponce.

On adapte sur le ballon un réfrigérant à boules ; on chauffe le ballon au bain-marie à 80 °C pendant environ 20 minutes ; on retire le ballon du bain-marie et on verse immédiatement par le sommet du réfrigérant environ 10 mL d'eau sans attendre le refroidissement et en faisant attention aux vapeurs chaudes et acides (voir les données).

Lorsque l'ébullition cesse, on ajoute environ 50 mL d'eau froide et on agite à température ambiante jusqu'à apparition des cristaux. Lorsque les premiers cristaux blancs apparaissent, on ajoute environ 50 mL d'eau glacée et on refroidit le ballon dans la glace jusqu'à cristallisation complète. On effectue une filtration sous vide en rinçant à l'eau distillée froide pour récupérer le solide formé.

Étape 2 : purification du produit obtenu

Dans un becher, on fait chauffer environ 50 mL d'eau ; on y dissout le produit obtenu lors de l'étape 1. Après dissolution, on attend la cristallisation puis on effectue une filtration sous vide.

On place le solide obtenu dans une coupelle préalablement pesée et on sèche à l'étuve à 90 °C.

La masse du produit obtenu est $m = 11{,}6$ g.

Données

	Formule brute	Masse volumique en $g \cdot mL^{-1}$	Masse molaire en $g \cdot mol^{-1}$	Solubilité dans l'eau chaude	Solubilité dans l'eau froide
Aniline	C_6H_7N	1,02	93	soluble	soluble
Anhydride éthanoïque	$C_4H_6O_3$	1,08	102	*	*
Acétanilide	C_8H_9ON	solide	135	soluble	très peu soluble
Acide éthanoïque	$C_2H_4O_2$	1,05	60	très soluble	très soluble

* L'anhydre éthanoïque réagit violement avec l'eau en formant de l'acide éthanoïque.

1. Faire un schéma annoté du montage à reflux. Préciser le sens de circulation de l'eau dans le réfrigérant.

2. Quel est l'intérêt du réfrigérant ?

3. En utilisant les données, justifier l'apparition des cristaux blancs après refroidissement.

4. Quel est l'intérêt d'effectuer une filtration sous vide ?

5. L'étape 2 se nomme recristallisation.

Sachant que de l'aniline et de l'acide éthanoïque peuvent encore être présents à la fin de la synthèse, expliquer en quoi la recristallisation est une technique de purification.

▸ corrigé p. 158

1 1. Une macération est une extraction par solvant (**réponse a**).

2. Une hydrodistillation est une technique d'extraction dont le solvant est l'eau (**réponse b**).

3. Lorsqu'une ampoule à décanter contient deux liquides non miscibles le moins dense surnage (**réponse b**).

4. Pour réaliser une identification au cours d'une chromatographie, il faut comparer le déplacement du produit à identifier avec celui du corps pur commercial (**réponse b**).

5. Dans une chromatographie, l'éluant est la phase mobile (**réponse b**).

6. Le montage qui convient pour réaliser un montage à reflux est le montage **a**.

7. Synthétiser un corps pur, c'est réaliser une transformation chimique entre deux ou plusieurs corps purs pour obtenir le corps pur désiré (**réponse c**).

2 1. ① thermomètre ; ② réfrigérant ; ③ becher contenant le distillat ; ④ support élévateur ; ⑤ ballon contenant l'eau plus la substance naturelle ; ⑥ chauffe-ballon.

2. L'eau circule de B (entrée d'eau) vers A (sortie d'eau) dans le réfrigérant.

3. Lors d'une hydrodistillation, la vapeur d'eau entraîne les espèces à extraire. La condensation de ces vapeurs dans un réfrigérant fournit un distillat constitué généralement de deux liquides non miscibles : l'eau et l'huile essentielle.

4. On commence à recueillir le distillat à partir du moment où la température d'ébullition de l'eau est atteinte, soit 100 °C. La vapeur d'eau entraîne les espèces chimiques.

3 1. La technique utilisée par les indiens est une macération.

2. Il faut un mortier avec son pilon, un erlenmeyer, un barreau aimanté et son agitateur. On « écrase » les lianes à l'aide du pilon et on les place dans l'erlenmeyer. On ajoute de l'eau froide. L'erlenmeyer est placé sur un agitateur magnétique. On agite avec le barreau aimanté pendant 10 à 15 minutes.

3. Le solvant d'extraction doit être non miscible à l'eau et, de plus, l'espèce $C_{23}H_{22}O_6$ doit être très soluble dans ce solvant extracteur.

4. On utilise une ampoule à décanter.

4 1. La phase organique surnage car le cyclohexane a une densité inférieure à celle de l'eau.

2. L'eucalyptol est plus soluble dans le cyclohexane que dans l'eau. L'eucalyptol se retrouve donc dans la phase organique.

3.

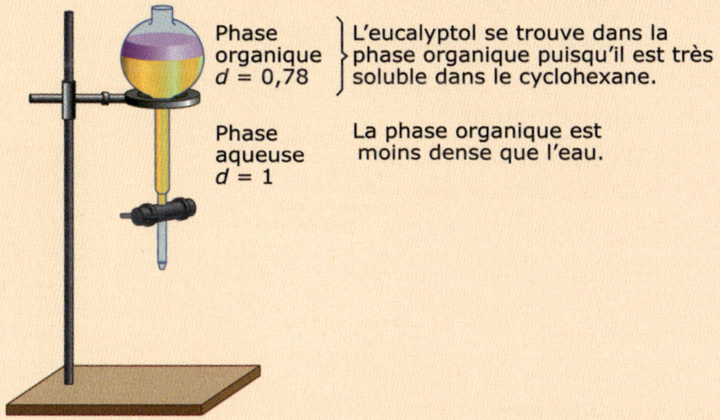

5 1. Le chromatogramme de (H) présente 6 taches. L'huile essentielle contient donc plusieurs espèces chimiques, il s'agit bien d'un mélange.

2. Deux taches dues à l'huile (H) sont à la même hauteur que celles dues à l'eugénol (E) et à l'acétyleugénol (A). On peut en déduire que l'huile (H) contient ces deux espèces.

3. Si l'on extrait l'eugénol à partir des feuilles du giroflier, on constate que l'huile essentielle n'a pas la même composition que celle issue des clous de girofle : en effet, le chromatogramme ne présente que quatre taches dont la plus haute correspond à l'eugénol.

6 1. • Un médicament analgésique agit pour abolir ou atténuer la douleur.

• Un médicament antipyrétique agit contre la fièvre.

Comme le paracétamol, l'aspirine (ou acide acétylsalicylique) est un médicament analgésique et antipyrétique.

2. Sur le dispositif, on distingue : le réfrigérant à air (1) qui est un tube de verre ouvert aux deux extrémités, l'erlenmeyer (2), le barreau aimanté (3) et l'agitateur magnétique chauffant (4).

3. **a.** Le chauffage du mélange réactionnel engendre la vaporisation d'une partie des espèces. En s'élevant dans le réfrigérant, ces espèces gazeuses se condensent et retombent à l'état liquide dans l'erlenmeyer. Ainsi le réfrigérant à air, en empêchant que les vapeurs s'échappent, permet de chauffer longuement sans perte de matière.

b. Le réfrigérant à air, bien que plus efficace qu'un réfrigérant à eau, est inutile puisque le mélange n'est chauffé qu'à 80 °C.

c. Si on ôtait le réfrigérant à air avant d'avoir refroidi l'erlenmeyer, une partie des espèces chimiques s'échapperaient sous forme gazeuse.

4. Ainsi que l'indique le symbole de danger, l'anhydride acétique est un produit corrosif. C'est pour cela qu'il faut le manipuler avec beaucoup de précautions.

5. On filtre sur büchner car, grâce à l'aspiration, l'opération est plus rapide et plus efficace qu'une simple filtration.

6. Le rinçage permet d'éliminer une partie des impuretés restant dans le paracétamol.

7. a. La mesure de la température de fusion des cristaux et la chromatographie sont deux moyens de vérifier que le produit synthétisé est bien du paracétamol.

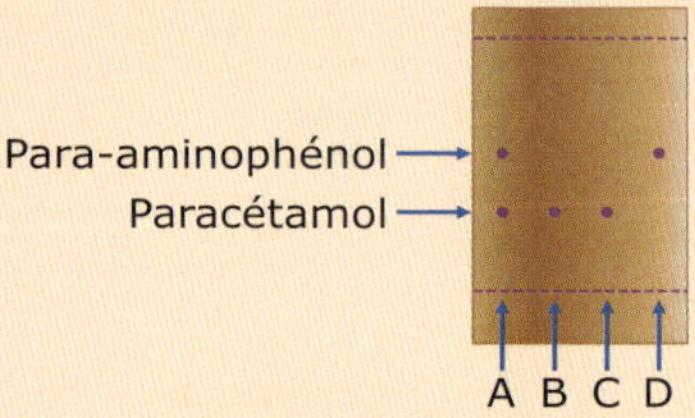

b. L'analyse du chromatogramme permet de tirer les informations suivantes :

- l'espèce déposée en B a migré au même niveau que la référence (C) donc c'est certainement du paracétamol ;
- le paracétamol brut (A) est un mélange de deux espèces : paracétamol et para-aminophénol (car elles ont migré respectivement au même niveau que les références (C) et (D)).

c. La température de fusion de 168 °C est celle du paracétamol (voir tableau de données). Cette mesure confirme la chromatographie en apportant une preuve supplémentaire de l'identité du produit synthétisé.

7

1.

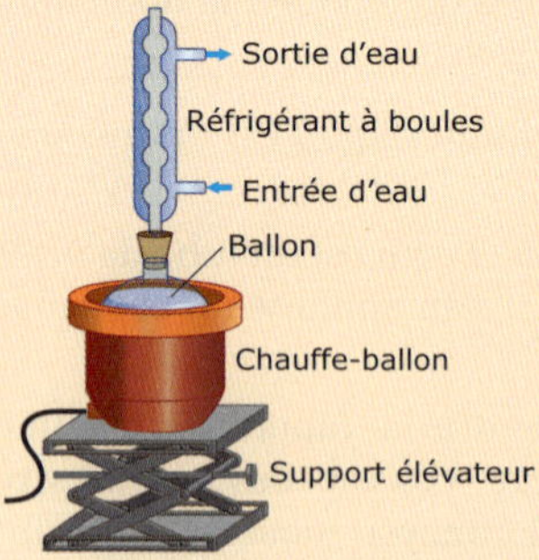

2. Le réfrigérant à boules condense les vapeurs, ainsi elles retombent dans le milieu réactionnel. Cela évite les pertes de matière et leur dissipation dans le laboratoire.

3. L'acétanilide étant très peu soluble dans l'eau froide, il cristallise.

4. La filtration sous vide est plus rapide et plus efficace qu'une simple filtration.

5. L'acétanilide est très soluble dans l'eau chaude mais très peu soluble dans l'eau froide. Les impuretés possibles sont l'aniline et l'acide éthanoïque, solubles à chaud et à froid. Au moment du refroidissement, les impuretés restent en solution, seul l'acétanilide cristallise. Cette technique permet donc de purifier le produit de la synthèse.

10 La mole

Le moindre échantillon de matière contient un nombre gigantesque d'entités chimiques : un grain de sel contient environ 2 milliards de milliards d'ions ; une goutte d'eau est formée d'environ 1 500 milliards de milliards de molécules. Il est donc nécessaire de définir une unité pour dénombrer les entités chimiques à notre échelle.

I Le chimiste mesure les quantités en mole

- Pour mesurer les quantités de matière, les scientifiques ont choisi de regrouper les atomes, les molécules ou les ions par « paquets ». Chaque paquet est appelé **mole**.
- La mole est la quantité de matière présente dans un système contenant autant d'entités (atomes, molécules ou ions) qu'il y a d'atomes dans 12,0 g de carbone 12 (isotope ${}^{12}_{6}C$). Ce nombre, qui est égal à $6{,}02 \times 10^{23}$, est appelé **constante d'Avogadro** et est noté N_A.
- Le nombre d'entités contenues dans une mole vaut N_A ; $N_A = 6{,}02 \times 10^{23}\ mol^{-1}$.

➲ Une mole est donc « un paquet » contenant $6{,}02 \times 10^{23}$ entités.

Le nombre N d'entités chimiques présentes dans un échantillon est proportionnel à la quantité de matière notée n :

$$N = n\,N_A$$

N : nombre d'entités, sans unité ;
n : quantité de matière en mol ;
N_A en mol^{-1}

EXEMPLE : $n = 7{,}0$ moles d'eau contiennent $N = 7{,}0 \times 6{,}02 \times 10^{23} = 4{,}2 \times 10^{24}$ molécules d'eau.

➲ La constante d'Avogadro permet de passer de l'échelle microscopique (N est un nombre très grand) à l'échelle macroscopique (n est un nombre raisonnable à notre échelle).

II La masse molaire

La **masse molaire**, notée M, est la masse d'une mole d'entités chimiques, elle s'exprime en $g{\cdot}mol^{-1}$.

1 Masse molaire atomique

La **masse molaire atomique** d'un élément est la masse d'une mole d'atomes de cet élément : les valeurs sont données dans la classification des éléments.

EXEMPLES

$M(H) = 1{,}0\ g{\cdot}mol^{-1}$, $M(He) = 4{,}0\ g{\cdot}mol^{-1}$, $M(C) = 12{,}0\ g{\cdot}mol^{-1}$.

2 Masse molaire moléculaire

La **masse molaire moléculaire** d'une espèce est la masse d'une mole de molécules. Elle est calculée à partir des masses molaires atomiques des atomes présents, en tenant compte de leur nombre indiqué dans sa formule.

EXEMPLES

$M(H_2O) = 2\ M(H) + M(O) = 2 \times 1{,}0 + 16{,}0 = 18{,}0\ g{\cdot}mol^{-1}$;

$M(NaCl) = M(Na) + M(Cl) = 23{,}0 + 35{,}5 = 58{,}5\ g{\cdot}mol^{-1}$;

$M(C_{12}H_{22}O_{11}) = 12\ M(C) + 22\ M(H) + 11\ M(O) = 144 + 22 + 176 = 342\ g{\cdot}mol^{-1}$.

III Détermination des quantités de matière

1 À partir de la valeur d'une masse

La **quantité de matière** n d'un échantillon de corps pur est proportionnelle à sa masse m.

$$n = \frac{m}{M}$$

n : quantité de matière, en mol ;
m : masse de l'échantillon, en g ;
M : masse molaire de l'espèce chimique, en $g{\cdot}mol^{-1}$

2 À partir de la valeur d'un volume

Dans le cas d'un liquide pur de masse volumique ρ, la quantité de matière est proportionnelle au volume V de l'échantillon.

$$n = \frac{m}{M} = \frac{\rho V}{M}$$

ρ : masse volumique du liquide, en $g{\cdot}cm^{-3}$;
V : volume de l'échantillon, en cm^3 ;
M : masse molaire de l'espèce chimique, en $g{\cdot}mol^{-1}$

➲ Attention, en chimie, les unités les plus utilisées ne sont pas celles du système international, les masses sont en gramme (g), les volumes sont en cm^3 ou en dm^3, avec 1 dm^3 = 1 L (litre) et 1 cm^3 = 1 mL (millilitre).

IV Comment prélever une quantité de matière au laboratoire ?

1 Peser un solide

Pour prélever n moles d'une espèce chimique solide de masse molaire M, il faut peser une masse m :

$$m = n\,M$$

2 Mesurer le volume d'un liquide

Pour prélever n moles d'un liquide pur de masse molaire M et de masse volumique ρ, il faut verser un volume V :

$$V = \frac{m}{\rho} = \frac{nM}{\rho}$$

Calculer une quantité de matière

ÉNONCÉ

Calculer les quantités de matière présentes dans les échantillons suivants :

1. un comprimé d'aspirine de 500 mg composé de molécules d'acide acétylsalicylique, de formule $C_9H_8O_4$ et de masse molaire $M = 180\ g{\cdot}mol^{-1}$;

2. un volume de 70 mL d'éthanol, de formule C_2H_6O, liquide de masse volumique $\rho = 0{,}79\ g{\cdot}cm^{-3}$ et de masse molaire $M = 46\ g{\cdot}mol^{-1}$.

MÉTHODE

La quantité de matière est proportionnelle :
- à la masse d'un échantillon de corps pur ;
- au volume dans le cas des liquides purs.

CORRIGÉ

1. Pour un solide dont on connaît la masse, la quantité de matière est :

$$n = \frac{m}{M} = \frac{0{,}500}{180} = 2{,}78 \times 10^{-3} = 2{,}78\ \text{mmol}$$

2. Pour un liquide dont on connaît le volume et la masse volumique :

$$n = \frac{m}{M} = \frac{\rho V}{M} = \frac{0{,}79 \times 70}{46} = 1{,}2\ \text{mol}$$

Vérifier ses connaissances

1 QCM

Dans le questionnaire à choix multiple (QCM) suivant, indiquer, pour chaque proposition, la ou les réponses exactes.

1. Une entité chimique peut être :

a. un atome ; **b.** une molécule ; **c.** un grain de sable ; **d.** un ion.

2. La mole est l'unité internationale de :

a. masse ; **b.** volume ; **c.** masse volumique ;

d. quantité de matière ; **e.** masse molaire.

3. Le symbole de la mole est :

a. mole ; **b.** m ; **c.** M ; **d.** mol ; **f.** Mol.

4. Une mole contient :

a. un nombre d'entités chimiques variables ;

b. toujours le même nombre d'entités chimiques ;

c. autant d'entités chimiques qu'il y a d'atomes dans 12 g de carbone 12 ($^{12}_{6}C$) ;

d. autant d'entités chimiques qu'il y a d'atomes dans 12 g de magnésium 24 ($^{24}_{12}Mg$).

5. Une mole a :

a. une masse dépendant de la nature de l'espèce chimique ;

b. toujours la même masse quelle que soit l'espèce chimique.

6. La masse d'une mole est :

a. la masse volumique ; **b.** la masse molaire ; **c.** la densité.

7. Le nombre d'entités chimiques dans une mole est la constante :

a. d'Agovadro ; **b.** Davogadro ; **c.** d'Avogrado ; **d.** d'Avogadro.

8. Une mole de molécules H_2O contient :

a. une mole d'atomes ; **b.** trois moles d'atomes ;

c. une mole d'atomes d'hydrogène et deux moles d'atomes d'oxygène ;

d. deux moles d'atomes d'hydrogène et une mole d'atomes d'oxygène.

9. Le nombre d'entités dans une mole est $6,02 \times 10^{23}$ soit environ :

a. six millions de milliards ; **b.** six milliards de milliards ;

c. six mille milliards de milliards ; **d.** soixante mille milliards de milliards ;

e. six cents mille milliards de milliards ;

f. six millions de milliards de milliards.

▸ corrigé p. 169

2 Relations importantes à connaître

1. Le chimiste n'utilise pas nécessairement des unités internationales. Il exprime la masse en gramme plutôt qu'en kilogramme et le volume en litre plutôt qu'en mètre cube. Compléter le tableau suivant avec les noms et les symboles des unités usuelles du chimiste :

Grandeur	Unité	Symbole de l'unité
Masse m	gramme	g
Quantité de matière n		
Masse molaire M		
Volume V	litre	L
Masse volumique ρ		
Nombre N d'entités chimiques		

2. a. Quelle est la relation permettant de calculer la quantité de matière n contenue dans une masse m d'une espèce de masse molaire M ?

b. En déduire la relation permettant de calculer la masse m d'une quantité de matière n d'une espèce de masse molaire M.

3. a. Quelle est la relation définissant la masse volumique ρ d'une espèce chimique en relation avec sa masse m et son volume V ?

b. En déduire la relation permettant de calculer la masse m d'un volume V d'une espèce chimique de masse volumique ρ.

4. Déduire des réponses précédentes, la relation permettant de calculer la quantité de matière n à partir du volume V d'une espèce chimique, de sa masse volumique ρ et de sa masse molaire M.

5. Quelle est la relation permettant de calculer le nombre N d'entités chimiques à partir de la quantité de matière n et de la constante d'Avogadro N_A ?

▸ corrigé p. 169

S'entraîner

3 Crème hydratante

Une crème hydratante pour « mains sèches et abîmées » contient de nombreux ingrédients tels que le glycérol, l'acide palmitique et l'acide stéarique.

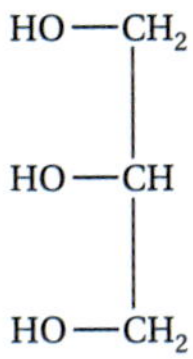

Glycérol (ou glycérine)

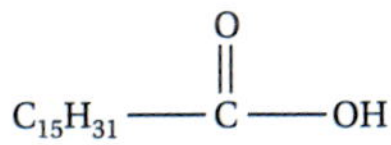

Acide palmitique

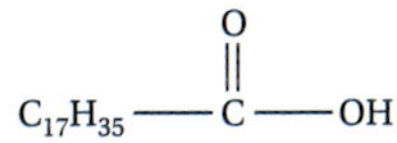

Acide stéarique

1. Écrire la formule brute du glycérol, de l'acide palmitique et de l'acide stéarique.

2. En déduire la masse molaire moléculaire de chacune de ces trois espèces.

3. En justifiant sans calcul, indiquer si un tube de crème contenant la même quantité de matière d'acide stéarique et d'acide palmitique renferme la même masse de ces deux molécules.

Données

masses molaires atomiques : $M(\text{H}) = 1{,}0\ \text{g·mol}^{-1}$; $M(\text{C}) = 12{,}0\ \text{g·mol}^{-1}$; $M(\text{O}) = 16{,}0\ \text{g·mol}^{-1}$.

▸ corrigé p. 170

4 Médicament anti-vertigineux

La molécule d'acétyl-leucine est utilisée comme principe actif dans le traitement médical des états vertigineux :

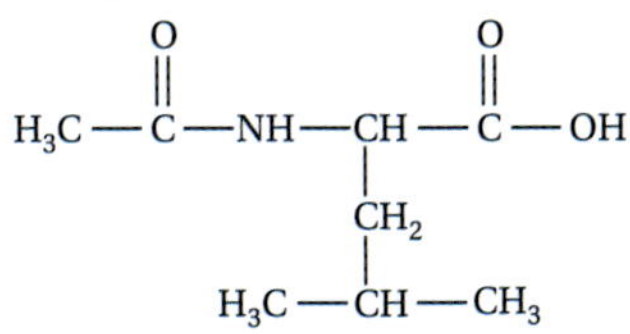

Le médicament le plus fréquemment utilisé est vendu en pharmacie sous la forme de comprimés contenant 500 mg d'acétyl-leucine.

1. Quelle est la formule brute de l'acétyl-leucine ?

2. En déduire sa masse molaire.

3. Quelle est la quantité de matière d'acétyl-leucine ingérée quotidiennement par un patient auquel le médecin a prescrit un comprimé matin, midi et soir ? On exprimera le résultat en mole, puis en millimole avec trois chiffres significatifs.

4. Quel est le nombre de molécules d'acétyl-leucine avalé chaque jour par le patient ?

Données

masses molaires atomiques : $M(\text{H}) = 1{,}0\ \text{g·mol}^{-1}$; $M(\text{C}) = 12{,}0\ \text{g·mol}^{-1}$;
$M(\text{N}) = 14{,}0\ \text{g·mol}^{-1}$; $M(\text{O}) = 16{,}0\ \text{g·mol}^{-1}$;

constante d'Avogadro : $N_A = 6{,}02 \times 10^{23}\ \text{mol}^{-1}$.

▸ corrigé p. 170

5 Médicaments antipyrétiques et antalgiques

Le paracétamol, l'aspirine et l'ibuprofène sont des espèces chimiques utilisées en médecine pour leurs propriétés antalgique (anti-douleur) et antipyrétique (anti-fièvre). Elles constituent le principe actif de nombreux médicaments commercialisés sous des noms variés.

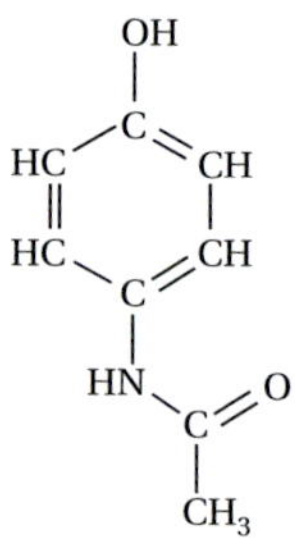

Paracétamol

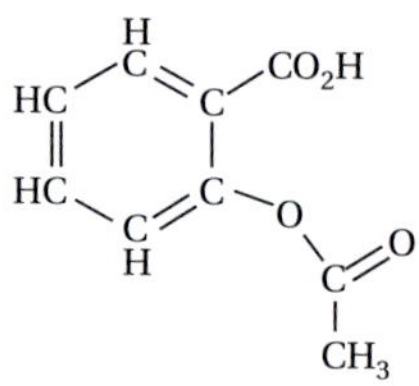

Aspirine (ou acide acétylsalicylique)

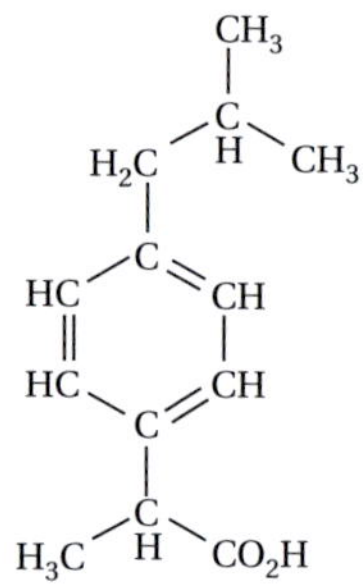

Ibuprofène

On considère trois comprimés (numérotés de I à III) vendus en pharmacie et contenant les quantités suivantes de molécules actives :

– comprimé I : 500 mg de paracétamol ;

– comprimé II : 1 000 mg d'aspirine ;

– comprimé III : 200 mg d'ibuprofène.

Les comprimés contiennent aussi d'autres espèces chimiques, appelées excipients, qui n'ont pas d'action thérapeutique.

On exprimera les résultats des calculs en notation scientifique et avec trois chiffres significatifs.

1. Quel est le comprimé contenant le plus de molécules actives ?

2. Quel est le nombre de molécules de paracétamol dans le comprimé I ?

Données

masses molaires atomiques : $M(\text{H}) = 1{,}0\ \text{g·mol}^{-1}$; $M(\text{C}) = 12{,}0\ \text{g·mol}^{-1}$;
$M(\text{N}) = 14{,}0\ \text{g·mol}^{-1}$; $M(\text{O}) = 16{,}0\ \text{g·mol}^{-1}$;

constante d'Avogadro : $N_A = 6{,}02 \times 10^{23}\ \text{mol}^{-1}$.

▸ corrigé p. 170

* 6 Un verre d'eau

« Je viens d'avaler 3,50 millions de milliards de milliards de molécules d'eau ! » s'exclame malicieusement un professeur de physique-chimie… puis il demande à ses élèves de retrouver le volume d'eau qu'il a ingurgité.

Aider les élèves à résoudre ce problème en expliquant votre raisonnement et en menant tous vos calculs avec trois chiffres significatifs.

Données

masses molaires atomiques : $M(\text{H}) = 1{,}0\ \text{g·mol}^{-1}$; $M(\text{O}) = 16{,}0\ \text{g·mol}^{-1}$;

masse volumique de l'eau : $1{,}00\ \text{g·mL}^{-1}$;

constante d'Avogadro : $N_A = 6{,}02 \times 10^{23}\ \text{mol}^{-1}$.

▸ corrigé p. 171

Problèmes

7 La vitamine C

Depuis l'Antiquité, on connaît les symptômes du scorbut : fatigue extrême, douleurs, altération des gencives… Cette maladie était observée autrefois sur les bateaux où les équipages manquaient de fruits et légumes frais. Ce n'est qu'au XVIIIe siècle qu'on découvre que la consommation de citrons prévient cette maladie grâce à la vitamine C qu'ils contiennent.

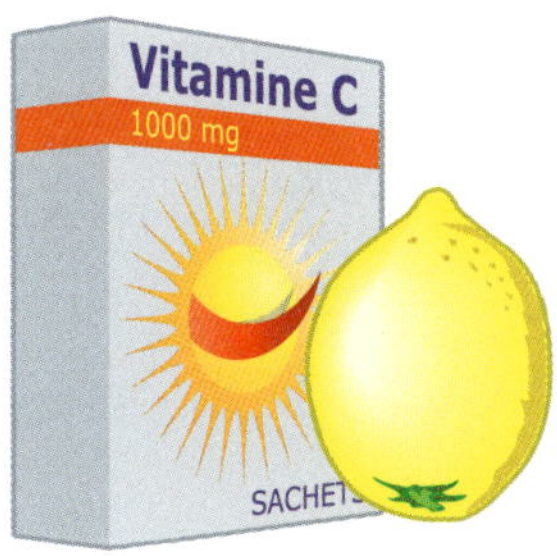

Les recommandations européennes conseillent un apport quotidien de vitamine C de 75 mg pour la femme et de 90 mg pour l'homme. À titre d'exemple, un citron apporte en moyenne 80 mg de vitamine C (pour 100 g). Ce sont les fruits et les légumes colorés crus qui en contiennent le plus. Mais on utilise aussi en médicament des comprimés effervescents de vitamine C.

La vitamine C est une molécule de formule brute $C_6H_8O_6$ appelée acide ascorbique.

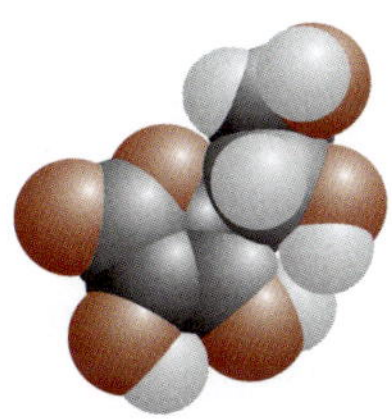

1. Calculer la masse molaire moléculaire de l'acide ascorbique.

2. Déterminer la quantité de matière moyenne d'acide ascorbique présente dans un citron qui pèse 100 g.

3. Quel est le nombre réel de molécules correspondant ?

Lors de la dissolution d'un comprimé effervescent dans un verre d'eau, il s'échappe du dioxyde de carbone sous forme de gaz. Une pesée a montré que la masse de gaz libérée est de 0,37 g.

4. Quelle est la formule moléculaire du dioxyde de carbone ?

5. Calculer la quantité de matière de gaz qui s'est échappée.

Données

Masses molaires atomiques : $M(\mathrm{H}) = 1{,}0\ \mathrm{g \cdot mol^{-1}}$; $M(\mathrm{C}) = 12{,}0\ \mathrm{g \cdot mol^{-1}}$;

$M(\mathrm{O}) = 16{,}0\ \mathrm{g \cdot mol^{-1}}$;

constante d'Avogadro : $N_A = 6{,}02 \times 10^{23}\ \mathrm{mol^{-1}}$.

▸ corrigé p. 171

8 Huile d'olive

Une huile d'olive de masse volumique $\rho = 8{,}90 \times 10^{2}\ \mathrm{g \cdot L^{-1}}$ est constituée essentiellement d'oléine de formule :

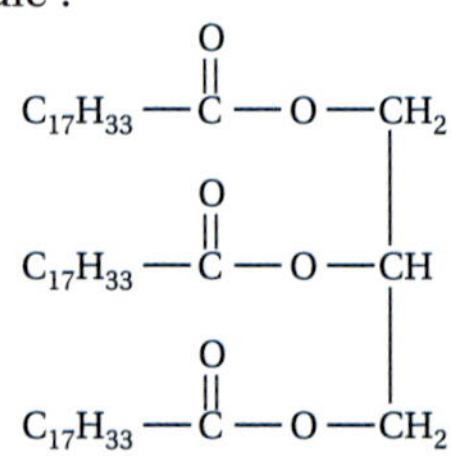

1. Déterminer la masse m d'une cuillerée de 10,0 mL (soit $1{,}00 \times 10^{-2}$ L) d'huile d'olive.

2. Vérifier que la masse molaire de l'oléine est $884{,}0\ \mathrm{g \cdot mol^{-1}}$.

3. Déterminer la quantité de matière n contenue dans la cuillerée d'huile.

4. Déterminer le nombre N de molécules contenues dans la cuillerée d'huile.

5. Combien d'atomes contient cette cuillerée d'huile ?

Données

Masses molaires atomiques : $M(\mathrm{H}) = 1{,}0\ \mathrm{g \cdot mol^{-1}}$; $M(\mathrm{C}) = 12{,}0\ \mathrm{g \cdot mol^{-1}}$;

$M(\mathrm{O}) = 16{,}0\ \mathrm{g \cdot mol^{-1}}$;

constante d'Avogadro : $N_A = 6{,}02 \times 10^{23}\ \mathrm{mol^{-1}}$.

▸ corrigé p. 172

1 1. Une entité chimique est un atome (**réponse a**), une molécule (**réponse b**) ou un ion (**réponse d**).

2. La mole est l'unité internationale de quantité de matière (**réponse d**).

3. Le symbole de la mole est mol (**réponse d**).

4. Une mole contient toujours le même nombre d'entités chimiques (**réponse b**). Par définition, une mole contient autant d'entités chimiques qu'il y a d'atomes dans 12 g de carbone 12 (**réponse c**).

5. Une mole a une masse dépendant de la nature de l'espèce chimique (**réponse a**).

6. La masse d'une mole est la masse molaire (**réponse b**).

7. Le nombre d'entités chimiques dans une mole est la constante d'Avogadro (**réponse d**).

8. Une mole de molécules H_2O contient trois moles d'atomes (**réponse b**) et plus précisément deux moles d'atomes d'hydrogène et une mole d'atomes d'oxygène (**réponse d**).

9. Le nombre d'entités dans une mole est $6{,}02 \times 10^{23}$ soit environ six cents mille milliards de milliards (**réponse e**).

➲ $10^{23} = 10^5 \times 10^9 \times 10^9 = 100\ 000 \times 1\ 000\ 000\ 000 \times 1\ 000\ 000\ 000$.

2 1.

Grandeur	Unité	Symbole de l'unité
Masse m	gramme	g
Quantité de matière n	mole	mol
Masse molaire M	gramme par mole	$g{\cdot}mol^{-1}$
Volume V	litre	L
Masse volumique ρ	gramme par litre	$g{\cdot}L^{-1}$
Nombre N d'entités chimiques	sans unité	aucun

2. **a.** Quantité de matière : $n = \frac{m}{M}$.

b. Masse : $m = nM$.

3. **a.** Masse volumique : $\rho = \frac{m}{V}$.

b. Masse : $m = \rho V$.

4. En combinant les relations $n = \frac{m}{M}$ et $m = \rho V$, on obtient : $n = \frac{\rho V}{M}$.

5. Nombre d'entités chimiques : $N = nN_A$.

3 **1.** Les formules brutes sont : glycérol $C_3H_8O_3$; acide palmitique $C_{16}H_{32}O_2$; acide stéarique $C_{18}H_{36}O_2$.

➲ L'ordre dans lequel est écrite une formule brute n'a aucune importance. Ainsi pour le glycérol, on peut tout aussi bien écrire : $C_3H_8O_3$ ou $H_8C_3O_3$ ou $O_3C_3H_8$... mais en général, on met d'abord C et H puis ensuite les autres éléments chimiques.

2. • Masse molaire du glycérol :

$M(C_3H_8O_3) = 3M(C) + 8M(H) + 3M(O)$

$M(C_3H_8O_3) = 3 \times 12{,}0 + 8 \times 1{,}0 + 3 \times 16{,}0 = 92{,}0\ g{\cdot}mol^{-1}$.

• Masse molaire de l'acide palmitique :

$M(C_{16}H_{32}O_2) = 16M(C) + 32M(H) + 2M(O)$

$M(C_{16}H_{32}O_2) = 16 \times 12{,}0 + 32 \times 1{,}0 + 2 \times 16{,}0 = 256{,}0\ g{\cdot}mol^{-1}$.

• Masse molaire de l'acide stéarique :

$M(C_{18}H_{36}O_2) = 18M(C) + 36M(H) + 2M(O)$

$M(C_{18}H_{36}O_2) = 18 \times 12{,}0 + 36 \times 1{,}0 + 2 \times 16{,}0 = 284{,}0\ g{\cdot}mol^{-1}$.

3. L'acide stéarique a une masse molaire supérieure à celle de l'acide palmitique. D'après la relation $m = nM$, pour une même quantité de matière n, la masse d'acide stéarique est donc supérieure à celle de l'acide palmitique.

4 **1.** La formule brute de l'acétyl-leucine est : $C_8H_{15}O_3N$.

2. Masse molaire : $M(C_8H_{15}O_2N) = 8M(C) + 15M(H) + 3M(O) + M(N)$

$M(C_8H_{15}O_2N) = 8 \times 12{,}0 + 15 \times 1{,}0 + 3 \times 16{,}0 + 14{,}0 = 173{,}0\ g{\cdot}mol^{-1}$.

3. Le patient ingère trois comprimés chaque jour, c'est-à-dire une masse d'acétyl-leucine : $m = 3 \times 500 = 1\ 500\ mg = 1{,}50\ g$.

La quantité de matière correspondante est :

$$n = \frac{m}{M} = \frac{1{,}50}{157{,}0} = 8{,}67 \times 10^{-3}\ \text{mol ou bien } 8{,}67\ \text{mmol}.$$

4. Le nombre de molécules d'acétyl-leucine avalé chaque jour par le patient est : $N = nN_A = 8{,}67 \times 10^{-3} \times 6{,}02 \times 10^{23} = 5{,}22 \times 10^{21}$.

5 **1.** • La formule brute du paracétamol est $C_8H_9O_2N$ donc sa masse molaire est : $M(C_8H_9O_2N) = 8M(C) + 9M(H) + 2M(O) + M(N)$.

$M(C_8H_9O_2N) = 8 \times 12{,}0 + 9 \times 1{,}0 + 2 \times 16{,}0 + 14{,}0 = 151{,}0\ g{\cdot}mol^{-1}$.

Le comprimé I contient la masse $m_I = 500$ mg = 0,500 g de paracétamol. La quantité de matière correspondante est :

$$n_I = \frac{m_I}{M(C_8H_9O_2N)} = \frac{0{,}500}{151} = 3{,}31 \times 10^{-3} \text{ mol.}$$

• La formule brute de l'aspirine est $C_9H_8O_4$ donc sa masse molaire est :

$M(C_9H_8O_4) = 9M(C) + 8M(H) + 4M(O) = 180{,}0 \text{ g·mol}^{-1}$.

Le comprimé II contient la masse $m_{II} = 1\,000$ mg = 1,00 g d'aspirine. La quantité de matière correspondante est :

$$n_{II} = \frac{m_{II}}{M(C_9H_8O_4)} = \frac{1{,}00}{180{,}0} = 5{,}56 \times 10^{-3} \text{ mol.}$$

• La formule brute de l'ibuprofène est $C_{13}H_{18}O_2$ donc sa masse molaire est :

$M(C_{13}H_{18}O_2) = 13M(C) + 18M(H) + 2M(O) = 206{,}0 \text{ g·mol}^{-1}$.

Le comprimé III contient la masse $m_{III} = 200$ mg = 0,200 g d'ibuprofène. La quantité de matière correspondante est :

$$n_{III} = \frac{m_{III}}{M(C_{13}H_{18}O_2)} = \frac{0{,}200}{206{,}0} = 9{,}71 \times 10^{-4} \text{ mol.}$$

$n_{II} > n_I > n_{III}$: le comprimé contenant le plus de molécules actives est le comprimé II.

2. Le nombre de molécules de paracétamol dans le comprimé I est :

$N_I = n_I N_A = 3{,}31 \times 10^{-3} \times 6{,}02 \times 10^{23} = 1{,}99 \times 10^{21}$.

6 Le nombre de molécules d'eau est :

$N = 3{,}50 \times 10^6 \times 10^9 \times 10^9 = 3{,}50 \times 10^{24}$ donc la quantité de matière correspondante

est : $n = \frac{N}{N_A} = \frac{3{,}50 \times 10^{24}}{6{,}02 \times 10^{23}} = 5{,}81$ mol.

La masse d'eau bue est $m = nM$.

La masse molaire de l'eau est $M = 2M(H) + M(O) = 18{,}0 \text{ g·mol}^{-1}$.

On obtient alors $m = 5{,}81 \times 18{,}0 = 105$ g.

La masse volumique de l'eau est $1{,}00 \text{ g·mol}^{-1}$ donc le volume bu par le professeur est $V = \frac{m}{\rho} = \frac{105}{1{,}00} = 105$ mL ou 0,105 L.

7 **1.** Le calcul de la masse molaire de l'acide ascorbique s'effectue à partir des masses molaires atomiques des atomes présents dans sa molécule :

$M(C_6H_8O_6) = 6M(C) + 8M(H) + 6M(O) = 6 \times 12{,}0 + 8 \times 1{,}0 + 6 \times 16{,}0$

$M(C_6H_8O_6) = 176 \text{ g·mol}^{-1}$.

2. La quantité de matière est proportionnelle à la masse de l'échantillon.

$$n = \frac{m}{M} = \frac{80 \times 10^{-3}}{176} = 4{,}5 \times 10^{-4} \text{ mol} = 0{,}45 \text{ mmol.}$$

3. Le nombre de molécules est :

$N = n\text{N}_\text{A} = 4{,}5 \times 10^{-4} \times 6{,}02 \times 10^{23} = 2{,}7 \times 10^{20}$ molécules.

4. La formule de la molécule de dioxyde de carbone est CO_2.

5. La masse molaire du dioxyde de carbone est :

$M(CO_2) = M(C) + 2M(O) = 12{,}0 + 2 \times 16{,}0 = 44{,}0 \text{ g·mol}^{-1}$.

La quantité de matière contenue dans 0,37 g vaut :

$$n = \frac{m}{M} = \frac{0{,}37}{44} = 8{,}4 \times 10^{-3} \text{ mol} = 8{,}4 \text{ mmol.}$$

8 **1.** La masse d'un volume $V = 10$ mL $= 1{,}00 \times 10^{-2}$ L d'huile est

$m = \rho V = 8{,}90 \times 10^{2} \times 1{,}00 \times 10^{-2} = 8{,}90$ g.

2. La formule brute de l'oléine est $C_{57}H_{104}O_6$ donc sa masse molaire est :

$M(C_{57}H_{104}O_6) = 57M(C) + 104M(H) + 6M(O)$

$M(C_{57}H_{104}O_6) = 57 \times 12{,}0 + 104 \times 1{,}0 + 6 \times 16{,}0 = 884{,}0 \text{ g·mol}^{-1}$.

3. La quantité de matière d'huile se déduit des deux résultats précédents :

$$n = \frac{m}{M} = \frac{8{,}90}{884{,}0} = 1{,}01 \times 10^{-2} \text{ mol.}$$

4. Le nombre de molécules d'oléine est :

$N = n\text{N}_\text{A} = 1{,}01 \times 10^{-2} \times 6{,}02 \times 10^{23} = 6{,}08 \times 10^{21}$.

5. La molécule d'oléine $C_{57}H_{104}O_6$ est formée de 167 atomes donc la cuillérée d'huile contient : $167N = 167 \times 6{,}08 \times 10^{21} = 1{,}02 \times 10^{24}$ atomes.

LA PRATIQUE DU SPORT

INTRODUCTION

Une pratique raisonnée du sport de loisir ou de compétition doit conduire à améliorer les performances du sportif tout en respectant sa santé. Le recours à des méthodes scientifiques, s'appuyant sur les connaissances de la physique, la chimie, la biologie et la médecine, contribue à cet objectif.

■ Les besoins énergétiques du sportif sont assurés par son alimentation et, en particulier, par les boissons. Les réponses de son organisme peuvent s'analyser en terme de transformations chimiques.

■ Les lois de la physique permettent d'étudier un mouvement sportif. Elles sont aussi essentielles pour comprendre les conséquences physiologiques de la pression lors de la pratique d'un sport en altitude ou de la plongée subaquatique.

■ La chimie de synthèse permet l'élaboration de nouveaux matériaux afin d'améliorer sensiblement le confort des sportifs et leurs performances.

■ Le thème de la pratique du sport est traité en 5 chapitres :

11. Les solutions

12. Les transformations chimiques

13. Mouvements et forces dans les pratiques sportives

14. Sport et pression atmosphérique

15. Plongée subaquatique et pression

11 Les solutions

Les boissons énergétiques ont longtemps été réservées aux sportifs de haut niveau. Ce sont des solutions aqueuses composées d'eau, de minéraux, de vitamines, d'arômes et de sucre sous différentes formes, plus ou moins concentrées. Leur consommation apporte un complément d'énergie nécessaire à l'organisme pour la pratique d'activités physiques intenses. Comment prépare-t-on une solution ?

I Solution aqueuse

Définitions

• Une **solution** est un mélange liquide homogène de plusieurs constituants. Le constituant majoritaire est appelé **solvant** ; les espèces dissoutes sont les **solutés**.

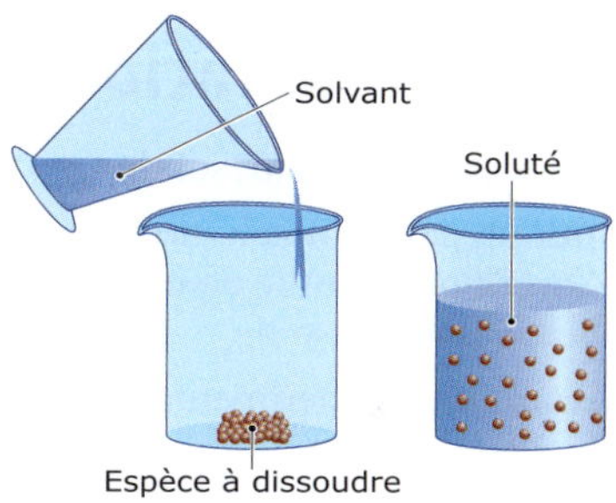

• Si le solvant est l'eau, la solution est dite **aqueuse**.

• Lors de la **dissolution d'une espèce**, les entités chimiques du soluté (molécules ou ions) se dispersent parmi les molécules du solvant dont la quantité est très majoritaire.

Concentration d'une espèce chimique en solution

• La **concentration massique** $c_{(A)}$ d'une espèce A en solution est égale au quotient de la masse de A dissoute $m_{(A)}$ par le volume V_{sol} de la solution.

$$c_{(A)} = \frac{m_{(A)}}{V_{sol}}$$

$c_{(A)}$: concentration massique, en $g \cdot L^{-1}$;
$m_{(A)}$: masse dissoute, en g ;
V_{sol} : volume de la solution, en L

• La **concentration molaire** $C_{(A)}$ d'une espèce A en solution est égale au quotient de la quantité de matière dissoute par le volume de la solution.

$$C_{(A)} = \frac{n_{(A)}}{V_{sol}}$$

$C_{(A)}$: concentration molaire, en mol·L^{-1} ;
$n_{(A)}$: quantité de matière, en mol ;
V_{sol} : volume de la solution, en L

Influence de la dilution sur la concentration d'une solution

La **dilution** d'une solution aqueuse permet d'obtenir une solution moins concentrée. Pour cela, on ajoute de l'eau distillée.

Au cours de cette dilution, la quantité de matière de soluté se conserve : $n_1 = n_2$.

Or $n = C\,V$ soit $C_1\,V_1 = C_2\,V_2$. Donc si $V_2 > V_1$ alors $C_2 < C_1$.

La dilution **abaisse** la concentration de la solution.

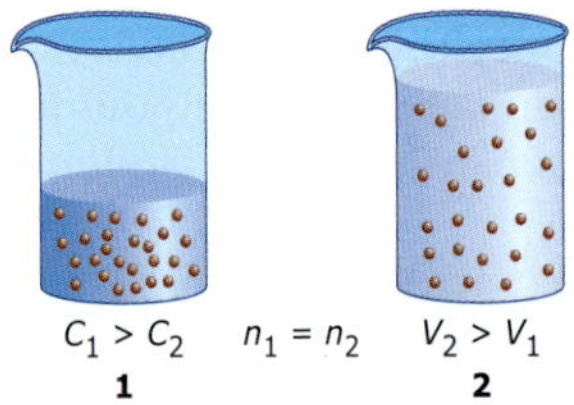

II Préparation d'une solution aqueuse

Par dissolution d'un solide

• Pour préparer un volume V de solution aqueuse de concentration $C_{(A)}$, il faut prélever une quantité de matière $n_{(A)} = C_{(A)}\,V$. Pour cela, on pèse, à l'aide d'une balance, une masse $m_{(A)}$ telle que $m_{(A)} = n_{(A)} M_{(A)}$.

• Le protocole expérimental est le suivant :

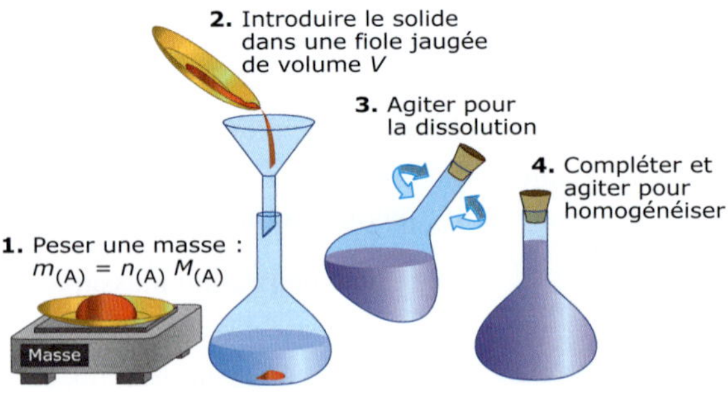

Par dilution d'une solution existante

• Pour préparer un volume V_2 de solution aqueuse (2) de concentration C_2 à partir d'une solution (1) de concentration C_1, il faut en prélever un volume V_1 tel que $V_1 = \frac{C_2 V_2}{C_1}$.

• Le protocole expérimental est le suivant :

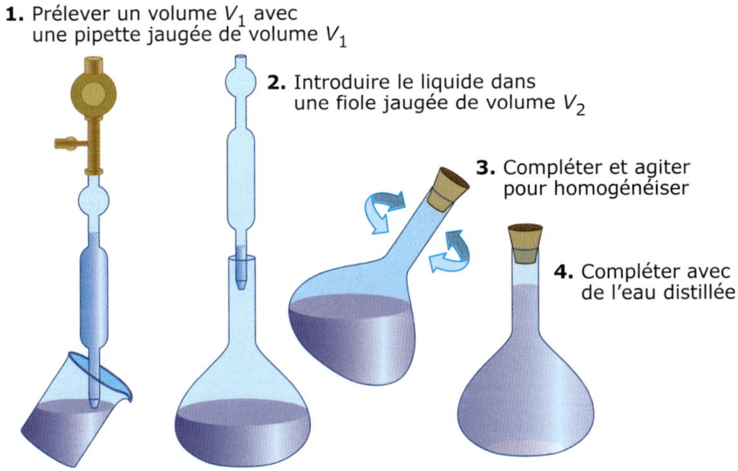

Déterminer la concentration d'une solution

ÉNONCÉ

On prépare 125 mL d'eau sucrée en dissolvant un morceau de sucre de 5,0 g dans un verre d'eau. Le sucre est constitué de molécules de saccharose de formule $C_{12}H_{22}O_{11}$ dont la masse molaire est 342 g·mol^{-1}.

1. Calculer la concentration massique de la solution réalisée.

2. Calculer sa concentration molaire.

3. On ajoute de l'eau distillée jusqu'à ce que le volume de la solution soit égal à 500 mL. Comment sont modifiées ces concentrations ?

À RETENIR

• La concentration massique s'exprime en g·L^{-1} alors que la concentration molaire est en mol·L^{-1}.

• Ajouter de l'eau permet de diluer la solution pour qu'elle soit moins concentrée.

CORRIGÉ

1. La concentration massique $c_{(\text{sucre})}$ est calculée à partir de la masse de sucre dissoute :

$$c_{(\text{sucre})} = \frac{m_{(\text{sucre})}}{V_{\text{sol}}} = \frac{50}{0{,}125} = 40 \text{ g·L}^{-1}.$$

2. La concentration molaire $C_{(\text{sucre})}$ se calcule à partir de la quantité de matière dissoute :

$$C_{(\text{sucre})} = \frac{n_{(\text{sucre})}}{V_{\text{sol}}} = \frac{m_{(\text{sucre})}}{M(C_{12}H_{22}O_{11})\,V_{\text{sol}}} = \frac{5{,}0}{342 \times 0{,}125} = 0{,}12 \text{ mol·L}^{-1}.$$

3. Après ajout d'eau distillée, le volume est égal à $V_{\text{sol}} = 500$ mL (soit 4 × 125), il est 4 fois plus élevé que celui de la solution précédente. La concentration est alors 4 fois plus faible.

$$c_{(\text{sucre})} = \frac{40}{4} = 10 \text{ g·L}^{-1} \text{ ; } C_{(\text{sucre})} = \frac{0{,}12}{4} = 0{,}03 \text{ mol·L}^{-1}.$$

Diluer une solution aqueuse

ÉNONCÉ

L'eau de Dakin est l'un des principaux antiseptiques sur le marché pharmaceutique. Elle est composée d'eau de javel, ou hypochlorite de sodium à 1,5 degré chlorométrique, et d'autres espèces chimiques dont 0,238 mol·L^{-1} d'ions hydrogénocarbonate HCO_3^-. Ce mélange contient, pour le colorer et le stabiliser, 10 mg·L^{-1} de permanganate de potassium qui lui donne sa coloration rosée.
Le permanganate de potassium est un solide de formule $KMnO_4$, de masse molaire $M = 158$ g·mol^{-1}.

1. Calculer la concentration molaire en permanganate de potassium dans la solution de Dakin.

2. On prélève 10 mL de la solution que l'on verse dans une fiole jaugée de 50 mL auxquels on ajoute de l'eau distillée jusqu'au trait de jauge. Déterminer la nouvelle concentration en permanganate de la solution ainsi diluée.

MÉTHODE

- Pour déterminer une concentration molaire, il faut exprimer la quantité de matière en mole.
- La dilution conserve la quantité de matière de soluté : le volume augmente et la concentration diminue.

CORRIGÉ

1. La quantité de matière de permanganate de potassium présente dans un litre solution est :

$$n = \frac{m}{M} = \frac{0{,}010}{158} = 6{,}3 \times 10^{-5} \text{ mol.}$$

La concentration molaire volumique est donc :

$$C_{(KMnO_4)} = \frac{n_{(KMnO_4)}}{V_{sol}} = \frac{6{,}3 \times 10^{-5}}{1} = 6{,}3 \times 10^{-5} \text{ mol·L}^{-1}.$$

2. La quantité de matière de permanganate de potassium s'exprime en fonction de la concentration et du volume de solution.

- Dans le prélèvement, on a : $n_1 = C_1\ V_1$.
- Dans la solution diluée, on a : $n_2 = C_2\ V_2$.

La quantité de matière de permanganate de potassium se conserve au cours de la dilution.

$n_1 = n_2$ donc $C_1\ V_1 = C_2\ V_2$.

La concentration de la solution diluée est donc :

$$C_2 = \frac{C_1 V_1}{V_2} = \frac{6{,}3 \times 10^{-5} \times 10 \times 10^{-3}}{50 \times 10^{-3}} = 1{,}3 \times 10^{-5}\ \text{mol·L}^{-1}.$$

Vérifier ses connaissances

1 QCM

Dans le questionnaire à choix multiple (QCM) suivant, indiquer, pour chaque proposition, la ou les réponses exactes.

1. La concentration molaire $C_{(A)}$ d'une espèce chimique A est donnée par la relation :

a. $C_{(A)} = n_{(A)}V$; **b.** $C_{(A)} = \frac{n_{(A)}}{V}$; **c.** $C_{(A)} = \frac{m_{(A)}}{V}$.

2. La concentration molaire s'exprime en :

a. $g{\cdot}L^{-1}$; **b.** mol ; **c.** $mol{\cdot}L^{-1}$.

3. La concentration massique s'exprime en :

a. $g{\cdot}L^{-1}$; **b.** mol ; **c.** $mol{\cdot}L^{-1}$.

4. La concentration molaire d'une solution de 100 mL est 0,5 $mol{\cdot}L^{-1}$. La quantité de matière du soluté est :

a. 0,5 mol ; **b.** 0,05 mol ; **c.** 5 mol.

5. La grandeur qui se conserve lors d'une dilution est :

a. la concentration ;

b. la quantité de matière de soluté ;

c. le volume de solution.

6. Pour mesurer précisément 20 mL d'eau, on utilise :

a. une éprouvette graduée de 20 mL ;

b. une pipette jaugée de 20 mL ;

c. un becher gradué.

7. Une solution de saccharose de 100 mL contient 0,2 g de soluté. Sa concentration massique est :

a. 2×10^{-3} $g{\cdot}L^{-1}$; **b.** 2 $g{\cdot}L^{-1}$; **c.** 20 $g{\cdot}L^{-1}$.

▸ corrigé p. 187

2 Verrerie pour préparer une solution

1. Nommer la verrerie et le matériel suivant.

2. Indiquer la verrerie nécessaire pour préparer une solution par dilution.

3. Expliquer le protocole à suivre pour cette préparation.

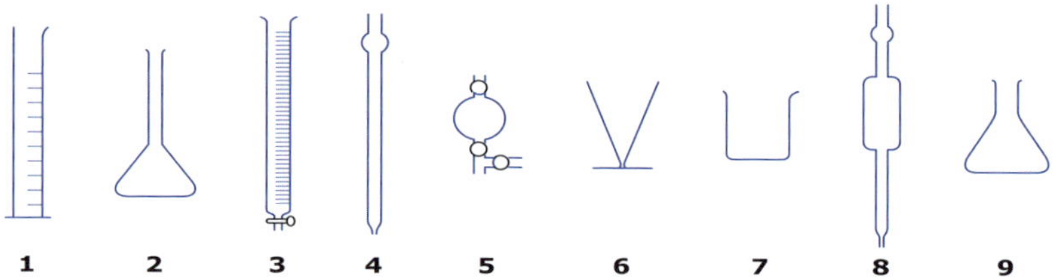

▸ corrigé p. 187

3 Perfusion

Un malade sous perfusion peut recevoir en une journée 2,0 L d'une solution à 5 % en masse de glucose $C_6H_{12}O_6$, ce qui correspond à une concentration massique de 50 g·L^{-1}.

1. Déterminer la concentration molaire de cette solution.

2. Quelle quantité de matière de glucose ce patient reçoit-il en une journée ?

Donnée : M(glucose) = 252 g·mol^{-1}.

▸ corrigé p. 187

S'entraîner

4 Taux de cholestérol dans le sang

Le cholestérol est connu depuis le XVIIIe siècle mais sa formule brute $C_{27}H_{46}O$ n'a été déterminée qu'en 1888 par le chimiste Allemand Reintzen.

Le cholestérol est naturellement présent dans le sang mais il devient néfaste si sa concentration est trop élevée. Les laboratoires médicaux savent déterminer sa concentration par analyse sanguine.

Sur son bilan sanguin, un patient lit les résultats suivants.

Cholestérol : patient : 2,29 g·L^{-1}
Valeur normale : entre 4,98 × 10^{-3} mol·L^{-1} et 6,40 × 10^{-3} mol·L^{-1}

Est-il nécessaire que ce patient consulte son médecin ?

Données : masses molaires atomiques :

M(C) = 12,0 g·mol^{-1} ; M(O) = 16,0 g·mol^{-1} et M(H) = 1,0 g·mol^{-1}. ▸ corrigé p. 188

* 5 Le magnésium indispensable au sportif !

Le magnésium est un élément clé de la fabrication de l'énergie dans les cellules. La pratique sportive peut augmenter le besoin en magnésium. Donc, il est très important d'avoir un apport conséquent en magnésium chez les sportifs : 300 à 400 mg par jour. On trouve cet élément chimique surtout dans les légumineuses (lentilles, pois...) et dans certaines eaux minérales.

Teneur en magnésium de quelques portions d'aliments (en mg)	
Deux tranches de pain complet (40 g)	32
Une portion de lentilles (200 g)	64
Une assiette d'épinard (200 g)	92
Une poignée d'amandes (30 - 40 g)	90
Eau minérale Hépar (1 L)	110
Eau minérale Contrex (1 L)	90

1. Pour un apport journalier de 350 mg de magnésium, quel est le volume minimal d'eau Contrex que doit boire un sportif ?

2. Le magnésium, sous forme de complément alimentaire, peut être particulièrement intéressant puisqu'une gélule contient 300 mg de magnésium. Il est conseillé de prendre une gélule par jour dans un verre d'eau le matin, en cure de 3 à 4 semaines. Si on dissout une gélule dans un verre d'eau de 150 mL, quelle est alors la concentration massique en magnésium ? En déduire la concentration molaire.

3. À partir de cette solution, on prépare, par dilution, 500 mL d'une solution à $4{,}1 \times 10^{-3}$ mol·L^{-1}. Indiquer le matériel nécessaire et le protocole à suivre.

4. La solution diluée correspond-elle au même apport en magnésium que l'eau Hépar ? que l'eau Contrex ?

Donnée

masse molaire du magnésium M(Mg) = 24,3 g·mol^{-1}.

▸ corrigé p. 188

6 Contrôle pour dopage !

L'érythropoïétine (EPO) est une hormone produite naturellement par tous les êtres humains en bonne santé. L'EPO peut également être fabriquée de façon synthétique par le biais de la biotechnologie. Les deux molécules d'EPO, naturelle et synthétique, agissent exactement de la même façon dans le corps en stimulant la prolifération des érythrocytes (globules rouges ou hématies), qui sont les cellules assurant le transport de l'oxygène dans le sang vers tous les organes. Or, augmenter artificiellement le nombre de ces érythrocytes constitue un avantage non négligeable dans les sports d'endurance. En effet, une plus grande quantité d'oxygène arrive ainsi aux muscles. Pour cette raison, l'EPO synthétique est un produit dopant interdit par le Code mondial antidopage depuis 1990. De plus, en augmentant la viscosité du sang, l'EPO peut engendrer des accidents cardiovasculaires.

Le dopage à l'EPO est détecté grâce à un prélèvement sanguin. Le pourcentage du volume des globules rouges par rapport au volume sanguin total de l'individu, appelé « taux d'hématocrite », est ainsi déterminé puis comparé au taux d'hématocrite normal.

	Homme	Femme
Taux d'hématocrite normal	< 50 %	< 47 %
Concentration molaire normale en hémoglobine	< 10,5 $mmol \cdot L^{-1}$	< 10 $mmol \cdot L^{-1}$

Une jeune athlète vient de subir un contrôle anti-dopage ; ses résultats d'analyse sanguine sont les suivants :

Nombre d'hématies par mm^3	5 350 000 /mm^3
Masse d'hémoglobine dans 100 mL	16,9 g
Taux d'hématocrites	49,1 %

1. Interpréter le taux d'hématocrite de l'athlète.
2. Déterminer la concentration massique en hémoglobine de l'athlète.
3. Votre interprétation sur le taux d'hématocrite est-elle confirmée par la concentration en hémoglobine ?
4. L'athlète s'est-elle dopée ?

Donnée : masse molaire de l'hémoglobine : $M = 1{,}60 \times 10^4\ g \cdot mol^{-1}$.

▸ corrigé p. 189

Problème

7 Boisson énergétique

Cette boisson de l'effort certifiée biologique très rafraichissante est composée de maltodextrines et de saccharose. Elle permet de satisfaire les besoins énergétiques et hydriques de tout type d'exercice, notamment endurant.

Conseils d'utilisation

Mélanger 3 dosettes (30 g) dans 1/2 litre d'eau. Consommer par petites gorgées tout au long de l'effort à raison d'1/2 litre à 1 litre par heure.

Ingrédients
Saccharose*, maltodextrines*, arôme naturel de menthe, fructose, chlorure de sodium, vitamine B1.
(*Issu de l'agriculture biologique).
Composition nutritionnelle pour 100 g

Valeur calorique (kcal/kJ)	390/1 657
Protéines	< 1 g
Glucides	97,3 g
dont sucres	51,1 g
Lipides	< 1 g
dont acides gras saturés	< 1 g
Fibres	< 1 g
Sodium	181 mg
Vitamine B1	1,0 mg

Un sportif prépare 0,5 L de cette boisson en dissolvant 30 g de soluté.

1. Déterminer la masse de glucides introduite dans la boisson.

2. Calculer la concentration massique en glucides dans la boisson préparée.

La vitamine B1 (ou *thiamine* ou *aneurine*) est une vitamine hydrosoluble. Elle favorise la transformation des glucides en énergie et est nécessaire au bon fonctionnement du système nerveux et musculaire. Sa formule brute est $C_{12}H_{17}ClN_4OS$ et sa masse molaire, 301 $g{\cdot}mol^{-1}$.

3. Combien d'éléments chimiques apparaissent dans la formule de la vitamine B1 ?

4. Quelle est la masse de vitamine B1 introduite dans la boisson préparée ? Calculer la quantité de matière correspondante.

5. En déduire la concentration molaire volumique en vitamine B1 dans la boisson.

‣ corrigé p. 189

1 **1.** La concentration molaire d'une espèce chimique est donnée par :

$C_{(A)} = \dfrac{n_{(A)}}{V_{sol}}$ (**réponse b**).

2. La concentration molaire s'exprime en $mol{\cdot}L^{-1}$ (**réponse c**).

3. La concentration massique s'exprime en $g{\cdot}L^{-1}$ (**réponse a**).

4. La concentration molaire est $C = \dfrac{n}{V}$ donc $n = CV = 0{,}5 \times 0{,}100 = 0{,}05$ mol. La quantité de matière du soluté est 0,05 mol (**réponse c**).

5. La grandeur qui se conserve lors d'une dilution est la quantité de matière de soluté (**réponse b**).

6. Pour mesurer précisément 20 mL d'eau, on utilise une pipette jaugée de 20 mL (**réponse b**).

7. La concentration massique est $c = \dfrac{m}{V} = \dfrac{0{,}2}{0{,}100} = 2\ g{\cdot}L^{-1}$. La concentration massique est $2\ g{\cdot}L^{-1}$ (**réponse b**).

2 **1.** ① éprouvette graduée ; ② fiole jaugée ; ③ burette graduée ; ④ pipette simple ; ⑤ pro-pipette ou poire aspirante ; ⑥ verre à pied ; ⑦ becher ; ⑧ pipette jaugée ; ⑨ erlenmeyer.

2. Pour réaliser une dilution, il faut : un becher, une pipette jaugée et sa poire aspirante, une fiole jaugée et son bouchon.

3. • Verser la solution mère dans un becher.

• Prélever à la pipette jaugée le volume V. Le bas du ménisque de la solution doit être au même niveau que le trait de jauge.

• Placer le volume V de solution mère dans la fiole jaugée.

• Compléter avec un peu d'eau.

• Boucher la fiole puis agiter.

• Compléter avec de l'eau jusqu'au trait de jauge. On agite pour homogénéiser.

3 **1.** La quantité de matière dans un litre est : $n = \dfrac{m}{V} = \dfrac{50}{252} = 2{,}0 \times 10^{-1}$ mol, la concentration molaire est $C_{(glucose)} = 2{,}0 \times 10^{-1}\ mol{\cdot}L^{-1}$.

2. Le patient reçoit en une journée 2,0 L de la solution de glucose, soit la quantité de matière : $n = C_{(glucose)} V = 2{,}0 \times 10^{-1} \times 2{,}0 = 4{,}0 \times 10^{-1}$ mol.

4 La norme du taux de cholestérol (entre $4{,}98 \times 10^{-3}$ mol·L^{-1} et $6{,}40 \times 10^{-3}$ mol·L^{-1}) est une concentration molaire, tandis que le bilan sanguin du patient donne la concentration massique en cholestérol : 2,29 g·L^{-1}. Il faut donc d'abord exprimer la concentration molaire en cholestérol dans le sang du patient.

• Masse molaire du cholestérol :

$M(C_{27}H_{46}O) = 27 \times 12{,}0 + 46 \times 1{,}0 + 16 \times 1{,}0 = 386{,}0$ g·mol^{-1}.

• La quantité de matière dans 2,29 g de cholestérol est :

$n = \frac{m}{M} = \frac{2{,}29}{386{,}0} = 5{,}93 \times 10^{-3}$ mol pour 1 L soit une concentration molaire :

$C_{\text{(cholestérol)}} = 5{,}93 \times 10^{-3}$ mol·L^{-1} = 5,93 mmol·L^{-1}.

Ce patient a une valeur normale en cholestérol puisque sa concentration molaire est comprise entre $4{,}98 \times 10^{-3}$ mol·L^{-1} et $6{,}40 \times 10^{-3}$ mol·L^{-1}. Il n'a pas besoin de retourner chez son médecin !

5 **1.** La concentration massique en magnésium de l'eau Contrex est 90 mg·L^{-1}.

$c = \frac{m}{V}$ donc $V = \frac{m}{c} = \frac{350}{90} = 3{,}9$ L.

Le sportif devrait boire 3,9 L d'eau Contrex.

2. Un comprimé contient 300 mg = 0,300 g de magnésium. Il est dissous dans 150 mL d'eau soit 0,150 L :

$c = \frac{m}{V} = \frac{0{,}300}{0{,}150} = 2{,}00$ g·L^{-1}.

La concentration massique en magnésium dans le verre est de 2,00 g·L^{-1}.

La quantité de matière dans 2,00 g est : $n = \frac{m}{V} = \frac{2{,}00}{24{,}3} = 8{,}23 \times 10^{-2}$ mol.

La concentration molaire en magnésium dans le verre est $C = 8{,}23 \times 10^{-2}$ mol·L^{-1}.

3. Au cours d'une dilution, la quantité de matière de soluté est conservée : $n_1 = n_2$. Or $n = CV$ soit $C_1V_1 = C_2V_2$ et $\frac{C_1}{C_2} = \frac{V_2}{V_1} = \frac{8{,}2 \times 10^{-2}}{4{,}1 \times 10^{-3}} = 20$. Il faut donc diluer 20 fois la solution mère.

$\frac{V_2}{V_1} = 20$ donc $V_1 = \frac{V_2}{20} = \frac{500}{20} = 25$ mL. On prélève 25 mL de solution mère à l'aide d'une pipette jaugée de 25 mL que l'on place dans la fiole jaugée de 500 mL. On complète avec de l'eau jusqu'au trait de jauge, on agite pour homogénéiser.

4. La solution diluée a une concentration massique $c' = \frac{m}{V}$ et la masse de soluté est $m = nM_{(Mg)}$.

donc $c' = \frac{m}{V} = \frac{n}{V} M_{(Mg)} = C_2 M_{(Mg)}$ soit

$c' = 4{,}1 \times 10^{-3} \times 24{,}3 = 1{,}0 \times 10^{-1}$ g·L^{-1} = 100 mg·L^{-1}.

Cette solution a une teneur en magnésium inférieure à celle de l'eau Hépar mais supérieure à celle de l'eau Contrex ($90 < c' < 110$ mg·L^{-1}).

6 **1.** Le taux d'hématocrite de l'athlète est de 49,1 %, or la valeur normale pour une femme correspond à un taux inférieur à 47 %. On peut donc suspecter cette jeune athlète de dopage !

2. L'analyse révèle, 16,9 g d'hémoglobine pour 100 mL, soit 169 g pour 1 000 mL = 1 L. La concentration massique en hémoglobine dans le sang de l'athlète est $c_{massique} = 169$ g·L^{-1}.

3. La concentration molaire en hémoglobine de cette athlète est :

$$C = \frac{c_{massique}}{M} = \frac{169}{1{,}60 \times 10^4} = 1{,}06 \times 10^{-2}\ \text{mol·L}^{-1} = 10{,}6\ \text{mmol·L}^{-1}.$$

Cette valeur est supérieure à la norme admise. Ce résultat confirme l'interprétation du taux d'hématocrite également trop élevé.

➲ Relations entre concentration massique c et concentration molaire C :

$C = \frac{c}{M}$ ou $c = CM$ avec M la masse molaire du soluté.

4. Les analyses montrent que cette jeune athlète s'est dopée.

7 **1.** La composition indique 97,3 g de glucides pour 100 g. Pour un prélèvement de 30 g, la masse de glucides est :

$$m = \frac{30}{100} \times 97{,}3 = 29{,}2\ \text{g}.$$

2. Cette masse étant dissoute dans un volume $V = 0{,}5$ L, la concentration en glucides est donc : $c = \frac{m}{V} = \frac{29{,}2}{0{,}5} = 58{,}4$ g·L^{-1}.

3. La formule $C_{12}H_{17}ClN_4OS$ comprend les symboles C, H, Cl, N, O et S (éléments carbone, hydrogène, chlore, azote, oxygène et soufre), soit 6 éléments chimiques différents.

4. La composition indique 1,0 mg de vitamine B1 pour 100 g. Pour un prélèvement de 30 g, la masse de vitamine B1 est :

$$m = \frac{30}{100} \times 1{,}0 = 0{,}30 \text{ mg.}$$

La quantité de matière correspondante est :

$$n = \frac{m}{M} = \frac{0{,}30 \times 10^{-3}}{301} = 1{,}0 \times 10^{-6} \text{ mol} = 1{,}0 \text{ µmol.}$$

5. La concentration molaire volumique est alors :

$$C = \frac{n}{V} = \frac{1{,}0 \times 10^{-6}}{0{,}5} = 2{,}0 \times 10^{-6} \text{ mol·L}^{-1} = 2{,}0 \text{ µmol·L}^{-1}.$$

12 Les transformations chimiques

Le geste sportif nécessite de l'énergie. Cette énergie est fournie aux muscles par des transformations chimiques dans lesquelles les aliments (glucides, lipides, acides gras...) sont les carburants. Leur combustion nécessite du dioxygène et libère du dioxyde de carbone et de l'eau. L'énergie libérée par ces réactions chimiques est transformée par le muscle en énergie mécanique (travail musculaire), en énergie électrique (courant d'action) et en énergie thermique (chaleur). Qu'est-ce qu'une transformation chimique ? Comment peut-on la modéliser ?

I Système chimique

1 Définition

■ Un **système chimique** est un mélange d'espèces chimiques susceptibles de réagir entre elles.

■ Pour le décrire, il faut préciser :

- les conditions de pression p et de température T ;
- les espèces chimiques présentes en indiquant leur formule et leur état physique : solide (s), liquide (l), gaz (g) ou dissous en solution aqueuse (aq).

2 Évolution

Pour décrire l'évolution d'un système chimique, on compare son état initial (E.I.) et son état final (E.F.).

E.I.	Évolution	E.F.
Pression p_i **Température** T_i Espèces chimiques présentes dans l'état initial	⟶	**Pression** p_f **Température** T_f Espèces chimiques présentes dans l'état final

➲ Si les espèces chimiques restent les mêmes mais que leur état physique change : on parle de transformation physique.

II Qu'est-ce qu'une transformation chimique?

1 Définition

■ Une **transformation chimique** est une évolution d'un système chimique qui passe d'un état initial (E.I.) à un état final (E.F.) diffèrent et au cours de laquelle apparaîssent une ou plusieurs espèces chimiques nouvelles.

■ Les espèces chimiques qui disparaissent sont appelées **réactifs** et celles qui se forment sont appelées **produits**.

2 Schématisation

E.I. (p_i, T_i) Espèces chimiques présentes dans l'état initial	Transformation chimique ⟶	**E.F.** (p_f, T_f) Espèces chimiques nouvelles ; espèces chimiques éventuellement restantes

III Comment modéliser une transformation chimique ?

1 La réaction chimique

■ À l'échelle microscopique, la description de la transformation chimique est complexe car elle se fait souvent en plusieurs étapes.

■ À l'échelle macroscopique, on peut la modéliser simplement par une réaction chimique qui permet de passer des réactifs aux produits.

Réactifs ⟶ **Produits**

2 L'équation de réaction et sa signification

Une réaction chimique est symbolisée par une équation chimique. Cette équation traduit l'évolution du système en indiquant la transformation des réactifs en produits représentés par leur formule.

EXEMPLE : Combustion du carbone :

$$C(s) + O_2(g) \longrightarrow CO_2(g)$$

• **Signification à l'échelle microscopique**

Un atome de carbone réagit avec une molécule de dioxygène pour former une molécule de dioxyde de carbone.

• **Signification à l'échelle macroscopique**

Une mole d'atomes de carbone réagit avec une mole de molécules de dioxygène pour former une mole de molécules de dioxyde de carbone.

3 Écrire et ajuster l'équation chimique

■ En 1777, **Antoine Lavoisier** énonce la loi (qui porte aujourd'hui son nom) devant l'Académie des Sciences :

« Rien ne se perd, rien ne se crée, tout se transforme. »

La citation exacte est :

« Rien ne se crée, ni dans les opérations de l'art, ni dans celles de la nature, et l'on peut poser en principe que, dans toute opération, il y a une égale quantité de matière avant et après l'opération ; qu'il n'y a que des changements, des modifications. »

Lavoisier, Traité élémentaire de chimie (1789)

■ Au cours d'une transformation chimique, il y a **conservation des éléments chimiques et des charges électriques**. Pour traduire cette conservation, on place devant chaque formule, un nombre stœchiométrique que l'on ajuste.

➲ Conséquence observable à l'échelle macroscopique : la masse totale d'un système chimique est conservée pendant une transformation chimique.

EXEMPLES

• **Les pluies acides attaquent le calcaire** : les ions H^+ contenus dans les acides réagissent avec le carbonate de calcium $CaCO_3$ contenu dans le calcaire. Il apparaît des ions calcium, des molécules de dioxyde de carbone et d'eau.

$$2\ H^+(aq) + CaCO_3(s) \longrightarrow Ca^{2+}(aq) + CO_2(g) + H_2O(g)$$

Le nombre 2 permet d'écrire la conservation de l'hydrogène (2 H au total) lors de la réaction, ainsi que le nombre de charges (2+).

• **La combustion de l'éthanol** (alcool liquide) est une transformation chimique modélisée par la réaction entre l'éthanol (C_2H_6O) et le dioxygène (O_2), formant du dioxyde de carbone (CO_2) et de la vapeur d'eau (H_2O).

$$C_2H_6O\ (l) + 3\ O_2(g) \longrightarrow 2\ CO_2(g) + 3\ H_2O(g)$$

Choix des nombres stœchiométriques

– 2 devant CO_2 permet d'écrire la conservation de C : 2 au total ;

– 3 devant H_2O permet de traduire la conservation de H : 6 au total ;

– 3 devant O_2 permet d'écrire la conservation de O : 6 au total.

Signification de l'équation

1 mole (de molécules) d'éthanol réagit avec 3 moles (de molécules) de dioxygène pour former 2 moles (de molécules) de dioxyde de carbone et 3 moles (de molécules) d'eau.

➲ Les nombres stoechiométriques renseignent sur les proportions dans lesquelles les réactifs sont consommés et les produits sont formés..

Décrire un système chimique et son évolution

ÉNONCÉ

Un morceau de fusain (constitué de carbone solide) incandescent est plongé dans un flacon de dioxygène. Il s'enflamme pendant quelques secondes puis s'éteint. En fin d'évolution, le flacon s'est échauffé, une partie du fusain a disparu, il ne reste plus de dioxygène. Un test à l'eau de chaux montre qu'il s'est formé du dioxyde de carbone.

La pression dans le flacon reste voisine de la pression atmosphérique.

1. Décrire l'état initial et l'état final du système constitué par les espèces chimiques présentes dans le flacon. Comment évolue sa température ?

2. Schématiser l'évolution du système chimique considéré.

3. Expliquer pourquoi on peut parler de transformation chimique.

4. Comment l'appelle-t-on et quel est son principal effet ?

5. Quels sont les réactifs et les produits de cette transformation ?

MÉTHODE

Un système chimique est un mélange. Pour déterminer sa composition, il faut connaître les différentes espèces qui le constituent et donner leur formule chimique.

CORRIGÉ

1. • Dans l'état initial : pression $p = p_{atm}$ (pression atmosphérique) et température T_1.

Espèces présentes : carbone solide C(s) et dioxygène gazeux O_2(g).

• Dans l'état final : pression $p = p_{atm}$ et température $T_2 > T_1$.

Espèces présentes : carbone solide C(s) et dioxyde de carbone gazeux CO_2(g).

2. Schématisation

E.I. (p_{atm}, T_1)		**E.F. (p_{atm}, T_2)**
carbone solide C(s) dioxygène gazeux O_2(g)	→	carbone solide C(s) dioxyde de carbone gazeux CO_2(g)

3. C'est une transformation chimique car il apparaît une nouvelle espèce : le dioxyde de carbone, absent dans l'état initial.

4. Cette transformation est appelée combustion du carbone. Son principal effet est thermique : la chaleur dégagée échauffe le flacon et son contenu.

5. Une partie du carbone et le dioxygène disparaissent : ce sont les réactifs. Le produit est le dioxyde de carbone qui apparaît pendant la transformation.

Écrire des équations chimiques

ÉNONCÉ

L'airbag est un coussin de sécurité utilisé dans l'automobile qui se gonfle en quelques millisecondes en cas de collision. Un dispositif de mise à feu allume un mélange de bore et de nitrate de sodium qui réagit vivement en produisant une forte élévation de température.

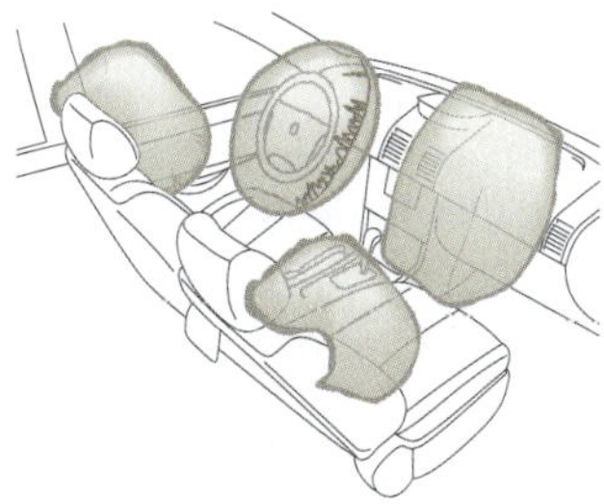

Cette élévation de température déclenche la décomposition d'azoture de sodium NaN_3 (solide) présent dans l'airbag en sodium Na (solide) et en diazote N_2 (gazeux).

Le sodium produit réagit avec du nitrate de potassium KNO_3(s) également présent pour donner à nouveau du diazote N_2 g) ainsi que de l'oxyde de sodium Na_2O(s) et de l'oxyde de potassium K_2O(s).

Ces deux derniers réagissent sur de la silice SiO_2 pour former un sel (silicate alcalin) de sodium et de potassium $K_2Na_2SiO_4$ qui est une poudre de verre inoffensive.

1. Écrire les équations des trois réactions décrites ci-dessus.

2. Quelle est l'espèce chimique responsable du gonflage du coussin ?

3. Combien de moles de diazote sont produites par la décomposition de 10 moles d'azoture de sodium selon les deux premières réactions ?

À RETENIR

Une équation traduit la disparition des réactifs et l'apparition des produits de la réaction. Les nombres stœchiométriques placés devant les formules rendent compte de la conservation des éléments et des charges électriques.

MÉTHODE

Écrire les formules des espèces identifiées en précisant leur état : solide, liquide, gazeux ou dissous. L'équation peut être interprétée à l'échelle microscopique (entités : atomes, molécules ou ions) ou macroscopique (moles).

CORRIGÉ

1. L'équation de la réaction de décomposition de l'azoture de sodium s'écrit :

$$(1) \quad 2\ NaN_3(s) \longrightarrow 2\ Na(s) + 3\ N_2(g).$$

L'équation de la réaction entre le sodium et le nitrate de potassium est :

$$(2) \quad 10\ Na(s) + 2\ KNO_3(s) \longrightarrow N_2(g) + 5\ Na_2O(s) + K_2O(s)$$

L'équation de la formation du silicate alcalin est de la forme :

$$(3) \quad Na_2O(s) + K_2O(s) + SiO_2(s) \longrightarrow K_2Na_2SiO_4(s)$$

2. L'espèce chimique responsable du gonflage est celle qui se présente sous forme de gaz : le diazote de formule N_2.

3. D'après (1) : si 2 moles de $NaN_3(s)$ produisent 2 moles de Na(s) et 3 moles de $N_2(g)$, alors 10 moles de $NaN_3(s)$ produisent 10 moles de Na(s) et 15 moles de $N_2(g)$.

D'après (2) : 10 moles de Na(s) produisent 1 mole de $N_2(g)$ supplémentaire.

Au total : la transformation de 10 moles de $NaN_3(s)$ fait apparaître 16 moles de $N_2(g)$.

Vérifier ses connaissances

1 QCM

Dans le questionnaire à choix multiple (QCM) suivant, indiquer, pour chaque proposition, la réponse exacte.

Lors de la fabrication du vin, le glucose $C_6H_{12}O_6$ contenu dans le jus de raisin se transforme en éthanol C_2H_6O et en dioxyde de carbone.

Cette transformation nécessite la présence d'enzymes.

1. Le réactif est :

a. le glucose ; **b.** le dioxyde de carbone ; **c.** l'éthanol.

2. Le produit de la réaction est :

a. le glucose ; **b.** le dioxyde de carbone ; **c.** l'éthanol.

3. L'équation de la réaction qui modélise cette transformation est :

a. $C_6H_{12}O_6 \longrightarrow C_2H_6O + CO_2$;

b. $C_6H_{12}O_6 \longrightarrow 2\ C_2H_6O + 2\ CO_2$;

c. $2\ C_6H_{12}O_6 \longrightarrow C_2H_6O + CO_2$.

4. Une transformation chimique s'accompagne toujours :

a. de l'apparition d'un nouvel élément chimique ;

b. de l'apparition d'une nouvelle espèce chimique ;

c. d'une modification de la température.

5. Au cours d'une transformation chimique, la masse des réactifs :

a. diminue ; **b.** augmente ; **c.** reste constante.

6. Au cours d'une transformation chimique, la masse des produits :

a. diminue ; **b.** augmente ; **c.** reste constante.

7. Au cours d'une transformation chimique, il y a conservation :

a. de la masse ; **b.** des éléments chimiques ; **c.** des charges électriques.

▸ corrigé p. 204

2 Schématisation d'une transformation chimique

L'ammoniac et le chlorure d'hydrogène sont des gaz. Lorsqu'on les mélange, il se forme du chlorure d'ammonium (solide). Dans l'état final, les deux seules espèces chimiques présentes sont le chlorure d'ammonium et le chlorure d'hydrogène.

1. Décrire l'état initial et l'état final du système chimique, en précisant les espèces présentes.
2. Schématiser l'évolution du système chimique.
3. Expliquer pourquoi on peut parler d'une transformation chimique.
4. Quels sont les réactifs et les produits ?

▸ corrigé p. 204

3 Formation du chlorure d'hydrogène

Lorsqu'on fait brûler du gaz dihydrogène H_2 dans du gaz dichlore Cl_2, on obtient du chlorure d'hydrogène gazeux HCl.

Écrire l'équation chimique correspondant à cette transformation avec les nombres stœchiométriques corrects.

▸ corrigé p. 204

4 Équations de réaction

Ajuster les nombres stœchiométriques des équations suivantes :

$\ldots H_2O_{2(aq)} \longrightarrow \ldots H_2O_{(l)} + \ldots O_{2(g)}$

$\ldots CO_{(g)} + H_{2(g)} \longrightarrow \ldots CH_3OH_{(g)}$

$\ldots C_2H_{4(g)} + \ldots O_{2(g)} \longrightarrow \ldots H_2O_{(g)} + \ldots CO_{2(g)}$

$\ldots C_3H_{8(g)} + \ldots O_{2(g)} \longrightarrow \ldots H_2O_{(g)} + \ldots CO_{2(g)}$

$\ldots H^+_{(aq)} + \ldots Fe_{(s)} \longrightarrow \ldots H_{2(g)} + \ldots Fe^{2+}_{(aq)}$

$\ldots NH_2CONH_{2(aq)} + \ldots H_2O_{(l)} \longrightarrow \ldots NH^+_{4(aq)} + \ldots CO^{2-}_{3(aq)}$

$\ldots I_{2(aq)} + \ldots C_6H_8O_{6(aq)} \longrightarrow \ldots I^-_{(aq)} + \ldots C_6H_6O_{6(aq)} + \ldots H^+_{(aq)}$

▸ corrigé p. 204

S'entraîner

5 Les bosses des chameaux

Les chameaux emmagasinent de la stéarine ($C_{57}H_{110}O_6$) dans leurs bosses. Cette graisse est à la fois une source d'énergie et une source d'eau, car dans l'organisme du chameau la stéarine réagit avec le dioxygène pour donner de l'eau et du dioxyde de carbone.

1. Identifier les réactifs et les produits.

2. Écrire l'équation de la réaction chimique qui modélise cette transformation sans oublier d'ajuster les nombres stœchiométriques.

▸ corrigé p. 205

6 Un remède pour les douleurs musculaires !

La douleur musculaire est l'une des causes de consultation la plus fréquente en médecine, survenant souvent à la suite d'une sollicitation trop intense de la musculature. De nombreux traitements d'appoint locaux sont destinés à soulager les courbatures par massage de la région douloureuse. Les pommades ou lotions contiennent des substances variées : salicylates pour leur effet antalgique, camphre, eucalyptus ou menthol pour l'effet révulsif (provoquant une sensation de chaleur).

Actuellement, la majorité du camphre $C_{10}H_{16}O$ utilisé en France est fabriqué à partir de l'α-pinène, constituant principal de l'essence de térébenthine. La dernière étape de cette synthèse est l'oxydation du bornéol $C_{10}H_{18}O$.

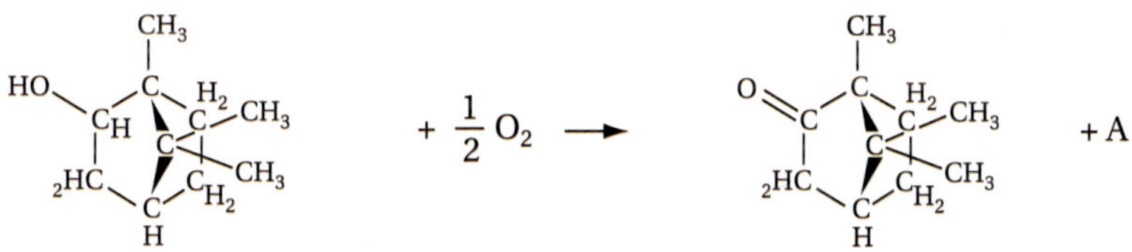

bornéol camphre

1. À partir des données fournies, indiquer le groupe caractéristique qui différencie la molécule de bornéol de celle de camphre.

2. Écrire l'équation de la réaction avec des formules brutes.

3. Au cours de l'oxydation, il se forme du camphre et une autre petite molécule A. Déterminer la formule brute de A et donner son nom.

Données

Groupes caractéristiques	—OH	—C(=O)—OH	—C(=O)—O—	—C(=O)—
Nom	Hydroxyle	Carboxyle	Ester	Cétone

▸ corrigé p. 205

7 Bonne prise en main des agrès !

La poudre de magnésie est utilisée dans certains sports, comme la gymnastique et l'escalade. Les athlètes s'enduisent les mains de cette poudre avant d'évoluer sur les barres parallèles, les barres asymétriques, la barre fixe, le cheval d'arçons ou sur une paroi rocheuse.

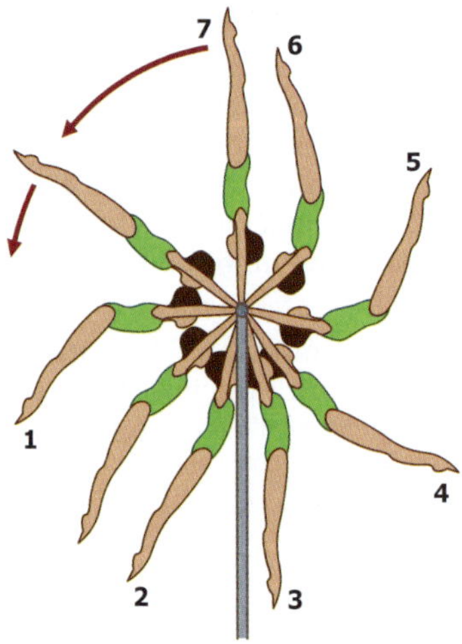

L'oxyde de magnésium, communément appelé magnésie, a pour formule MgO et se présente sous la forme de poudre blanche hygroscopique.

La majeure partie de l'oxyde de magnésium est actuellement obtenue à partir d'une simple pyrolyse du carbonate de magnésium $MgCO_3$. Le carbonate de magnésium est chauffé entre 700 et 1 000 °C, il se décompose en oxyde de magnésium et en dioxyde de carbone.

1. Rechercher la signification du terme « pyrolyse »

2. Schématiser l'évolution du système chimique considéré.

3. Expliquer pourquoi on peut parler d'une transformation chimique.

4. Écrire l'équation de la réaction qui modélise la transformation étudiée.

5. Rechercher la signification du terme « hygroscopique ».

6. Expliquer pourquoi les gymnastes s'enduisent les mains de cette poudre avant de faire leurs enchaînements sur les agrès.

▸ corrigé p. 205

Problème

8 Levures chimiques ou biochimiques ?

Pour faire lever la pâte, les boulangers et les pâtissiers utilisent des levures. Celles-ci sont responsables de transformations chimiques qui produisent un dégagement gazeux assurant le gonflement de petites bulles à l'intérieur de la pâte.

La **levure de boulanger** (champignon microscopique) provoque la fermentation de sucres (glucose de formule $C_6H_{12}O_6$) qui produit de l'éthanol et du dioxyde de carbone.

La **levure chimique** (poudre à lever) est un mélange composé essentiellement de bicarbonate de sodium ($NaHCO_3$), d'acide tartrique et d'un excipient (amidon). Les poudres à lever agissent deux fois : à température ordinaire, l'acide tartrique réagit avec les ions bicarbonate (HCO_3^-) en produisant du dioxyde de carbone, des ions tartrate ($C_4H_5O_6^-$) et de l'eau ; à température plus élevée, les ions bicarbonate se décomposent en ions carbonate (CO_3^{2-}) avec formation de dioxyde de carbone et d'eau.

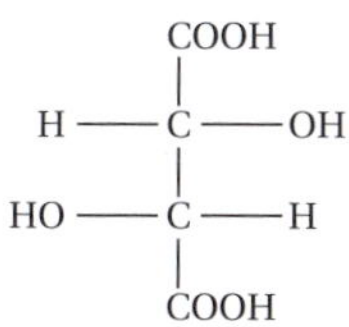

Formule semi-développée de l'acide tartrique

1. Quel est le gaz responsable de la levée de la pâte ? Quelle est sa formule chimique ?

2. Donner la définition d'un excipient.

3. Quels sont les réactifs et les produits de la réaction modélisant la transformation chimique associée à la fermentation du glucose ?

4. Parmi les formules suivantes, choisir celle de l'éthanol en justifiant le choix : C_2H_5ONa, C_2H_5OH, C_2H_5OCl.

5. Écrire l'équation chimique de la réaction de fermentation du glucose.

6. À l'aide de la formule semi-développée, écrire la formule brute de l'acide tartrique.

7. Écrire les équations des deux réactions qui modélisent les transformations se produisant dans la pâte contenant de la levure chimique. ▸ corrigé p. 206

1 **1.** Le réactif est le glucose (**réponse a**).

2. Les produits sont le dioxyde de carbone (**réponse b**) et l'éthanol (**réponse c**).

3. L'équation de la réaction qui modélise cette transformation est :

$C_6H_{12}O_6 \longrightarrow 2\ C_2H_6O + 2\ CO_2$ (**réponse b**).

4. Une transformation chimique s'accompagne toujours de l'apparition d'une nouvelle espèce chimique (**réponse b**).

5. Au cours d'une transformation chimique, la masse des réactifs diminue (**réponse a**).

6. Au cours d'une transformation chimique, la masse des produits augmente (**réponse b**).

7. Au cours d'une transformation chimique, il y a conservation de la masse (**réponse a**), des éléments chimiques (**réponse b**) et des charges électriques (**réponse c**).

2 **1.** • Dans l'état initial, sous la pression p et la température T, les espèces présentes sont l'ammoniac (g) et le chlorure d'hydrogène (g).

• Dans l'état final, sous la pression p et la température T, les espèces présentes sont le chlorure d'ammonium (s) et le chlorure d'hydrogène (g).

2. Schématisation

E.I. (p, T)		**E.F. (p, T)**
ammoniac (g) chlorure d'hydrogène (g)	⟶	chlorure d'ammonium (s) chlorure d'hydrogène (g)

3. C'est une transformation chimique car il apparaît une nouvelle espèce : le chlorure d'ammonium.

4. Les réactifs sont l'ammoniac et le chlorure d'hydrogène. L'unique produit de la transformation est le chlorure d'ammonium.

3 Le gaz dihydrogène H_2 et le gaz dichlore Cl_2 sont les réactifs et le chlorure d'hydrogène gazeux HCl est le produit formé.

L'équation de réaction s'écrit : $H_2(g) + Cl_2(g) \longrightarrow 2\ HCl(g)$.

4 $2H_2O_{2(aq)} \longrightarrow 2H_2O_{(l)} + O_{2(g)}$

$CO_{(g)} + 2H_{2(g)} \longrightarrow CH_3OH_{(g)}$

$C_2H_{4(g)} + 3O_{2(g)} \longrightarrow 2H_2O_{(g)} + 2CO_{2(g)}$

$C_3H_{8(g)} + 5O_{2(g)} \longrightarrow 4H_2O_{(g)} + 3CO_{2(g)}$

$2H^+_{(aq)} + Fe_{(s)} \longrightarrow H_{2(g)} + Fe^{2+}_{(aq)}$

$NH_2CONH_{2(aq)} + 2H_2O_{(l)} \longrightarrow 2NH^+_{4(aq)} + CO^{2-}_{3(aq)}$

$I_{2(aq)} + C_6H_8O_{6(aq)} \longrightarrow 2I^-_{(aq)} + C_6H_6O_{6(aq)} + 2H^+_{(aq)}$

5 **1.** La stéarine ($C_{57}H_{110}O_6$) et le dioxygène O_2 sont les réactifs de la réaction. Il se forme deux produits : l'eau H_2O et le dioxyde de carbone CO_2.

2. $C_{57}H_{110}O_6 + \frac{163}{2} O_2 \longrightarrow 55H_2O + 57CO_2$

ou $2C_{57}H_{110}O_6 + 163\ O_2 \longrightarrow 110H_2O + 114CO_2$

6 **1.** Sur la molécule de bornéol, on reconnait le groupe caractéristique hydroxyle, alors que sur la molécule de camphre, on trouve le groupe caractéristique cétone.

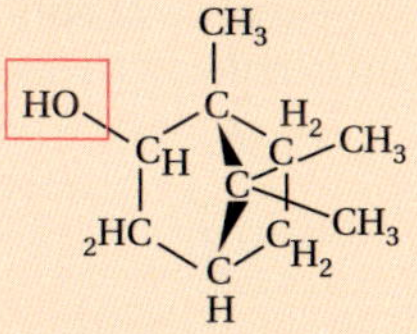

bornéol

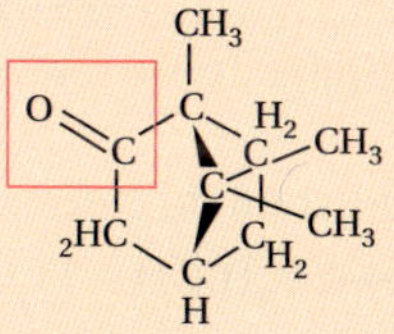

camphre

La synthèse permet de passer du groupe hydroxyle au groupe cétone.

2. $C_{10}H_{18}O + \frac{1}{2}O_2 \longrightarrow C_{10}H_{16}O + A$ ou $2C_{10}H_{18}O + O_2 \longrightarrow 2C_{10}H_{16}O + 2A$

3. Lors d'une transformation chimique, il y a conservation de tous les éléments chimiques. On passe de $C_{10}H_{18}O + \frac{1}{2}O_2$ à $C_{10}H_{16}O$ pour le camphre. La molécule A doit avoir la formule brute H_2O. Il s'agit d'une molécule d'eau.

7 **1.** Une pyrolyse est une décomposition provoquée par une forte température.

2.

E.I. (*p*, T≈700-1 000 °C)		**E.F. (*p*, T≈700-1 000 °C)**
$MgCO_3(s)$	⟶	$MgO(s)$ $CO_2(g)$

3. C'est une transformation chimique car il apparaît une nouvelle espèce : le dioxyde de carbone.

4. $MgCO_3(s) \longrightarrow MgO(s) + CO_2(g)$

5. Une substance hygroscopique est une substance qui a tendance à absorber l'humidité de l'air. Elle absorbe donc les molécules d'eau.

6. En absorbant les molécules d'eau, la magnésie assèche les mains des gymnastes et leur permet ainsi de ne pas glisser ou de ne pas lâcher prise.

8 **1.** La pâte lève sous l'action du dioxyde de carbone produit par les différentes transformations chimiques. Sa formule est CO_2.

2. Un excipient désigne toute substance autre que le principe actif dans un médicament ou un aliment. Son action permet de donner des caractéristiques particulières au produit final, en évitant toute interaction chimique.

3. Le glucose est le seul réactif et les produits sont l'éthanol et le dioxyde de carbone.

4. La formule de l'éthanol est C_2H_5OH. La conservation des éléments chimiques impose de retrouver les éléments présents dans le glucose au sein des produits de la réaction. Seuls les éléments carbone C, hydrogène H et oxygène O sont présents, donc les formules faisant apparaître le sodium Na ou le chlore Cl sont impossibles.

5. L'équation chimique de la fermentation du glucose s'écrit :

$$C_6H_{12}O_6 \longrightarrow 2\ C_2H_5OH + 2\ CO_2$$

6. La formule brute de l'acide tartrique est : $C_4H_6O_6$.

7. À température ordinaire, l'acide tartrique réagit avec le bicarbonate :

$$C_4H_6O_6 + HCO_3^- \longrightarrow CO_2 + C_4H_5O_6^- + H_2O$$

À chaud, le bicarbonate se décompose :

$$2\ HCO_3^- \longrightarrow CO_3^{2-} + CO_2 + H_2O$$

13 Mouvements et forces dans les pratiques sportives

Lancer plus loin, sauter plus haut, courir plus vite… Pour améliorer ses performances tout en respectant son organisme, le sportif cherche à maîtriser les techniques propres à sa discipline. Ces techniques s'appuient sur les lois de la physique en matière de mouvements et de forces.

➲ La plupart des notions évoquées dans ce chapitre ont été développées dans le chapitre 6.

Ushi-mata : un mouvement de judo

I La relativité du mouvement

Mouvements et référentiels

Le mouvement est une notion relative. Il est indispensable de préciser le **référentiel** dans lequel on se place pour décrire un mouvement.

EXEMPLE : la casquette (C) du coureur (A) est en mouvement dans le référentiel terrestre (B) mais elle est immobile par rapport à la tête du coureur.

Trajectoire

La trajectoire dépend du référentiel choisi.

EXEMPLE : la trajectoire du point M de la roue du vélo est un cercle par rapport à l'axe O de la roue, et une cycloïde dans le référentiel terrestre.

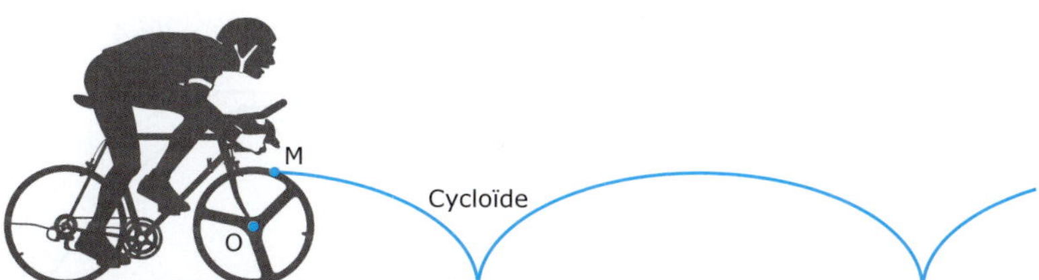

■ **Description d'un mouvement**

La vidéo est un moyen privilégié pour enregistrer, observer et analyser le mouvement d'un objet. La décomposition de la vidéo, image par image, permet d'obtenir l'ensemble des positions occupées par un objet, **à intervalles de temps réguliers**. Si ces positions successives sont régulièrement espacées, le mouvement est **uniforme**. Si elles sont de plus en plus espacées, le mouvement est **accéléré**. Si elles sont de moins en moins espacées, le mouvement est **ralenti**.

EXEMPLE : dans le référentiel terrestre, le « poids » lancé par un athlète est animé d'un mouvement ascendant ralenti puis d'un mouvement descendant accéléré.

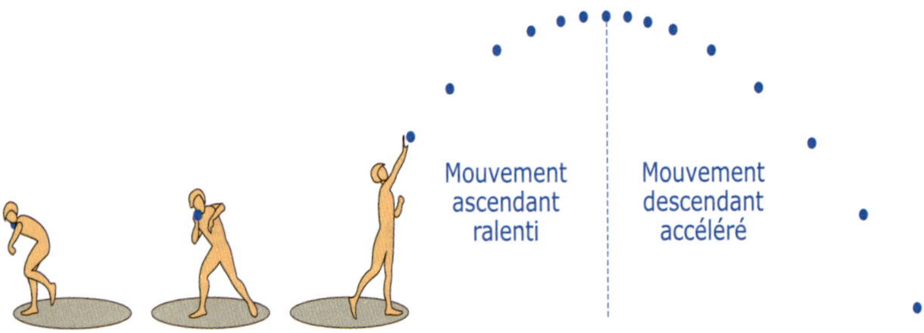

II Forces et modification du mouvement

■ Une force est une **action mécanique** qui, appliquée à un solide, est capable : soit de le mettre en mouvement, soit de modifier son mouvement.

EXEMPLE : la raquette du tennisman applique une force sur la balle et provoque la modification de son mouvement.

■ La même force provoque une modification du mouvement d'autant plus importante que la masse du solide est faible.

EXEMPLE : un même athlète lance plus loin un « poids » de 4 kg qu'un « poids » de 7 kg.

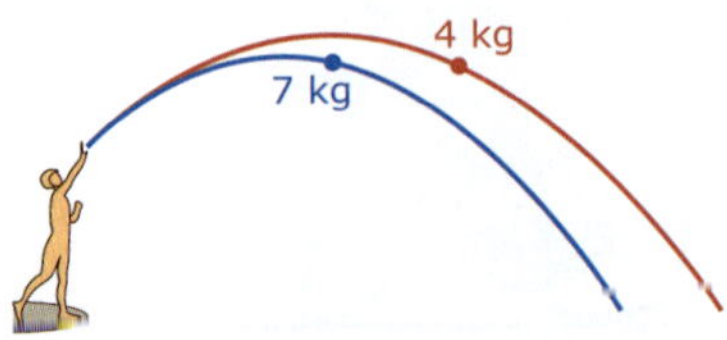

■ Pour dresser **l'inventaire des forces** s'appliquant à un objet, il faut d'abord définir l'objet étudié, puis identifier tous les « objets » qui interagissent avec lui. La construction d'un **diagramme objets-interactions** (DOI) permet de faire cet inventaire très facilement.

EXEMPLE : si « l'objet » étudié est le perchiste dans la situation figurant sur le schéma, alors les « objets » qui agissent sur lui sont la Terre, l'air et la perche. Les interactions sont matérialisées par des flèches sur le DOI.

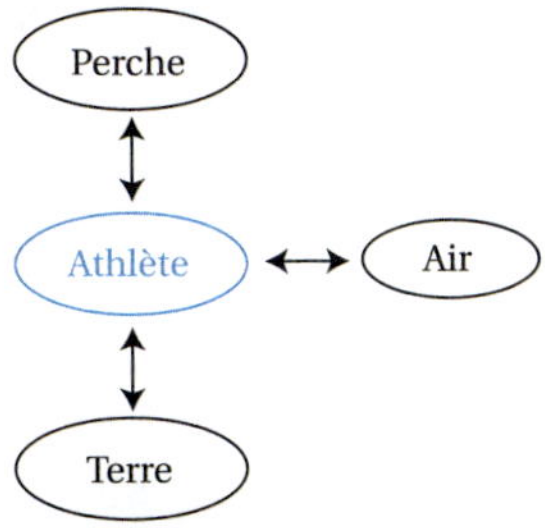

DOI

Le perchiste est donc soumis à trois forces : l'attraction terrestre (ou force de pesanteur ou poids), l'action de la perche et l'action de l'air.

■ Le **principe d'inertie** s'applique, dans le référentiel terrestre, à tous les mouvements de courte durée sur Terre : « tout corps persévère dans son état de repos ou de mouvement rectiligne uniforme s'il n'est soumis à aucune force ou si les forces qui s'appliquent sur lui se compensent. »

III Chronométrage

■ Dans de nombreuses épreuves sportives, il faut mesurer un temps pour relever la performance des participants. De la précision de cette mesure dépend la fiabilité des résultats et du classement final.

EXEMPLE : lors de la finale des mondiaux 2009 du 100 m nage libre, le français Frédérick Bousquet a obtenu la médaille de bronze en devançant le canadien Brent Hayden de seulement deux centièmes de seconde !

1	Cesar Cielo Filho	**46,91 s**	5	David Walters	**47,33 s**
2	Alain Bernard	**47,12 s**	6	Stefan Nystrand	**47,37 s**
3	Frédérick Bousquet	**47,25 s**	7	Lyndon Ferns	**47,94 s**
4	Brent Hayden	**47,27 s**	8	Nicolas Oliveira	**48,01 s**

■ Pour obtenir un chronométrage fiable, il ne suffit pas que le chronomètre soit précis, il faut que son déclenchement au départ et à l'arrivée le soit aussi.

Le chronométrage manuel est généralement trop imprécis et il faut utiliser des capteurs (à infrarouge, par exemple) pour obtenir une bonne fiabilité des résultats. La photo finish est aussi fréquemment utilisée dans les compétitions de haut niveau.

Photo finish

Appliquer le principe d'inertie

ÉNONCÉ

Un palet de hockey est lancé sur la glace d'une patinoire horizontale. Son mouvement sur la glace est rectiligne uniforme.

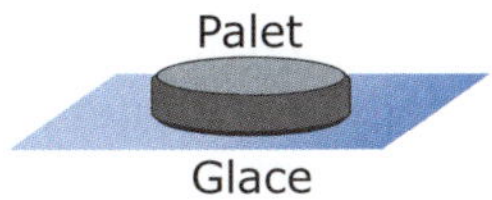

1. Faire l'inventaire des forces s'appliquant au palet. On négligera l'action de l'air.

2. Ces forces se compensent-elles ? Justifier.

3. Représenter ces forces sur un schéma.

MÉTHODE

Dresser l'inventaire des forces s'appliquant au palet et construire un diagramme objets-interactions (DOI), puis appliquer le principe d'inertie.

CORRIGÉ

1. Le palet est soumis à deux forces : l'attraction terrestre (ou poids) et l'action de la glace.

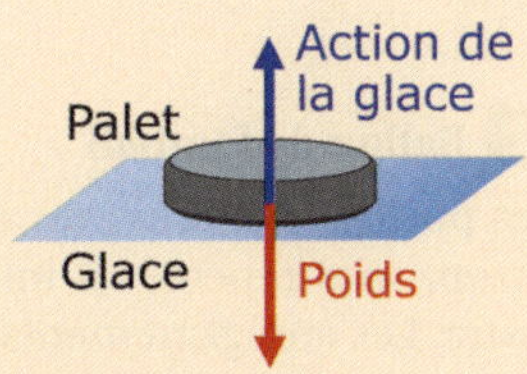

2. Le palet est animé d'un mouvement rectiligne uniforme donc, d'après le principe d'inertie, les forces qui s'appliquent sur lui se compensent.

3. La force d'attraction terrestre (ou poids) est dirigée vers le bas (la Terre attire le palet) tandis que l'action de la glace est dirigée vers le haut (la glace compense l'attraction terrestre).

➲ La notion de pesanteur a été détaillée dans le chapitre 6.

Vérifier ses connaissances

1 Trampoline

Le trampoline est une discipline olympique depuis 2000. Toutes les questions de cet exercice concernent un trampoliniste en train de réaliser le saut le plus simple, appelé la chandelle. Il s'agit d'un saut vertical, le corps restant rigide et parfaitement tendu.

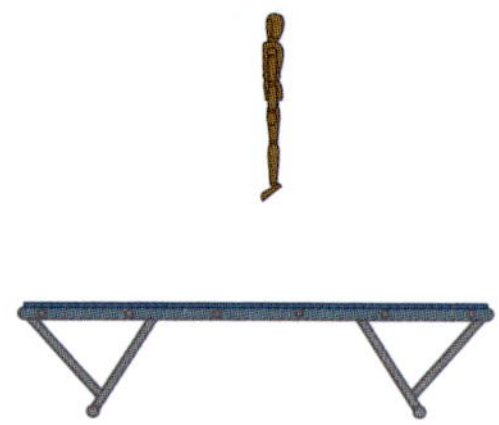

1. Indiquer si le trampoliniste est immobile ou en mouvement :
– par rapport au trampoline ;
– dans un référentiel terrestre.

2. Indiquer si le trampoline est immobile ou en mouvement :
– dans le référentiel terrestre ;
– par rapport au trampoliniste.

3. Indiquer si les pieds du trampoliniste sont immobiles ou en mouvement :
– par rapport au trampoline ;
– par rapport à sa tête.

4. Décrire la trajectoire des pieds du trampoliniste dans le référentiel terrestre.

▸ corrigé p. 217

2 Ballon de football

Les positions successives de trois ballons de football A, B et C, roulant sur le gazon, sont repérées à intervalles de temps réguliers dans le référentiel terrestre. Les enregistrements obtenus sont les suivants ; la flèche indique le sens du mouvement :

1. a. Indiquer la nature de la trajectoire des ballons A et B.
b. Indiquer comment évolue la vitesse de ces deux ballons en expliquant.

c. Résumer les réponses aux deux questions précédentes en complétant les phrases suivantes :

A est animé d'un mouvement ………..……… et …………………

B est animé d'un mouvement ………..……… et …………………

d. En justifiant, indiquer lequel des deux ballons (A ou B) est soumis à des forces qui se compensent.

2. a. Le mouvement de C est-il uniforme ? Est-il rectiligne uniforme ?

b. Le ballon C est-il soumis à des forces se compensant pendant la totalité de son mouvement ?

c. Proposer une cause possible au changement de direction de ce ballon C.

▸ corrigé p. 217

3 Judo

Lors des compétitions des sports de combat, comme le judo, les sportifs rencontrent des adversaires appartenant à la même catégorie de poids.

Ainsi pour les judokas féminines adultes, ces catégories de poids sont : moins de 48 kg ; entre 48 et 52 kg ; entre 52 et 57 kg ; entre 57 et 63 kg ; entre 63 et 70 kg ; entre 70 et 78 kg ; plus de 78 kg.

1. Quelle appellation faudrait-il utiliser à la place de « catégories de poids » ?

2. Ces catégories ont été créées pour permettre des combats équitables. Expliquer pourquoi il est plus facile de projeter un adversaire de la même catégorie qu'un adversaire d'une catégorie supérieure.

▸ corrigé p. 217

S'entraîner

4 Marathon

L'éthiopien Hail Gebrselassie a établi, à Berlin le 28 septembre 2008, le nouveau record du monde du marathon (42,195 km) en 2 h 03 min 59 s.

1. Calculer la vitesse moyenne v de cet athlète en $m{\cdot}s^{-1}$.

2. Exprimer le temps de l'athlète en heures et en déduire sa vitesse en $km{\cdot}h^{-1}$. Montrer qu'on pouvait aussi trouver la vitesse en $km{\cdot}h^{-1}$ directement à partir du résultat de la question 1.

3. Dans quel référentiel est calculée cette vitesse ?

▸ corrigé p. 218

5 Lancer du poids

On filme, dans un référentiel terrestre, le mouvement de la boule en acier (le poids) lancée par un athlète. Un logiciel de traitement vidéo permet ensuite de repérer les positions successives de la boule à intervalles de temps réguliers. L'enregistrement obtenu fait aussi apparaître les projections des positions successives sur un axe horizontal et sur deux axes verticaux.

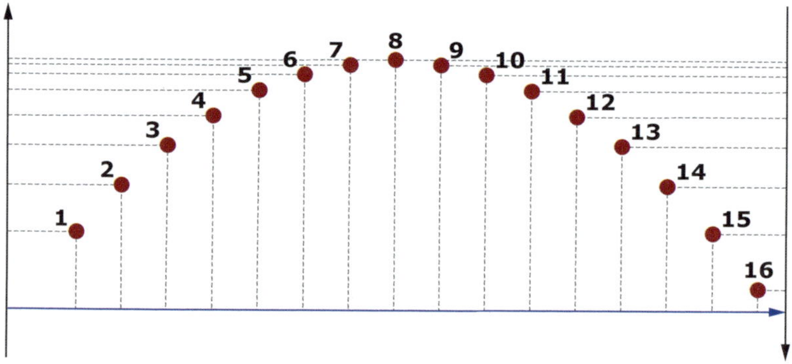

1. Observer l'enregistrement. En justifiant, indiquer la nature du mouvement horizontal, du mouvement vertical ascendant (entre les positions 1 et 8) et du mouvement vertical descendant (entre les positions 8 et 16).

2. La boule d'acier est lourde et compacte donc l'action de l'air peut être négligée.

a. Quelle est la seule force agissant sur cette boule après avoir été lancée par l'athlète ? Quelle est sa direction ? son sens ?

b. L'orientation de cette force permet d'expliquer la nature du mouvement horizontal, du mouvement vertical ascendant et du mouvement vertical descendant. Commenter cette affirmation.

▸ corrigé p. 218

* 6 Plongée en apnée *no limit*

En plongée sous-marine, le terme *apnée* désigne la plongée sans bouteille. En *apnée no limit*, le plongeur (ou apnéiste) cherche à atteindre la profondeur maximale en se laissant entraîner, sans faire de mouvement, le long d'un câble vertical par une gueuse (appareil lesté pesant entre 15 et 30 kg). La gueuse est équipée d'un système de freinage permettant au sportif d'atteindre une vitesse constante contrôlée. La remontée vers la surface se fait grâce à un ballon gonflé d'air.

1. Parmi les trois courbes suivantes, quelle est celle qui représente l'évolution de la vitesse de l'apnéiste au cours de sa descente ? Justifier en explicitant les deux phases du mouvement.

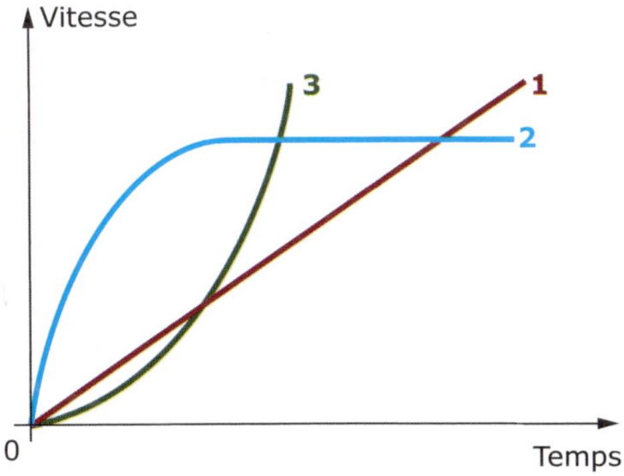

2. **a.** En construisant un diagramme objets-interactions, faire l'inventaire des forces s'appliquant au système « plongeur + gueuse ».

b. Indiquer pour chaque force si elle agit vers le haut ou vers le bas.

3. En justifiant, repérer les affirmations vraies et les affirmations fausses.

Affirmation I : les forces appliquées au système « plongeur + gueuse » se compensent pendant toute la durée de la chute.

Affirmation II : au début de la descente, les forces appliquées au système « plongeur + gueuse » ne se compensent pas.

Affirmation III : lorsque la vitesse est constante, les forces appliquées au système « plongeur + gueuse » se compensent.

▸ corrigé p. 219

Problème

7 Saut en parachute

Partie 1

Deux parachutistes, Nat et Pat, sautent simultanément d'un avion. Ils tombent côte à côte sans ouvrir leur parachute (« vol libre »). Nat filme Pat.

Au moment où Pat déclenche l'ouverture de son parachute, Nat continue à le filmer sans bouger sa caméra et attend quelques instants avant d'ouvrir à son tour son propre parachute.

1. Dans un référentiel terrestre, le mouvement des parachutistes est-il ascendant ou descendant ?

2. Quelle est la modification du mouvement de Pat provoquée par l'ouverture de son parachute ?

3. Le visionnage du film montre un mouvement ascendant de Pat après l'ouverture de son parachute. Expliquer cette observation.

Partie 2

La descente de Nat dans le référentiel terrestre s'effectue à une vitesse v dont l'évolution au cours du temps est schématiquement représentée par le graphe suivant.

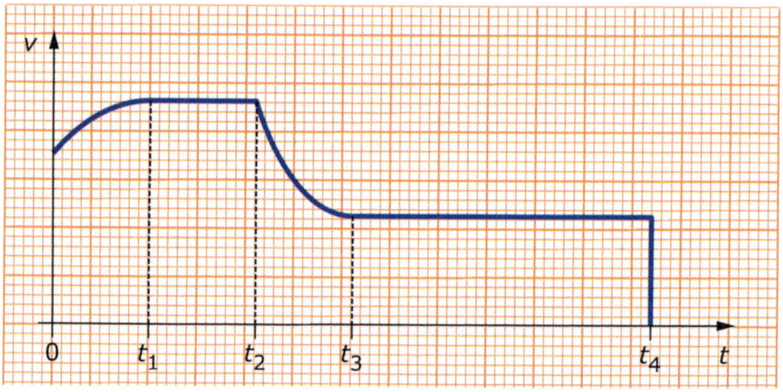

L'instant $t = 0$ correspond au moment où Nat quitte l'avion.

1. En analysant le graphe, décrire les différentes phases du mouvement de la parachutiste Nat.

2. À quelle date ouvre-t-elle son parachute ? Justifier.

3. À quelle date touche-t-elle le sol ? Justifier.

4. **a.** En construisant un diagramme objets-interactions, faire l'inventaire des forces s'appliquant au système « parachutiste + parachute » pendant sa chute.

b. Indiquer pour chaque force si elle agit vers le haut ou vers le bas.

5. **a.** Indiquer pour quelles phases du mouvement les forces appliquées à l'objet « parachutiste + parachute » se compensent.

b. Pour les autres phases, préciser la force prédominante.

▸ corrigé p. 220

1 **1.** Le sportif est en mouvement par rapport au trampoline qui est immobile par rapport à la surface de la Terre. On peut donc affirmer que le trampoliniste est en mouvement dans le référentiel terrestre.

2. Le trampoline est immobile dans le référentiel terrestre puisqu'il est posé à la surface de la Terre. Le trampoliniste est en mouvement par rapport au trampoline donc l'inverse est aussi vrai : le trampoline est en mouvement par rapport au trampoliniste.

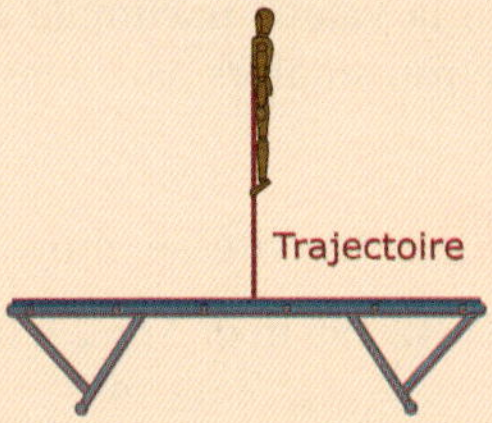

3. Les pieds du sportif sont en mouvement par rapport au trampoline mais restent immobiles par rapport à sa tête car le corps du sportif reste tendu.

4. Les pieds du sportif décrivent un segment de droite vertical.

2 **1.** **a.** Les trajectoires des ballons A et B sont rectilignes puisque les positions successives sont alignées.

b. • Les positions successives à intervalles de temps réguliers du ballon A sont équidistantes. Cela signifie que A parcourt toujours la même distance pendant la même durée, autrement dit sa vitesse est constante.

• Les positions successives de B sont de plus en plus rapprochées. Par conséquent, la vitesse de B est décroissante.

c. A est animé d'un mouvement rectiligne et uniforme.

B est animé d'un mouvement rectiligne et ralenti (ou retardé).

d. Selon le principe d'inertie, un solide animé d'un mouvement rectiligne uniforme est soumis à des forces qui se compensent. C'est le cas du ballon A.

2. **a.** Les positions successives à intervalles de temps réguliers du ballon C sont équidistantes mais elles ne sont pas alignées. Donc C est animé d'un mouvement uniforme mais non rectiligne.

b. Le ballon C n'est pas animé d'un mouvement rectiligne uniforme donc, d'après le principe d'inertie, il est soumis à des forces qui ne se compensent pas.

c. Le ballon C a subi à une action qui a engendré un changement de direction de sa trajectoire. Cela peut être le résultat de la déviation par le pied d'un footballeur ou par un poteau de la cage de but.

3 **1.** Il faudrait mieux dire « catégories de masse » car le kilogramme est l'unité de masse et non celle du poids (qui s'exprime en newton). Mais, dans le langage courant, on confond masse et poids.

2. Une force provoque une modification du mouvement de l'objet auquel elle est appliquée et la modification du mouvement est d'autant plus importante que la masse de l'objet est petite. Cette loi de la physique s'applique bien sûr au cas du judo. Il est donc d'autant plus facile à un judoka de projeter son adversaire que celui-ci est léger.

C'est pour cette raison que les judokas cherchent à avoir une masse très proche de la valeur maximale de leur catégorie… sans la dépasser pour ne pas se retrouver alors parmi les plus légers de la catégorie supérieure.

4 **1.** La vitesse moyenne de Hail Gebrselassie s'exprime : $v = \frac{d}{\Delta t}$ avec $d = 42\,195$ m et $\Delta t = 2$ h 03 min 59 s $= 2 \times 3\,600 + 3 \times 60 + 59 = 7\,439$ s

donc $v = \frac{d}{\Delta t} = \frac{42\,195}{7\,439} = 5{,}672\ \text{m·s}^{-1}$.

➲ 1 min = 60 s et 1 h = 3 600 s.

➲ Le résultat est exprimé avec 4 chiffres significatifs comme la durée Δt qui est la moins précise des données.

2. $d = 42{,}195$ km et $\Delta t = 2$ h 03 min 59 s $= 2 + \frac{3}{60} + \frac{59}{3\,600} = 2{,}066$ h

donc $v = \frac{d}{\Delta t} = \frac{42{,}195}{2{,}0664} = 20{,}42\ \text{km·h}^{-1}$.

Le résultat peut aussi être obtenu en utilisant l'équivalence :

$1\ \text{m·s}^{-1} = 3{,}6\ \text{km·h}^{-1}$ donc $v = 5{,}672 \times 3{,}6 = 20{,}42\ \text{km·h}^{-1}$.

3. Cette vitesse est calculée par rapport à la surface de la Terre donc dans le référentiel terrestre.

5 **1.** • Les projections des positions du projectile effectuées sur l'axe horizontal sont toutes équidistantes. Par conséquent, le mouvement horizontal est uniforme.

• Les projections sur l'axe vertical sont de moins en moins espacées pour la phase ascendante du mouvement (entre 1 et 8) donc le mouvement vertical ascendant est ralenti.

• Les projections sur l'axe vertical sont de plus en plus espacées pour la phase descendante du mouvement (entre 8 et 16) donc le mouvement vertical descendant est accéléré.

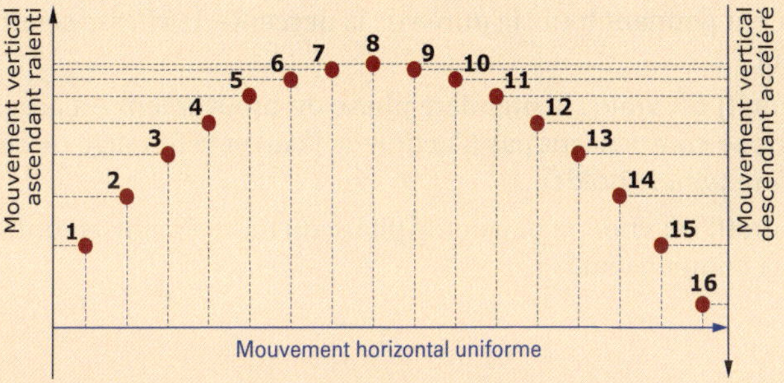

2. a. La boule est soumise uniquement à l'attraction terrestre, c'est-à-dire à la force de pesanteur ou poids. Cette force est verticale descendante.
b. Le poids est une force verticale, elle n'engendre donc pas de modification du mouvement horizontal. C'est la raison pour laquelle le mouvement horizontal est uniforme.
Par contre, cette force verticale modifie la vitesse verticale. Comme elle est orientée vers le bas, elle ralentit la montée et accélère la descente de la boule.

6 **1.** La vitesse initiale du plongeur est nulle puis elle atteint une valeur constante. Cela signifie que le mouvement est d'abord accéléré (vitesse croissante) puis uniforme (vitesse constante). La courbe 2 représente donc l'évolution de la vitesse du plongeur au cours de sa descente.

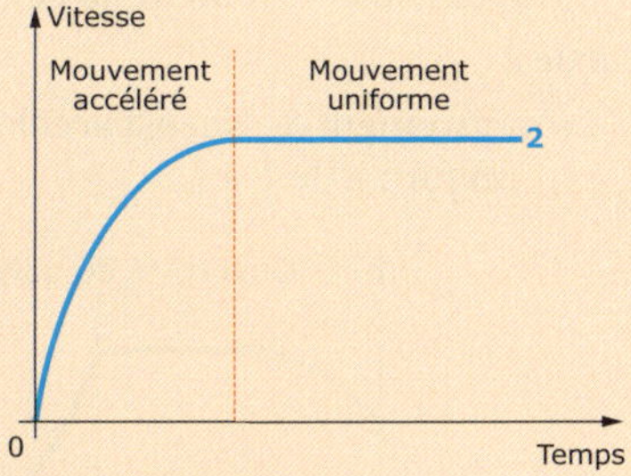

2. a. Le système « plongeur + gueuse » est soumis à l'attraction terrestre (poids), à l'action de l'eau et à l'action du système de freinage.

➲ L'action de l'eau peut se décomposer en deux forces : poussée d'Archimède et frottements.

b. Le poids est une force verticale descendante. Par contre, l'action de l'eau et le freinage sont verticales ascendantes.

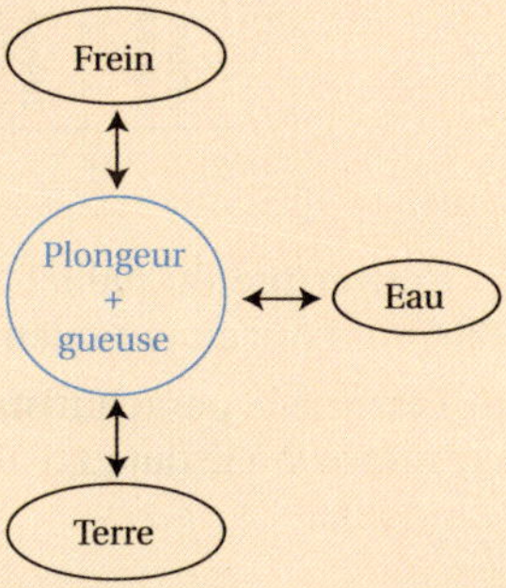

3. L'affirmation I est fausse car, d'après le principe d'inertie, si les forces se compensaient pendant toute la durée de la descente, la vitesse serait constante dès le début.

L'affirmation II est vraie : la première phase du mouvement est accélérée donc les forces ne se compensent pas (l'action de l'eau et le freinage ne compensent pas complètement le poids).

L'affirmation III est vraie, la deuxième phase du mouvement est uniforme donc les forces se compensent.

7 **Partie 1**

1. Les parachutistes tombent par rapport au sol. Ils sont donc animés d'un mouvement descendant dans un référentiel terrestre.

2. L'ouverture du parachute entraîne une diminution de la vitesse de Pat mais son mouvement reste toujours descendant dans un référentiel terrestre. Autrement dit, il continue à tomber.

3. Le film montre le mouvement de Pat par rapport à Nat puisque la caméra est tenue par cette dernière. À l'ouverture de son parachute, Pat chute moins vite par rapport au sol tandis que Nat continue avec le même mouvement. Par conséquent, le mouvement de Pat par rapport à Nat est ascendant.

Partie 2

1. Le mouvement de Nat est accéléré de $t = 0$ à t_1 ; uniforme de t_1 à t_2 ; ralenti de t_2 à t_3 ; uniforme de t_3 à t_4.

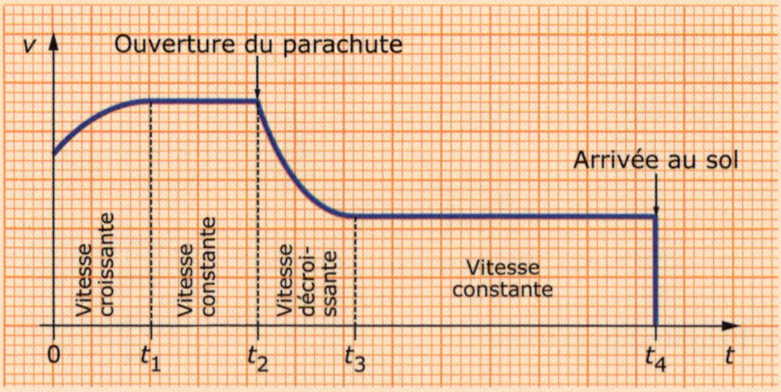

2. L'ouverture du parachute provoque un ralentissement de la chute, c'est-à-dire un mouvement ralenti. L'ouverture du parachute a donc lieu à la date t_2.

3. Lorsque la parachutiste touche le sol, sa vitesse s'annule brutalement. Cela correspond à la date t_4.

4. a. Pendant sa chute, le système « parachutiste + parachute » est soumis à l'attraction terrestre (ou poids) et à l'action de l'air.

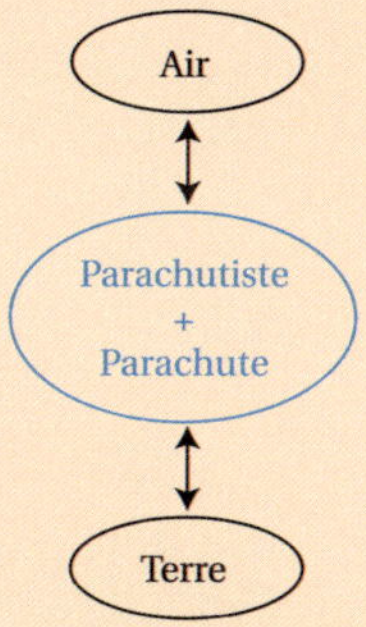

b. Le poids est orienté vers le bas (la Terre attire le parachutiste) tandis que l'action de l'air est de sens opposé (l'air freine la parachutiste).

5. a. Selon le principe d'inertie, le poids et l'action de l'air se compensent lorsque le mouvement de la parachutiste est uniforme, c'est-à-dire de t_1 à t_2 et de t_3 à t_4.

b. De $t = 0$ à t_1, le mouvement est accéléré car le poids, orienté dans le sens du mouvement, est plus intense que l'action de l'air orientée dans le sens opposé au mouvement.

Au contraire, de t_2 à t_3 le mouvement est ralenti car l'action de l'air est plus intense que le poids. C'est l'ouverture du parachute qui a engendré un accroissement de l'action de l'air.

14 Sport et pression atmosphérique

Tous les sportifs constatent un accroissement de leur fréquence respiratoire, lorsqu'ils pratiquent leur discipline en altitude. C'est la conséquence de la diminution de la pression atmosphérique.

I Qu'est-ce que la pression ?

1 Un gaz à l'échelle microscopique

■ Un gaz occupe la totalité de l'espace disponible : il est dit **expansif.** Cette propriété découle du mouvement incessant des molécules qui le constituent ; on parle d'**agitation moléculaire**.

■ La distance moyenne entre deux molécules est nettement supérieure à la dimension d'une molécule. L'espace vide entre les molécules peut facilement être réduit, c'est pour cette raison qu'un gaz est **compressible**.

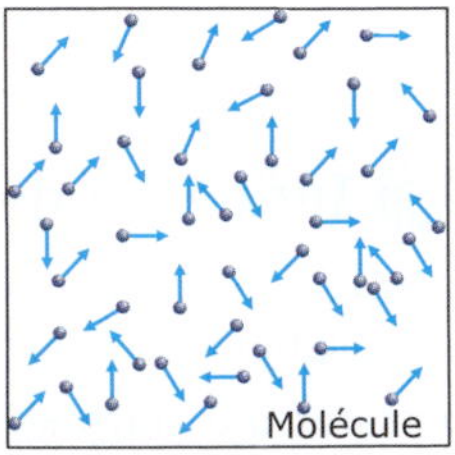

L'agitation moléculaire

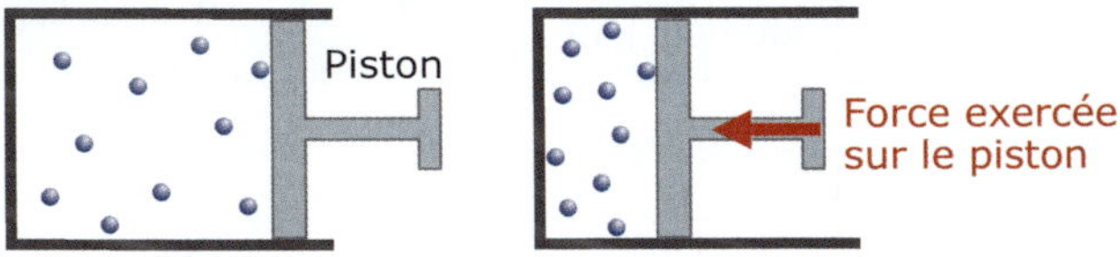

2 La pression d'un gaz

■ Toute surface S en contact avec un gaz subit sans cesse les collisions de ses molécules. Le résultat de ce « bombardement moléculaire » à l'échelle microscopique est, à l'échelle macroscopique, une force dirigée perpendiculairement à la surface, appelée **force pressante.**

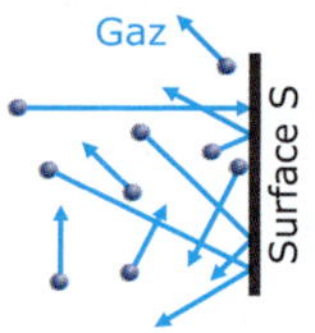

Échelle microscopique

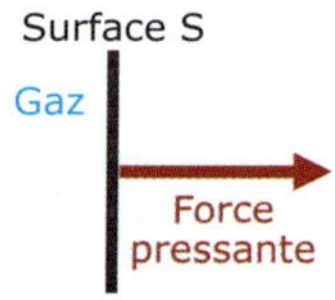

Échelle macroscopique

■ La **pression p exercée par le gaz**, ou plus simplement **pression du gaz**, est la valeur de la force pressante exercée par unité de surface soit :

$$p = \frac{F}{S}$$

F en N ; S en m^2 ; p en pascal (Pa)

➲ 1 Pa = 1 N/m^2 = 1 N·m^{-2}.

■ Le **pascal** est l'unité internationale de pression mais il existe d'autres unités usuelles, le **bar** par exemple : 1 bar = 10^5 Pa ou 1 Pa = 10^{-5} bar.

➲ L'hectopascal (hPa) et le millibar (mbar) sont deux unités équivalentes : 1 hPa = 10^2 Pa = 10^{-3} bar = 1 mbar.

3 Influence de l'altitude sur la pression atmosphérique

La pression atmosphérique est la pression existant dans l'air constituant l'atmosphère ; elle est mesurée à l'aide d'un **baromètre**.

Sa valeur, dite normale, à l'altitude zéro est : $1{,}013 \times 10^5$ Pa = 1 013 hPa.

La pression atmosphérique **diminue avec l'altitude**.

Lieu	Altitude (km)	Ordre de grandeur de la pression (hPa)
Bord de la mer	0	1 000
Pistes de ski alpin	2	800
Sommet du Mont Blanc	4,8	550
Sommet de l'Everest	8,8	300

II Pourquoi l'altitude influence-t-elle les performances sportives ?

1 La loi d'Avogadro-Ampère

À la même pression et à la même température, des volumes égaux de gaz différents contiennent le même nombre de molécules.

EXEMPLE

À 20° C et à la pression atmosphérique normale ($1,013 \times 10^5$ Pa), un ballon de baudruche de 4 L, qu'il soit gonflé à l'hélium ou à l'air, contient toujours environ 10^{23} molécules.

➲ L'unité internationale de volume est le mètre cube (m^3) ; le litre (L) n'est qu'une unité usuelle : $1 \text{ m}^3 = 1\ 000 \text{ L} = 10^3 \text{ L}$.

2 La loi de Boyle-Mariotte

À température constante, la pression p et le volume V d'un nombre donné de molécules de gaz sont liés par la relation : $pV =$ constante.

EXEMPLE

Si un nombre donné de molécules de gaz occupe un volume V lorsque la pression vaut p, alors ce même nombre de molécules à la même température occupe un volume double lorsque la pression est divisée par deux.

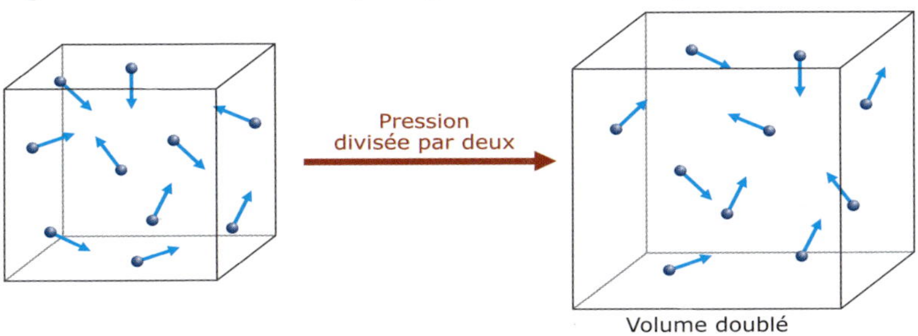

➲ La température est exprimée usuellement en degré Celsius (°C).

3 Modification du rythme respiratoire en altitude

La fréquence respiratoire est le nombre de cycles (inspiration et expiration) par minute. Cette fréquence est normalement comprise entre 12 et 20 cycles/min pour un adulte et entre 20 et 30 cycles/min chez l'enfant. Le besoin en dioxygène augmente lors de la pratique d'une activité sportive, c'est la raison pour laquelle la fréquence respiratoire augmente.

D'après la loi de Boyle-Mariotte, à température constante et pour un nombre donné de molécules d'air (donc une quantité de matière donnée), le produit de la pression atmosphérique par le volume d'air inspiré est constant car $pV = \text{constante}$.

Or, en altitude, la pression atmosphérique p diminue. Donc pour inspirer le même nombre de molécules d'air, il faut inspirer un volume V plus grand. Comme le volume des poumons ne peut pas changer, c'est la fréquence respiratoire qui doit être plus élevée.

➲ Pour plus de précisions, se reporter à l'exercice 8.

Calculer une force pressante

ÉNONCÉ

La pression atmosphérique diminue avec l'altitude : elle vaut environ 10^5 Pa à l'altitude zéro et 5×10^4 Pa à 5 km d'altitude.

Dans un avion, la pression intérieure est toujours maintenue à une valeur proche de 10^5 Pa.

1. Le hublot d'un avion a une surface de 0,2 m^2. Calculer la force pressante appliquée par l'air atmosphérique sur la face extérieure de ce hublot à l'altitude zéro puis à l'altitude 5 km.

2. Sans faire de calcul, expliquer pourquoi les hublots des avions doivent être résistants lorsque l'avion prend de l'altitude.

MÉTHODE

Par définition, la pression s'exprime par $p = \frac{F}{S}$, donc la force pressante peut se calculer à l'aide de la relation $F = pS$.

CORRIGÉ

1. • À l'altitude zéro, la pression exercée par l'air extérieur vaut $p = 10^5$ Pa donc la force subie par la face extérieure du hublot est $F = pS$, soit $F = 10^5 \times 0{,}2 = 2 \times 10^4$ N.

• À 5 km d'altitude, la pression extérieure ne vaut plus que $p' = 5 \times 10^4$ Pa donc la force pressante est $F' = p'S$ soit $F' = 5 \times 10^4 \times 0{,}2 = 10^4$ N.

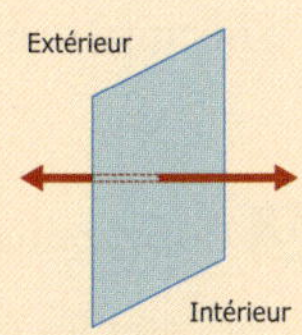

2. • Au sol, le hublot est soumis à la même pression (10^5 Pa) sur ces deux faces. Par conséquent, des forces pressantes de même intensité s'exercent des deux côtés de la vitre. Ces forces, perpendiculaires à la vitre et de sens opposé, se compensent.

• À l'altitude de 5 km, la pression extérieure est inférieure à la pression intérieure donc ces deux forces ne se compensent plus. Il est alors impératif que le hublot soit suffisamment résistant pour ne pas éclater.

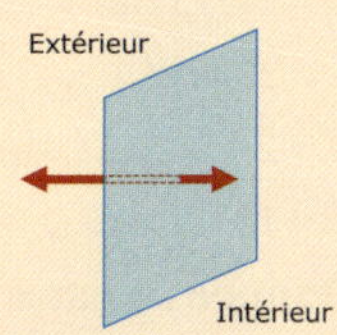

Vérifier ses connaissances

1 QCM

Dans le questionnaire à choix multiple (QCM) suivant, indiquer, pour chaque proposition, la réponse exacte.

1. Un gaz est constitué de molécules :

a. très proches les unes des autres ; **b.** éloignées les unes des autres ;

c. immobiles ; **d.** en mouvement incessant.

2. Le bombardement incessant des molécules d'un gaz sur une surface S se traduit à notre échelle :

a. par une attraction gravitationnelle entre le gaz et la surface ;

b. par une répulsion électrique entre le gaz et la surface ;

c. par une force pressante parallèle à la surface ;

d. par une force pressante perpendiculaire à la surface.

3. La pression d'un gaz est égale à :

a. la force pressante exercée par ce gaz par unité de longueur ;

b. la force gravitationnelle exercée par ce gaz par unité de longueur ;

c. la force pressante exercée par ce gaz par unité de surface ;

d. la force gravitationnelle exercée par ce gaz par unité de surface.

4. L'unité internationale de pression est :

a. le pascal ; **b.** le bar ;

c. l'hectopascal ; **d.** le millibar.

▸ corrigé p. 233

2 Conversions d'unités

Compléter les égalités suivantes :

$p = 1{,}013$ bar = ... Pa ; $p = 5{,}0 \times 10^5$ Pa = ... bar ;

$S = 25$ cm^2 = ... m^2 ; $S = 3{,}1 \times 10^{-4}$ m^2 = ... cm^2 ;

$V = 2$ L = ... dm^3 = ... m^3 ; $V = 0{,}055$ m^3 = ... L ;

$F = 10^5$ N = ... kN ; $F = 0{,}6$ kN = ... N.

Donnée : 1 bar = 10^5 Pa.

▸ corrigé p. 233

S'entraîner

3 Capteur de pression

Un capteur de pression comporte une membrane de surface $S = 1{,}2\ \text{cm}^2$, soumise à l'action de l'air atmosphérique.

1. Quelle est la relation permettant de calculer l'intensité F de la force pressante appliquée par l'air si la pression atmosphérique est p ?

2. Quelles sont les unités internationales de surface, de force et de pression ?

3. Calculer l'intensité de la force pressante lorsque la pression atmosphérique vaut 1,0 bar.

Donnée : 1 bar = 10^5 Pa. ▸ corrigé p. 233

4 Le crève-vessie

Une membrane en plastique souple est tendue sur l'extrémité d'un tube relié à une pompe à vide. Lorsque la pompe à vide est mise en fonctionnement, la membrane s'incurve puis finit pas éclater.

1. Quel est le rôle de la pompe à vide ? Quelle modification engendre-t-elle ?

2. Interpréter cette expérience, dite du crève–vessie.

▸ corrigé p. 233

5 Bouteilles vides

Deux bouteilles identiques de 1,50 L en plastique sont totalement vidées de l'eau minérale qu'elles contenaient. La première est bouchée et la deuxième est ouverte.

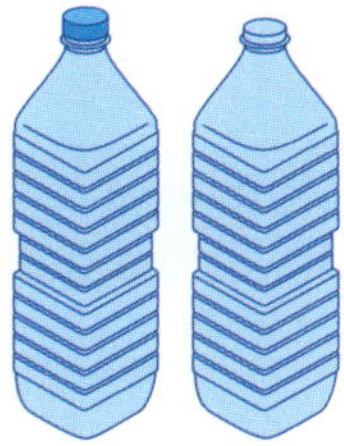

Pourquoi réussit-on facilement à écraser la bouteille ouverte alors que c'est beaucoup plus difficile de le faire avec la bouteille bouchée ?

▸ corrigé p. 234

6 Ballon

Un ballon est gonflé à l'hélium à l'altitude zéro à 0 °C sous une pression $p_1 = 1{,}0 \times 10^5$ Pa. Son volume est alors $V_1 = 3{,}0$ L. Calculer le volume qu'aurait ce même ballon s'il montait à une altitude de 3 000 m où règnent la même température de 0 °C et une pression de $7{,}0 \times 10^4$ Pa. ▸ corrigé p. 229

7 Ballon sonde

Un ballon sonde est gonflé avec du gaz hélium. Une nacelle attachée au ballon emporte du matériel afin d'étudier la composition de l'atmosphère.
En montant, le volume du ballon augmente. Sa paroi élastique finit par éclater à une altitude de 20 à 30 km. Un petit parachute ramène ensuite la nacelle et le matériel scientifique au sol.
Même si ce n'est pas parfaitement exact, on supposera que la température du gaz dans le ballon et sa pression sont égales à tout moment à la température et à la pression de l'atmosphère.

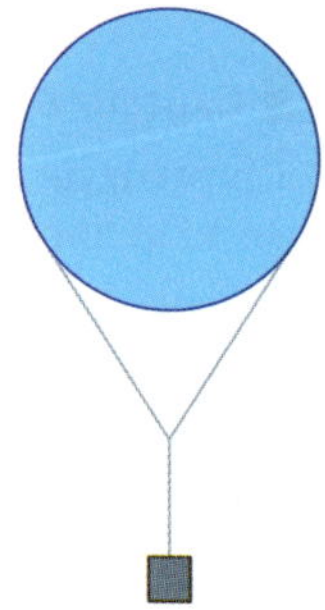

1. Pourquoi les valeurs de la température et de la pression de l'atmosphère fournies en fin d'exercice ne sont-elles que des valeurs moyennes ?

2. Comment évolue la pression atmosphérique lorsque le ballon monte en altitude ?

3. Le constat fait à la question précédente pour la pression est-il également valable pour la température de l'atmosphère ? Expliquer.

4. a. Pourquoi ne peut-on pas appliquer la loi de Boyle-Mariotte au ballon entre zéro et 11 km d'altitude ?

b. Pourquoi peut-on appliquer la loi de Boyle-Mariotte au ballon entre 11 km et 15 km d'altitude ?

c. Le ballon occupe un volume V_1 = 3,00 m^3 à 11 km d'altitude. Calculer le volume V_2 du ballon à l'altitude de 15 km.

Données : Le tableau suivant fournit les valeurs moyennes de la pression et de la température de l'atmosphère en fonction de l'altitude de 0 à 30 km.

Altitude (km)	Pression atmosphérique (hPa)	Température de l'atmosphère (°C)
0	1 013	15,0
1	900	8,5
2	794	2,0
3	700	– 4,5
4	617	– 11,0
5	541	– 17,5
6	471	– 24,0

Altitude (km)	Pression atmosphérique (hPa)	Température de l'atmosphère (°C)
7	411	– 30,5
8	357	– 37,0
9	307	– 43,5
10	265	– 50,0
11	227	– 56,5
12	194	– 56,5
13	165	– 56,5
14	141	– 56,5
15	119	– 56,5
20	55	– 46,0
30	11	– 38,0

corrigé p. 234

Problème

8 Trekking !

Le but de cet exercice est de comprendre pourquoi la pratique du trekking, c'est-à-dire la randonnée pédestre en montagne, s'accompagne d'une modification du rythme respiratoire.

Données : Doc. 1 – Composition de l'air

L'air est un mélange gazeux composé de :

78,1 % de molécules de diazote N_2 ;

20,9 % de molécules de dioxygène O_2 ;

1 % de molécules d'autres gaz : des gaz rares, principalement de l'argon Ar à 0,9 % ; du dioxyde de carbone CO_2 ; de l'ozone O_3 du dioxyde ; de soufre SO_2…

Doc. 2 – La quantité de matière *n*, en mol, contenue dans un litre d'air à 20 °C s'exprime en fonction de la pression *p*, en pascal, selon la relation : $n = 4{,}1 \times 10^{-7}\ p$.

Doc. 3 – Évolution de la pression atmosphérique avec l'altitude

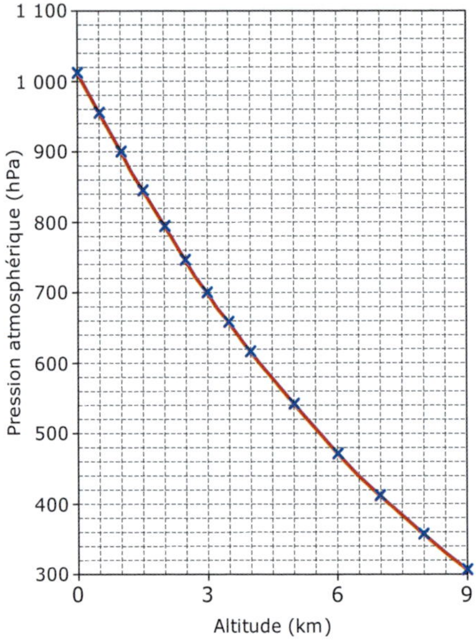

1. L'air est-il un corps pur ? Justifier.

2. Que signifie le symbole hPa ?

3. Par lecture graphique, déterminer la valeur p_0 de la pression atmosphérique à l'altitude zéro et la valeur p_1 à 3,5 km d'altitude. On exprimera les résultats en unité internationale et en notation scientifique.

4. Le volume d'air entrant dans les poumons d'un adulte, lors de chaque inspiration au repos, est d'environ 0,50 L.

a. Déterminer la quantité de matière d'air n_0 correspondant à une inspiration à l'altitude zéro à 20 °C , puis la quantité de matière d'air n_1 inspiré à 3,5 km d'altitude en supposant que la température est toujours de 20 °C.

b. En déduire les quantités de matière de dioxygène $n_0(O_2)$ et $n_1(O_2)$ pour chaque inspiration, respectivement à l'altitude 0 et à l'altitude de 3,5 km.

c. Comparer ces deux quantités de matière.

d. Si la fréquence respiratoire (nombre de cycles « inspiration-expiration » par minute) est de 12 cycles/min à l'altitude zéro, quelle sera sa valeur à l'altitude de 3,5 km dans les mêmes conditions ?

5. Pourquoi en très haute altitude (supérieure à 7 km), les alpinistes utilisent-ils très fréquemment des masques à dioxygène ? ▸ corrigé p. 235

1 1. Un gaz est constitué de molécules éloignées les unes des autres (**réponse b**) et en mouvement incessant (**réponse d**).

2. Le bombardement incessant des molécules d'un gaz sur une surface S se traduit à notre échelle par une force pressante perpendiculaire à la surface (**réponse d**).

3. La pression d'un gaz est égale à la force pressante exercée par ce gaz par unité de surface (**réponse c**).

4. L'unité internationale de pression est le pascal (**réponse a**).

2 $p = 1{,}013$ bar $= 1{,}013 \times 10^5$ Pa ; $p = 5{,}0 \times 10^5$ Pa $= 5{,}0$ bar ;
$S = 25$ cm^2 $= 25 \times 10^{-4}$ m^2 ; $S = 3{,}1 \times 10^{-4}$ m^2 $= 3{,}1$ cm^2 ;

➲ 1 cm = 10^{-2} m donc 1 cm^2 = (1 cm)^2 = (10^{-2} m)^2 = 10^{-4} m^2 et inversement 1m^2 = 10^4 cm^2.

$V = 2$ L $= 2$ dm^3 $= 2 \times 10^{-3}$ m^3 ; $V = 0{,}055$ m^3 $= 55$ L ;

➲ Il faut savoir que 1 dm^3 = 1 L et 1 m^3 = 1 000 L = 10^3 L.

$F = 10^5$ N $= 100$ kN ; $F = 0{,}6$ kN $= 600$ N.

➲ 1 kN = 1 000 N = 10^3 N.

3 1. Par définition, la pression s'exprime par la relation $p = \dfrac{F}{S}$ donc l'intensité de la force pressante se calcule à l'aide de la relation $F = pS$.

2. Les unités internationales de surface, de force et de pression sont respectivement : le mètre carré (m^2), le newton (N) et le pascal (Pa).

3. Pour appliquer la relation $F = pS$, il faut d'abord transformer les valeurs de p et S en unités internationales :

$p = 1{,}0$ bar $= 1{,}0 \times 10^5$ Pa et $S = 1{,}2$ cm^2 $= 1{,}2 \times 10^{-4}$ m^2.

➲ Voir l'exercice précédent pour la conversion des cm^2 en m^2.

La force pressante vaut donc : $F = pS = 1{,}0 \times 10^5 \times 1{,}2 \times 10^{-4} = 12$ N.

4 1. La pompe à vide aspire les molécules d'air. Par conséquent, son action engendre une diminution de la quantité de matière et de la pression de l'air dans le tube fermé par la membrane.

2. Avant la mise en fonctionnement de la pompe à vide, la membrane est soumise à la pression atmosphérique sur ces deux faces.

Lorsque la pompe fonctionne, la pression sous la membrane diminue alors que la pression agissant sur sa face supérieure est inchangée. Par conséquent, la membrane s'incurve vers le bas jusqu'à rompre.

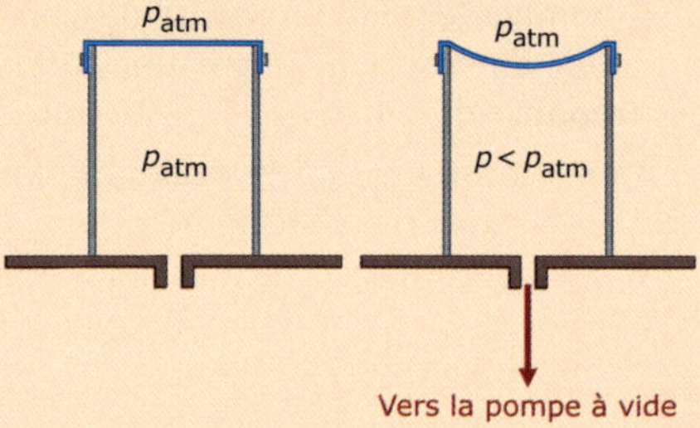

5 Les deux bouteilles sont vides d'eau mais elles contiennent de l'air à la pression atmosphérique.

Lorsqu'on appuie sur la bouteille ouverte, l'air est évacué et l'écrasement de la bouteille ne rencontre pas d'opposition.

Par contre, lorsqu'on appuie sur la bouteille fermée, l'air emprisonné est comprimé et sa pression augmente. L'augmentation de la force pressante, exercée sur la paroi interne de la bouteille, empêche alors la poursuite de l'écrasement.

6 Le nombre de molécules de gaz dans le ballon est inchangé et la température reste constante donc on peut appliquer la loi de Boyle-Mariotte : $pV =$ constante soit $p_1V_1 = p_2V_2$.

Le volume V_2 peut alors se calculer à l'aide de la relation : $V_2 = \dfrac{p_1 V_1}{p_2}$.

Le calcul numérique conduit à :

$$V_2 = \frac{1{,}0 \times 10^5 \times 3{,}0}{7{,}0 \times 10^4} = 4{,}3 \text{ L}$$

7 **1.** La pression et la température de l'atmosphère dépendent des conditions météorologiques. C'est pour cette raison que les valeurs fournies ne sont que des valeurs moyennes.

2. Le tableau de valeurs montre que la pression atmosphérique décroît avec l'altitude.

3. Contrairement à la pression, la température de l'atmosphère n'est pas constamment décroissante au cours de la montée du ballon. Cette température décroît entre 0 et 11 km d'altitude. Elle garde une valeur constante de –56,5 °C entre 11 et 15 km d'altitude, puis augmente entre 15 et 30 km d'altitude.

4. a. La loi de Boyle-Mariotte ne peut s'appliquer que si le nombre de molécules de gaz ne change pas et si la température du gaz reste constante. Le nombre de molécules de gaz enfermées dans le ballon est invariable mais la température décroît entre 0 et 11 km d'altitude donc la loi de Boyle-Mariotte est inapplicable.

b. La loi de Boyle-Mariotte est applicable entre 11 et 15 km car la température reste constante de valeur – 56,5 °C.

c. La pression à l'altitude 11 km est $p_1 = 227$ Pa et à l'altitude 15 km, elle vaut $p_2 = 119$ Pa.

L'application de la loi de Boyle-Mariotte $p_1 V_1 = p_2 V_2$ permet de calculer le volume V_2

$$= \frac{p_1 V_1}{p_2} = \frac{227 \times 3,00}{119} = 5,72 \text{ m}^3.$$

8 **1.** L'air est un mélange de plusieurs gaz, ce n'est donc pas un corps pur.

2. Le symbole hPa représente l'hectopascal. C'est un multiple de l'unité internationale de pression : le pascal.

1 hPa = 100 Pa.

3. Le graphique permet de lire les pressions à 10 hPa près.

On obtient $p_0 = 1\,010$ hPa = 101 000 Pa = $1,01 \times 10^5$ Pa

et $p_1 = 660$ hPa = 66 000 Pa = $6,6 \times 10^4$ Pa.

4. a. D'après l'information fournie par le document 2, un litre d'air à 20 °C à la pression p correspond à la quantité de matière $n = 4,1 \times 10^{-7}\, p$.

Pour un volume d'air inspiré de 0,50 L (un demi-litre), la quantité d'air correspondante (avec deux chiffres significatifs) est :

- à l'altitude zéro :

$$n_0 = \frac{4,1 \times 10^{-7}\, p_0}{2} = \frac{4,1 \times 10^{-7} \times 1,01 \times 10^5}{2} = 2,1 \times 10^{-2} \text{ mol}$$

- à l'altitude de 3,5 km :

$$n_1 = \frac{4,1 \times 10^{-7}\, p_1}{2} = \frac{4,1 \times 10^{-7} \times 6,6 \times 10^4}{2} = 1,4 \times 10^{-2} \text{ mol}$$

b. L'air contient 20,9 % de dioxygène donc :

• à l'altitude zéro :

$$n_0(O_2) = \frac{20{,}9}{100} n_0 = \frac{20{,}9}{100} \times 2{,}1 \times 10^{-2} \text{ mol} = 4{,}4 \times 10^{-3} \text{ mol}$$

• à l'altitude de 3,5 km :

$$n_1(O_2) = \frac{20{,}9}{100} n_1 = \frac{20{,}9}{100} \times 1{,}4 \times 10^{-2} \text{ mol} = 2{,}9 \times 10^{-3} \text{ mol}$$

c. $\dfrac{n_0(O_2)}{n_1(O_2)} = \dfrac{4{,}4 \times 10^{-3}}{2{,}9 \times 10^{-3}} = 1{,}5$ ou bien $n_0(O_2) = 1{,}5\ n_1(O_2)$.

Ce calcul montre qu'à l'altitude de 3,5 km, la quantité de dioxygène inspiré est 1,5 fois plus faible qu'à l'altitude zéro.

d. Sachant que la quantité de matière de dioxygène inspiré à 3,5 km d'altitude est 1,5 fois plus faible qu'à l'altitude zéro, il faudra, pour que l'organisme bénéficie du même apport en oxygène, que la fréquence respiratoire soit 1,5 fois plus élevée soit : 12 × 1,5 = 18 cycles/min.

5. À 7 km d'altitude, la pression atmosphérique n'est plus que de 410 hPa. Le manque de dioxygène est alors si fort que l'accroissement de la fréquence respiratoire ne suffit plus, il est donc nécessaire de compenser par un apport de dioxygène complémentaire.

15 Plongée subaquatique et pression

La pratique de la plongée subaquatique n'est pas sans risque, surtout à forte profondeur. Les effets physiologiques ressentis par un plongeur sont les conséquences directes de l'importance de la pression exercée par l'eau.

I Pression dans un liquide

1 Un liquide à l'échelle microscopique

Tout comme un gaz, un liquide est constitué de **molécules en mouvement**. Mais, dans un liquide, la distance moyenne entre deux molécules est beaucoup plus faible que dans un gaz. C'est la raison pour laquelle un liquide est nettement plus dense (de l'ordre de mille fois plus) et beaucoup moins compressible qu'un gaz.

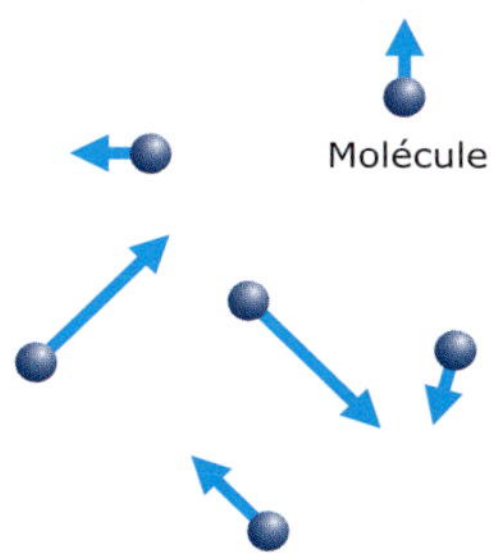

Un gaz à l'échelle microscopique

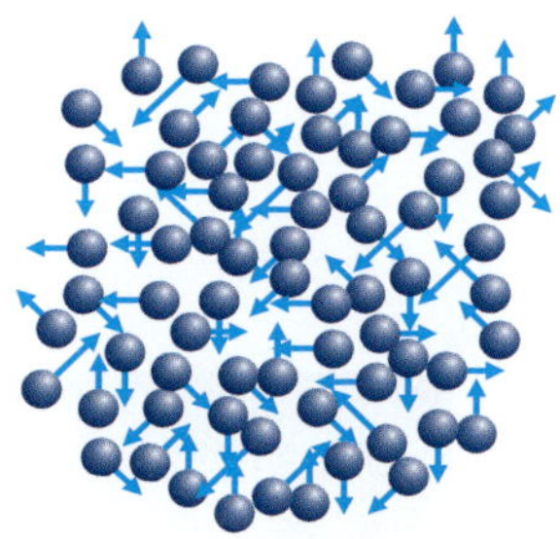

Un liquide à l'échelle microscopique

➲ Pour revoir la notion de densité, se reporter au chapitre 9.

2 La pression dans un liquide

Toute surface S en contact avec un liquide subit sans cesse les collisions des molécules. À l'échelle macroscopique, cela se traduit par une **force pressante** s'exerçant perpendiculairement à la surface. La **pression *p* exercée par le liquide**, ou encore **pression du liquide**, est la valeur de la force pressante exercée par unité de surface, soit :

$$p = \frac{F}{S}$$

F en newton (N) ; *S* en m² ; *p* en pascal (Pa)

➲ La définition de la pression d'un liquide est similaire à celle de la pression d'un gaz (voir le chapitre 14).

3 Influence de la profondeur

■ La pression *p* existant à la surface d'un liquide est égale à la pression atmosphérique p_{atm}, puisque cette surface est aussi en contact avec l'air atmosphérique.

■ La pression dans un liquide est identique en tous points situés à la même profondeur.

■ La pression exercée par le liquide augmente avec la profondeur.

EXEMPLE

$p_A = p_{atm}$; $p_B = p_C = p_D$;

$p_E > p_B > p_A$

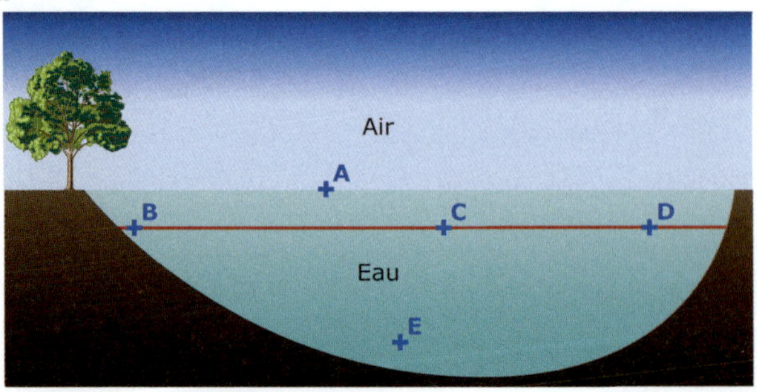

■ **Dans l'eau (douce ou salée), la variation de pression est d'environ 10^4 Pa par mètre de profondeur.**

EXEMPLE : à 10 mètres de profondeur, la pression est environ le double de la pression atmosphérique.

➲ Un calcul de pression en fonction de la profondeur est présenté dans la méthode.

II Dissolution d'un gaz dans un liquide

■ Un gaz peut se dissoudre dans un liquide.

EXEMPLE : le dioxygène dissous dans l'eau des rivières, des lacs et des océans, est indispensable à la respiration des végétaux et des animaux aquatiques.

➲ Le vocabulaire relatif aux solutions aqueuses a été détaillé dans le chapitre 11.

■ Plus la pression est forte, plus la quantité maximale de gaz que l'on peut dissoudre par litre de solution est élevée.

EXEMPLE : les boissons gazeuses (eau minérale, soda, bière, champagne…) contiennent une forte quantité de dioxyde de carbone dissous. La pression dans une bouteille fermée de boisson gazeuse est plus élevée que la pression atmosphérique. À l'ouverture de la bouteille, la pression au-dessus du liquide diminue brutalement. Cette nouvelle pression ne permet plus de maintenir autant de gaz sous forme dissoute et une partie de celui-ci s'échappe !

III Les effets physiologiques de la plongée subaquatique

La pression à laquelle est soumis un plongeur augmente fortement avec la profondeur (voir le paragraphe 1.C et la méthode). Cette pression inhabituelle pour notre corps a des conséquences qu'un plongeur doit connaître pour ne pas se mettre en danger. Les lois de la physique permettent de comprendre ces phénomènes.

1 Barotraumatismes

Le corps humain contient des cavités renfermant de l'air : oreilles, sinus, appareil respiratoire, dents, intestin… L'augmentation de la pression engendre une diminution du volume de l'air emprisonné : c'est la conséquence directe de la loi de Boyle-Mariotte (voir chapitre 14). Ce phénomène peut engendrer des incidents appelés **barotraumatismes**.

EXEMPLES

- Le plongeur qui s'enfonce vers des pressions de plus en plus élevées doit déglutir régulièrement (ou se pincer le nez et souffler) afin de rééquilibrer la pression entre l'intérieur de son tympan et l'extérieur. Ce petit exercice peut ainsi lui éviter une douleur (voire une déchirure) du tympan. Par ailleurs, si ses deux oreilles moyennes ne sont pas soumises à la même pression, le plongeur peut être sujet à des vertiges, susceptibles d'entraîner une panique.

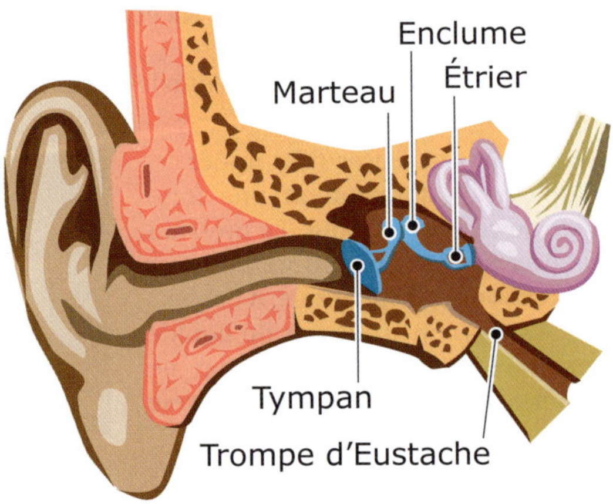

- À l'inverse lors d'une remontée brutale, l'air contenu dans les poumons va voir sa pression diminuer rapidement et son volume augmenter. Il est donc indispensable que le plongeur songe à expirer pour éviter des lésions pulmonaires.

2 Toxicité des gaz

L'air (constitué d'environ 20 % de dioxygène et 80 % de diazote) que l'on respire se trouve à l'état dissous dans notre sang. Pour un plongeur, ce même air (qu'il respire grâce à la bouteille qu'il porte) est dissous dans son sang dans des quantités beaucoup plus importantes en raison de l'accroissement de la pression (voir paragraphe II). Cet accroissement de la concentration en gaz dissous dans le sang peut engendrer des conséquences graves, on parle de **toxicité des gaz**.

EXEMPLES

- Une trop forte quantité de dioxygène dissous dans le sang peut être à l'origine de risques épileptiques ou d'inflammations pulmonaires.
- Une trop forte concentration en diazote dans le sang peut se traduire par des effets narcotiques (somnifères) et donc entraîner une diminution des réflexes du plongeur.

3 Les accidents de décompression

Lorsqu'un plongeur reste longtemps à une forte profondeur (plusieurs dizaines de mètres), donc soumis à une pression élevée, la concentration de gaz dissous dans son sang est importante car elle a eu le temps d'atteindre sa valeur maximale.

Cette quantité maximale de gaz dissous va diminuer lors de la remontée, puisque la pression diminue (voir paragraphe II). Si le plongeur remonte trop rapidement, une partie du gaz dissous dans le sang va repasser à l'état gazeux (comme lors de l'ouverture d'une bouteille de boisson gazeuse). Les bulles qui vont en résulter peuvent alors engendrer des accidents circulatoires, des paralysies, des douleurs articulaires, etc. Pour éviter ces **accidents de décompression**, le plongeur ne doit pas remonter trop rapidement vers la surface et respecter des paliers de décompression.

Calculer la pression dans l'eau

ÉNONCÉ

1. Quelle est la pression régnant à 20 mètres de profondeur dans un lac situé à une altitude proche de zéro ? Comparer le résultat à la valeur de la pression atmosphérique régnant à cette altitude.

2. Répondre aux mêmes questions pour un lac de montagne situé à 3 km d'altitude.

Données
La pression à l'altitude zéro est $1,0 \times 10^5$ Pa.
La pression atmosphérique à 3 km d'altitude est $7,0 \times 10^4$ Pa.
La variation de pression dans l'eau est d'environ 10^4 Pa par mètre de profondeur.

MÉTHODE

La pression dans l'eau augmente de 10^4 Pa par mètre de profondeur. À la surface (profondeur zéro), elle est égale à la pression atmosphérique p_{atm}. Par conséquent, pour calculer la pression p à une profondeur h dans l'eau, il suffit d'appliquer la relation $p = p_{atm} + 10^4\ h$ en exprimant la pression atmosphérique en pascal et la profondeur h en mètre.

CORRIGÉ

1. Pour le lac à basse altitude, la pression atmosphérique est $1,0 \times 10^5$ Pa donc à 20 m sous l'eau, la pression vaut :
$p = 1,0 \times 10^5 + 10^4 \times 20 = 3,0 \times 10^5$ Pa. À cette profondeur, la pression vaut donc le triple de la pression atmosphérique régnant à l'altitude zéro.

2. Pour le lac de montagne à 3 km d'altitude, la pression atmosphérique est $7,0 \times 10^4$ Pa donc à 20 m de profondeur, la pression est :

$p = 7,0 \times 10^4 + 10^4 \times 20 = 2,7 \times 10^5$ Pa.

En calculant le rapport $\dfrac{p}{p_{atm}} = \dfrac{2,7 \times 10^5}{7,0 \times 10^4} = 3,9$, on peut donc affirmer que la pression à 20 m de profondeur dans ce lac de montagne est presque quatre fois plus forte que la pression atmosphérique régnant à l'altitude de 3 km.

Vérifier ses connaissances

1 QCM

Dans le questionnaire à choix multiple (QCM) suivant, indiquer, pour chaque proposition, la réponse exacte.

1. Un liquide est constitué de molécules :

a. immobiles ;

b. en mouvement incessant ;

c. éloignées les unes des autres ;

d. proches les unes des autres.

2. Comparée à la densité d'un gaz, la densité d'un liquide est :

a. du même ordre de grandeur ;

b. environ dix fois plus faible ;

c. environ dix fois plus élevée ;

d. environ mille fois plus faible ;

e. environ mille fois plus élevée.

3. La pression dans un liquide :

a. augmente avec la profondeur ;

b. diminue avec la profondeur ;

c. est indépendante de la profondeur.

corrigé p. 249

2 Pression dans un liquide

Une éprouvette et un tube en U sont remplis d'eau.

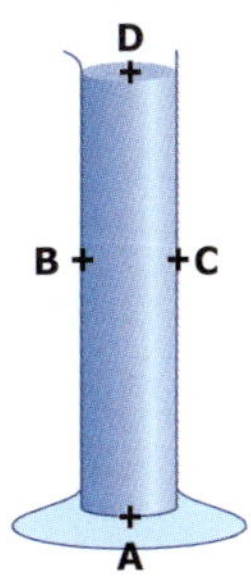

Éprouvette

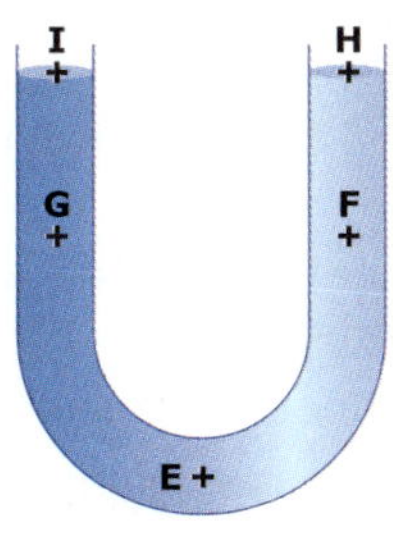

Tube en U

Répondre aux questions suivantes, en justifiant.

1. Comparer les pressions aux points A, B, C et D avec la pression atmosphérique.

2. Comparer entre elles les pressions aux points A, B, C et D.

3. Comparer entre elles et avec la pression atmosphérique, les pressions aux points E, F, G, H et I.

▸ corrigé p. 249

S'entraîner

3 Eau gazeuse

On n'observe aucune bulle dans une bouteille d'eau minérale gazeuse, avant qu'elle soit décapsulée. Mais, des milliers de bulles se forment après ouverture de la bouteille.

1. Quel est le gaz dissous dans une eau minérale gazeuse ?

2. Pour quelle raison y a-t-il brusquement apparition de bulles de gaz après ouverture de la bouteille ?

3. Parmi les propositions suivantes, quelle est l'équation de réaction modélisant la transformation ?

$C_{(s)} + O_{2(g)} \longrightarrow CO_{2(g)}$ $\quad$ $CO_{2(g)} \longrightarrow CO_{2(aq)}$

$CO_{2(aq)} \longrightarrow CO_{2(g)}$ $\quad$ $N_{2(aq)} \longrightarrow N_{2(g)}$

$N_{2(g)} \longrightarrow N_{2(aq)}$ $\quad$ $CO_{2(l)} \longrightarrow CO_{2(g)}$

▸ corrigé p. 249

4 Pression sanguine

À chacune de ses contractions, le cœur propulse le sang dans le système circulatoire. La pression sanguine dans les artères varie entre une valeur minimale, appelée pression diastolique, et une valeur maximale, appelée pression systolique.

1. On estime que le volume de sang d'une femme est de 65 mL par kilogramme de masse corporelle.

a. Calculer le volume sanguin d'une femme de 60 kg.

b. Déterminer la masse volumique du sang en $kg{\cdot}L^{-1}$?

c. Déterminer la masse de sang dans le corps d'une femme de 60 kg.

2. La pression artérielle moyenne d'un patient est $p_{sang} = 1{,}2 \times 10^5$ Pa.

a. Expliquer pourquoi il est précisé que cette pression est une valeur moyenne.

b. Calculer la force pressante moyenne qu'exerce le sang sur une surface intérieure $S = 1{,}0\ \text{cm}^2$ d'une artère.

Données : densité du sang humain : $d_{\text{sang}} = 1{,}06$; masse volumique de l'eau : $\rho_{\text{eau}} = 1{,}00\ \text{kg·L}^{-1}$.

▸ corrigé p. 249

* 5 Pression dans différents liquides

Pour mesurer la pression à une profondeur *h* dans un liquide, on immerge une capsule manométrique reliée à un manomètre par l'intermédiaire d'un tuyau souple.

Une capsule manométrique est constituée d'une membrane élastique. La force exercée sur cette membrane, d'aire $S = 5{,}0\ \text{cm}^2$, comprime le gaz contenu dans le tuyau souple et le manomètre affiche alors la valeur de la pression existant au point où se trouve la capsule.

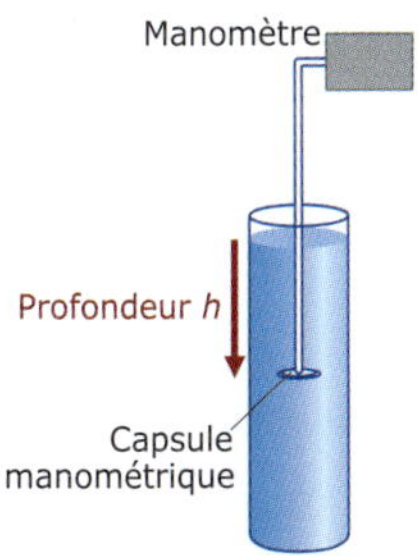

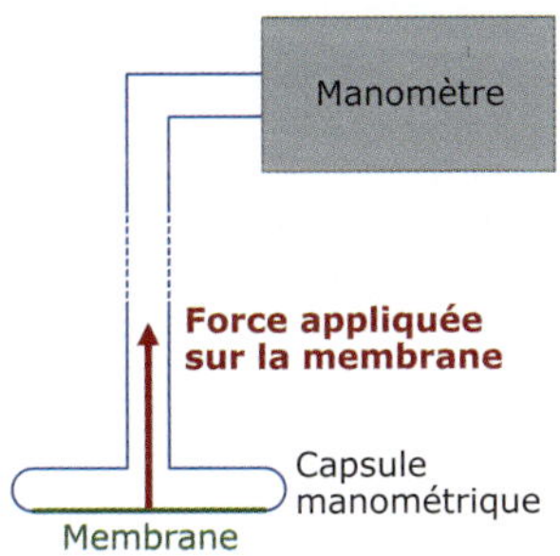

Grâce à ce dispositif, un élève réalise des mesures dans trois liquides différents : alcool, eau et glycérine.

Profondeur *h* (m)		0	0,30	0,60	0,90
Pression *p* (hPa)	Alcool	1 013	1 036	1 059	1 083
	Eau	1 013	1 042	1 072	1 101
	Glycérine	1 013	1 060	1 106	1 153

1. a. À quelle pression particulière correspond la valeur $p_0 = 1\,013$ hPa mesurée à la profondeur zéro ? Expliquer.

b. Quelle est la valeur de la force appliquée sur la membrane à la profondeur zéro ?

2. Sans effectuer de calcul, quelles sont les premières conclusions qui peuvent être tirées :

– de l'analyse des mesures de pression pour un liquide donné ?

– de la comparaison des mesures entre les trois liquides, pour une profondeur donnée ?

3. a. Compléter le tableau suivant en calculant, d'une part, la différence de pression $p - p_0$ entre la profondeur h et la profondeur zéro, et d'autre part, le rapport $\frac{p - p_0}{h}$.

Profondeur h (m)		0	0,30	0,60	0,90
$p - p_0$ (hPa)	**Alcool**				
	Eau				
	Glycérine				
$\frac{p - p_0}{h}$ (hPa·m^{-1})	**Alcool**				
	Eau				
	Glycérine				

b. Pour un liquide donné, quelle est la nature de la relation mathématique entre $p - p_0$ et h ? Justifier.

4. Le rapport $\frac{p - p_0}{h}$ représente la variation de pression par unité (ou par mètre) de profondeur. En justifiant, indiquer si chaque affirmation suivante est vraie ou fausse.

Affirmation 1. La variation de pression par unité de profondeur est indépendante du liquide considéré.

Affirmation 2. La variation de pression par unité de profondeur est d'environ 9 800 Pa·m^{-1} dans l'eau.

Affirmation 3. La pression dans un liquide à une profondeur h donnée est d'autant plus forte que le liquide est dense.

5. Pourquoi la pression subie par un plongeur à une profondeur h donnée est-elle légèrement plus importante dans la mer que dans un lac ?

Données : densités : alcool : 0,79 ; eau : 1 ; glycérine : 1,59.

▸ corrigé p. 250

Problème

6 Le tympan d'un plongeur

Le tympan est une membrane fibreuse de surface 0,65 cm² (ou $6{,}5 \times 10^{-5}$ m²) séparant l'oreille externe et l'oreille moyenne. Son rôle est de recevoir les vibrations sonores et de les transmettre aux osselets (marteau, enclume et étrier). Le tympan est habituellement soumis à la pression atmosphérique. Cependant, lorsqu'une personne pratique la plongée sous-marine, ses tympans peuvent être soumis à des pressions nettement plus importantes.

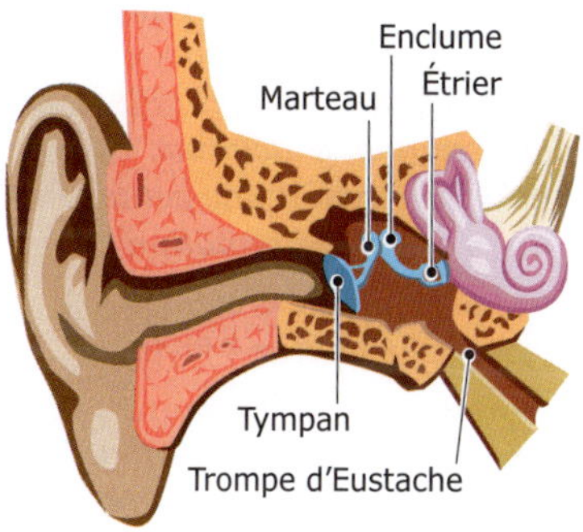

L'évolution de la pression en fonction de la profondeur de plongée est fournie par le graphique suivant :

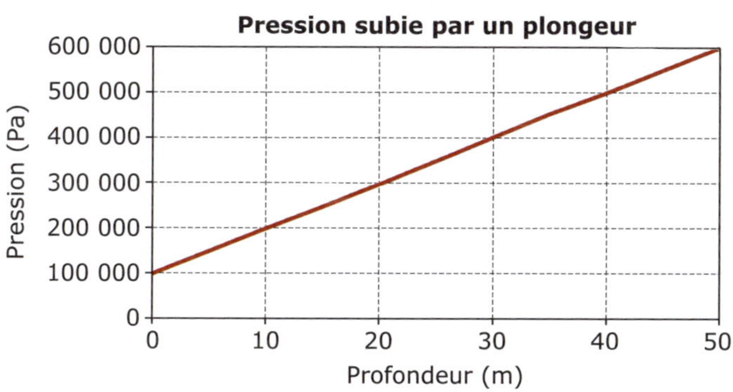

On exprimera tous les résultats numériques avec deux chiffres significatifs.

1. Quelle valeur de la pression atmosphérique peut-on lire sur le graphique ? Expliquer.

2. Donner la relation exprimant la pression en fonction de la force pressante et la surface pressée. Préciser les unités internationales de ces trois grandeurs.

3. Calculer la valeur de la force subie par un tympan soumis à la pression atmosphérique.

4. Déterminer la valeur de la pression si le tympan subit une force de 26 N. En déduire la profondeur à laquelle se situe le plongeur dans ce cas.

5. Dans un guide pour plongeur débutant, on peut lire : *« Lors de l'immersion, la pression à l'extérieur de l'oreille augmente, et comprime l'air emprisonné dans l'oreille moyenne. En se comprimant, cet air diminue de volume. L'oreille moyenne est alors en dépression et se déforme. Le tympan étant relativement souple, il se déforme en priorité, causant une petite gêne lorsque la déformation est faible et une douleur forte si cette déformation est importante. »*

a. La loi de Boyle-Mariotte permet-elle d'expliquer le phénomène de diminution du volume d'air dans l'oreille interne ? Justifier.

b. Les plongeurs avertis pratiquent la manœuvre de Valsalva, qui consiste à souffler en se bouchant le nez. Cela a pour effet de forcer l'ouverture de la trompe d'Eustache afin d'amener de l'air dans l'oreille moyenne.

Peut-on appliquer la loi de Boyle-Mariotte pour comparer la situation de l'air enfermé dans l'oreille avant la mise en œuvre de la méthode Vasalva et après ? Justifier.

▸ corrigé p. 251

1 1. Un liquide est constitué de molécules en mouvement incessant (**réponse b**) et proches les unes des autres (**réponse d**).

2. Comparée à la densité d'un gaz, la densité d'un liquide est environ mille fois plus élevée (**réponse e**).

3. La pression dans un liquide augmente avec la profondeur (**réponse a**).

2 1. Le point D, à la surface du liquide, est en contact avec l'air donc la pression en ce point est égale à la pression atmosphérique.

Les points A, B, C sont dans le liquide sans se trouver à la surface donc la pression en ces points est supérieure à la pression atmosphérique.

2. Les points B et C sont à la même profondeur donc $p_B = p_C$ et de plus, la pression augmente avec la profondeur donc $p_A > p_B = p_C > p_D$.

3. Avec le même raisonnement que précédemment, on peut affirmer d'une part, que la pression en I et H est égale à la pression atmosphérique et, d'autre part, que : $p_E > p_F = p_G > p_H = p_I$.

3 1. Le gaz dissous dans une eau minérale gazeuse est du dioxyde de carbone, de formule CO_2.

2. La quantité de gaz dissous augmente avec la pression. L'ouverture de la bouteille provoque une diminution de la pression régnant au-dessus du liquide. Par conséquent, une partie du gaz ne peut plus rester à l'état dissous et il s'échappe. C'est la raison pour laquelle des bulles se forment.

3. Le dioxyde carbone dissous CO_2(aq) devient gazeux : CO_2(g).

L'équation de la réaction est donc : $CO_{2(aq)} \longrightarrow CO_{2(g)}$.

4 1. **a.** Par kilogramme de masse corporelle, le volume de sang pour une femme est 65 mL = 0,065 L. Donc, le volume sanguin d'une femme de 60 kg est $V_{sang} = 60 \times 0{,}065 = 3{,}9$ L.

b. Par définition, la densité du sang est le rapport entre sa masse volumique et celle de l'eau : $d_{sang} = \frac{\rho_{sang}}{\rho_{eau}}$. La masse volumique du sang est donc :

$\rho_{sang} = d_{sang}\rho_{eau} = 1{,}06 \times 1{,}00 = 1{,}06$ kg·L^{-1}.

c. Par définition, la masse volumique du sang s'exprime par la relation :

$\rho_{sang} = \frac{m_{sang}}{V_{sang}}$.

Le volume de sang d'une femme de 60 kg est $V_{sang} = 3{,}9$ L donc la masse de sang correspondante est $m_{sang} = \rho_{sang} V_{sang} = 1{,}06 \times 3{,}9 = 4{,}1$ kg.

➲ Pour revoir les notions de densité et de masse volumique, se reporter au chapitre 9.

2. a. La pression du sang n'est pas constante puisqu'elle varie entre une valeur minimale (diastolique) et une valeur maximale (systolique). C'est pour cette raison qu'il est précisé que la valeur fournie est une moyenne.

b. La force pressante se calcule à l'aide de l'expression :

$F = p_{sang} S$ avec $p_{sang} = 1{,}2 \times 10^5$ Pa et $S = 1{,}0$ cm^2 $= 1{,}0 \times 10^{-4}$ m^2.

On obtient : $F = 1{,}2 \times 10^5 \times 1{,}0 \times 10^{-4} = 12$ N.

➲ La méthode du chapitre 14 est consacrée au calcul d'une force pressante.

5 **1. a.** La profondeur zéro correspond à la surface du liquide en contact avec l'air. La pression p_0 est donc la pression atmosphérique.

b. La force pressante exercée sur la membrane est :

$F = p_0 S$ avec $p_0 = 1\,013$ hPa $= 1\,013 \times 10^2$ Pa $= 1{,}013 \times 10^5$ Pa

et $S = 5{,}0$ cm^2 $= 5{,}0 \times 10^{-4}$ m^2 .

On obtient : $F = 1{,}013 \times 10^5 \times 5{,}0 \times 10^{-4} = 51$ N.

➲ 1 cm^2 = 10^{-4} m^2.

2. Pour un liquide donné, la pression augmente avec la profondeur.

Pour une profondeur donnée, la pression dépend du liquide.

3. a.

Profondeur h (m)		0	0,30	0,60	0,90
$p - p_0$ (hPa)	Alcool	0	23	46	70
	Eau	0	29	59	88
	Glycérine	0	47	93	140
$\frac{p - p_0}{h}$ (hPa·m^{-1})	Alcool		77	77	78
	Eau		97	98	98
	Glycérine		157	155	156

➲ Les résultats des calculs de $\frac{p - p_0}{h}$ ont été arrondis à l'unité près.

b. Pour un liquide donné, on constate que le rapport $\frac{p-p_0}{h}$ est quasiment constant. Cela signifie que la variation de pression $p - p_0$ est proportionnelle à la profondeur h.

4. • **Affirmation 1 : fausse.**

Les valeurs du rapport $\frac{p-p_0}{h}$, reportées dans le tableau précédent, montre que la variation de pression par unité de profondeur n'est pas la même pour les trois liquides.

• **Affirmation 2 : vraie.**

La variation de pression par unité de profondeur dans l'eau est

$\frac{p-p_0}{h} = 98 \text{ hPa·m}^{-1} = 9\,800 \text{ Pa·m}^{-1}$.

➲ 1 hPa = 100 Pa.

• **Affirmation 3 : vraie.**

On constate que pour une profondeur donnée, la pression est croissante dans l'ordre : alcool-eau-glycérine. Cet ordre correspond aussi à l'ordre croissant des densités. Par conséquent, on peut supposer que cela est généralisable : *pour une profondeur donnée, la pression dans un liquide est d'autant plus forte que le liquide est dense.*

5. L'eau de mer est légèrement plus dense que l'eau douce. C'est la raison pour laquelle à une même profondeur, la pression est légèrement plus forte dans la mer que dans l'eau d'un lac.

6 1. La surface de l'eau est en contact avec l'atmosphère donc la pression atmosphérique correspond à la valeur de la pression à la profondeur zéro, soit $p = 100\,000 \text{ Pa} = 1{,}0 \times 10^5 \text{ Pa}$.

2. La pression p (exprimée en pascal (Pa)) est le rapport de la force pressante F (exprimée en newton (N)) sur la surface pressée S (exprimée en mètre carré (m^2)) : $p = \frac{F}{S}$.

3. Lorsque la pression vaut $p = 100\,000 \text{ Pa} = 1{,}0 \times 10^5 \text{ Pa}$, la force pressante s'exerçant sur le tympan de surface $S = 6{,}5 \times 10^{-5} \text{ m}^2$ a pour valeur :

$F = pS = 1{,}0 \times 10^5 \times 6{,}5 \times 10^{-5} = 6{,}5 \text{ N}$.

4. Si la force pressante est $F = 26$ N alors la pression s'exerçant sur le tympan est : $p = \frac{F}{S} = \frac{26}{6,5 \times 10^{-5}} = 4,0 \times 10^{5}$ Pa = 400 000 Pa.

Graphiquement, on constate que cette pression correspond à une profondeur de 30 m.

5. **a.** La loi de Boyle-Mariotte (pV = constante) peut s'appliquer ici puisque la température est constante et le nombre de molécules d'air ne varie pas (« *air emprisonné* »). Comme le produit pV reste constant et la pression p augmente lorsque le plongeur descend, le volume V d'air emprisonné diminue.

b. Lors de la manœuvre de Valsalva, le plongeur fait entrer de l'air dans son oreille moyenne. Par conséquent, le nombre de molécules enfermées dans l'oreille moyenne augmente, il n'est donc pas possible d'utiliser la loi de Boyle-Mariotte.

ANNEXE

Classification périodique des éléments chimiques

Numéo atomique — Z
SYMBOLE — B
nom
M — Masse molaire ($g \cdot mol^{-1}$)

période	I	II	III	IV	V	VI	VII	VIII	IX
1	1 **H** hydrogène 1,0								
2	3 **Li** lithium 6,9	4 **Be** bérylium 9,0							
3	11 **Na** sodium 23,0	12 **Mg** magnésium 24,3							
4	19 **K** potassium 39,1	20 **Ca** calcium 40,1	21 **Sc** scandium 45	22 **Ti** titane 47,9	23 **V** vanadium 50,9	24 **Cr** chrome 52,0	25 **Mn** manganèse 54,9	26 **Fe** fer 55,8	27 **Co** cobalt 58,9
5	37 **Rb** rubidium 85,5	38 **Sr** strontium 87,6	39 **Y** yitrium 88,9	40 **Zr** zirconium 91,2	41 **Nb** niobium 92,9	42 **Mo** molybdène 95,9	43 **Tc** technétium [*]	44 **Ru** ruthénium 101,1	45 **Rh** rhodium 102,9
6	55 **Cs** césium 132,9	56 **Ba** baryum 137,3	57-71 lanthanides	72 **Hf** hafnium 178,5	73 **Ta** tantale 180,9	74 **W** tungstène 183,9	75 **Re** rhénium 186,2	76 **Os** osmium 190,2	77 **Ir** idirium 192,2
7	87 **Fr** francium [*]	88 **Ra** radium [*]	89-103 actinides	104 **Rf** rutherfordium [*]	105 **Db** dubnium [*]	106 **Sg** seaborgium [*]	107 **Bh** bohrium [*]	108 **Hs** hassium [*]	109 **Mt** meitnerium [*]

Lanthanides	57 **La** lanthane 138,9	58 **Ce** cérium 140,1	59 **Pr** praséodyme 140,9	60 **Nd** néodyme 144,2	61 **Pm** prométhium [*]	62 **Sm** samarium 150,4	63 **Eu** europium 152,0
Actinides	89 **Ac** actinium 227	90 **Th** thorium 232,0	91 **Pa** protactinium 231,0	92 **U** uranium 238	93 **Np** neptonium [*]	94 **Pu** plutonium [*]	95 **Am** américum [*]
	[*]	[*]	[*]	[*]			

[*] pas d'isotope stable

X	XI	XII	XIII	XIV	XV	XVI	XVII	XVIII	période
								2 **He** hélium 4,0	1
			5 **B** bore 10,8	6 **C** carbone 12,0	7 **N** azote 14,0	8 **O** oxygène 16,0	9 **F** fluor 19,0	10 **Ne** néon 20,2	2
			13 **Al** aluminium 27,0	14 **Si** silicium 28,1	15 **P** phosphore 31,0	16 **S** soufre 32,1	17 **Cl** chlore 35,5	18 **Ar** argon 39,9	3
28 **Ni** nickel 58,7	29 **Cu** cuivre 63,5	30 **Zn** zinc 65,4	31 **Ga** gallium 69,7	32 **Ge** germanium 72,6	33 **As** arsenic 74,9	34 **Se** sélénium 79,0	35 **Br** brome 79,9	36 **Kr** krypton 83,8	4
46 **Pd** palladium 106,4	47 **Ag** argent 107,9	48 **Cd** cadmium 112,4	49 **In** indium 114,8	50 **Sn** étain 118,7	51 **Sb** antimoine 121,7	52 **Te** tellure 127,6	53 **I** iode 126,9	54 **Xe** xénon 131,3	5
78 **Pt** platine 195,1	79 **Au** or 197,0	80 **Hg** mercure 200,6	81 **Tl** thallium 204,4	82 **Pb** plomb 207,2	83 **Bi** bismuth 209,0	84 **Po** polonium [*]	85 **At** astate [*]	86 **Rn** radon [*]	6
110 **Ds** darmstadtium [*]	111 **Rg** roentgenium [*]	112 **Uub** ununbium [*]	113 **Uut** ununtrium [*]	114 **Uuq** ununquadium [*]	115 **UUp** ununpentium [*]				7

64 **Gd** gadolinium 157,3	65 **Tb** terbium 158,9	66 **Dy** dyprosium 162,5	67 **Ho** holmium 164,9	68 **Er** erbium 167,3	69 **Tm** thulium 168,9	70 **Yb** ytterbium 173,0	71 **Lu** lutétium 175,0

96 **Cm** curium [*]	97 **Bk** berkélium [*]	98 **Cf** californium [*]	99 **Es** einsteinium [*]	100 **Fm** fermium [*]	101 **Md** mendélevium [*]	102 **No** nobélium [*]	103 **Lr** lawrencium [*]

Dépôt légal n° 99534-7/02 - Janvier 2017
Achevé d'imprimer en France par I.M.E. By Estimprim